新时代"枫桥经验"
中国式现代化基层社会治理新图景

郭为禄 沈志江 主编
李海裕 任勇 副主编

中国社会科学出版社

图书在版编目（CIP）数据

新时代"枫桥经验"：中国式现代化基层社会治理新图景/郭为禄，沈志江主编． —北京：中国社会科学出版社，2023.10（2024.7重印）

ISBN 978-7-5227-2710-3

Ⅰ.①新… Ⅱ.①郭…②沈… Ⅲ.①社会管理—研究—中国 Ⅳ.①D63

中国国家版本馆 CIP 数据核字（2023）第 200587 号

出 版 人	赵剑英
责任编辑	张 潜
责任校对	季 静
责任印制	王 超

出　　版	中国社会科学出版社
社　　址	北京鼓楼西大街甲 158 号
邮　　编	100720
网　　址	http://www.csspw.cn
发 行 部	010-84083685
门 市 部	010-84029450
经　　销	新华书店及其他书店
印　　刷	北京君升印刷有限公司
装　　订	廊坊市广阳区广增装订厂
版　　次	2023 年 10 月第 1 版
印　　次	2024 年 7 月第 3 次印刷
开　　本	710×1000　1/16
印　　张	13
插　　页	2
字　　数	201 千字
定　　价	66.00 元

凡购买中国社会科学出版社图书，如有质量问题请与本社营销中心联系调换
电话：010-84083683
版权所有　侵权必究

编写组成员

(按姓氏拼音排序)

陈　毅　　杜　欢　　侯忠良　　李汉卿　　刘大炜　　刘乐明
马利伟　　唐文玉　　田海斌　　吴舒峰　　徐剑森　　徐亚萍
许　斌　　游腾飞　　俞　科　　张佳威

目 录

绪论 中国式现代化进程中的新时代"枫桥经验" ………………（1）

第一章 党建引领下的新时代"枫桥经验" ……………………（6）
第一节 "枫桥经验"的概念 ……………………………………（6）
第二节 "枫桥经验"的内涵和外延 ……………………………（9）
第三节 "枫桥经验"的根本特征 ………………………………（19）
第四节 "枫桥经验"的基本原则 ………………………………（24）
第五节 新时代"枫桥经验"的诸暨实践 ………………………（31）

第二章 优化组织体系，提升政治引领力 ………………………（36）
第一节 超大规模先锋队与超大规模基层社会的良性耦合 ………（37）
第二节 统筹各方力量，完善基层组织体系 ……………………（40）
第三节 运用系统思维，健全基层监督体系 ……………………（47）

第三章 完善制度体系，提升工作执行力 ………………………（53）
第一节 制度体系运转的理论逻辑 ………………………………（53）
第二节 健全权责清晰的制度落实体系 …………………………（60）
第三节 强化执行，确保制度体系有效运转 ……………………（68）
第四节 处理好监督问责与容错纠错的关系 ……………………（77）

第四章 构建决策体系，提升政策支撑力 ………………………（83）
第一节 新时代"枫桥经验"决策体系的内涵 …………………（83）
第二节 新时代"枫桥经验"决策体系的特征 …………………（88）

第三节 新时代"枫桥经验"决策体系的典型实践 …………… (91)

第五章 健全工作体系，提升联动协同力 …………………… (108)
第一节 新时代"枫桥经验"工作体系的理论内涵 …………… (108)
第二节 工作机制的关键抓手 ………………………………… (112)
第三节 工作体系的实践应用 ………………………………… (118)

第六章 重塑评估体系，提升正向驱动力 …………………… (133)
第一节 重塑评估体系的时代要求 …………………………… (133)
第二节 重塑评估体系的指导原则 …………………………… (139)
第三节 重塑评估体系的具体路径 …………………………… (143)

第七章 变革智治体系，提升系统集成力 …………………… (152)
第一节 技术支撑 ……………………………………………… (152)
第二节 实践宗旨 ……………………………………………… (155)
第三节 数字治理 ……………………………………………… (158)
第四节 场景应用 ……………………………………………… (161)
第五节 数字效能 ……………………………………………… (169)

第八章 新时代"枫桥经验"：中国式现代化基层社会治理的未来图景 ………………………………………………………… (172)
第一节 回顾："枫桥经验"启示录 …………………………… (172)
第二节 沉淀："枫桥经验"理论总结 ………………………… (180)
第三节 展望："枫桥经验"新程启航 ………………………… (188)

后 记 ……………………………………………………………… (199)

绪　论

中国式现代化进程中的
新时代"枫桥经验"

"枫桥经验"是党的群众路线的思想方法和工作方法在基层治理实践中的生动体现,是在党的领导下由浙江诸暨枫桥的干部群众创造和发展起来的宝贵实践经验,属于典型的中国原创性本土化经验。20世纪60年代初,在农村社会主义教育运动中,浙江诸暨枫桥干部群众在实践中创造了"发动和依靠群众,坚持矛盾不上交,就地解决,实现捕人少、治安好"的"枫桥经验"。1963年11月20日,毛泽东同志亲笔批示"要各地仿效,经过试点,推广去做"[①]。此后,"枫桥经验"在实践中不断丰富发展,特别是在党的十八大以来形成了特色鲜明的新时代"枫桥经验"。作为习近平新时代中国特色社会主义思想的重大成果,新时代"枫桥经验"即坚持和贯彻党的群众路线,在党的领导下,充分发动群众、组织群众、依靠群众解决群众自己的事情,做到"小事不出村、大事不出镇,矛盾不上交"。尽管"枫桥经验"在不同历史时期具有不断变化的特定内涵,但其内核一直保持不变,即党的领导下,坚持群众路线,依法化解矛盾的方法。

党的二十大报告指出,要"在社会基层坚持和发展新时代'枫桥经验',完善正确处理新形势下人民内部矛盾机制,及时把矛盾纠纷化解在基层、化解在萌芽状态"。在以中国共产党领导的中国式现代化推进中华民族伟大复兴的新征程上,新时代"枫桥经验"作为中国基层治理的成

---

① 《建国以来毛泽东文稿》第十册,中央文献出版社1996年版,第416页。

功案例，为中国式现代化伟大进程提供有力参考与借鉴，在推进国家安全体系和能力现代化、维护国家安全和社会稳定以及建设更高水平的平安中国进程中发挥重要作用。习近平总书记曾反复强调："基础不牢，地动山摇。只有把基层党组织建设强、把基层政权巩固好，中国特色社会主义的根基才能稳固。"① 在推进中国式现代化建设的伟大征程上，基层治理现代化是关系到中国式现代化能否实现的关键与基础。从一定意义上来看，新时代"枫桥经验"能够推动中国式现代化特别是中国式基层社会治理现代化的实现，成为中国式现代化基层社会治理的未来图景。与此同时，中国式现代化的提出也赋予了"枫桥经验"新的内容和意义，对新时代"枫桥经验"提出了新的要求。以坚持党的领导、人民至上、群众路线与源头治理为核心特征的新时代"枫桥经验"代表着完全不同于西方现代性的中国式现代化基层社会治理道路，因而要将新时代"枫桥经验"作更深层次更系统化的理论总结。

在这一基础上，课题组认为作为打造共建共治共享社会治理格局典型样本的新时代"枫桥经验"具有重大的理论与实践价值。因此，新时代"枫桥经验"发展思路不应该只停留在梳理分析基本特征、主要表现、实践做法等层面，或只局限于研究政法系统如何做好平安建设工作，而应注重系统性理论拓展，从全面从严治党的视域去分析研究，在深刻把握"枫桥经验"根本内涵和逻辑规律的基础上，运用习近平新时代中国特色社会主义思想分析指导新时代基层社会治理实践，按照"党的领导是本质特征，群众路线是基本立场，解决问题是最终任务，全面从严治党是根本保证"这一新思路，建构新时代"枫桥经验"理论体系。

在建构新时代"枫桥经验"理论体系这一目标的指引下，本书的核心内容为在推进中国式现代化进程中系统梳理新时代"枫桥经验"的理论体系，展示中国式现代化基层社会治理的未来图景。本书共分为八章。

第一章为党建引领下的新时代"枫桥经验"。该章总领全书，基于"枫桥经验"起源和发展的历史脉络，站在新时代的背景下，界定"枫桥经验"的概念，阐述"枫桥经验"的内涵和外延，提炼"枫桥经验"的根本特征，归纳"枫桥经验"的基本原则，总结"枫桥经验"的诸暨实践。

---

① 《习近平在基层代表座谈会上的讲话》，《人民时报》2022年9月20日。

第二章为优化组织体系，提升政治引领力。基层社会蕴藏着丰富治理资源的同时也是各类复杂多变矛盾的集合处，任何细微的差池都可能由"乘数效应"而被无限放大，对整个国家治理造成不可估量的负面影响。因此，实现"小事不出村，大事不出镇，矛盾不上交"的重要目标，既需要畅通和规范群众诉求表达、利益协调、权益保障通道，也需要完善信访制度和各类调解联动工作机制，这就必然要求新时代"枫桥经验"拥有发达和灵动的组织体系。作为根本载体，新时代"枫桥经验"的组织体系既包括党作为领导核心，发挥总揽全局、协调各方的关键作用所凭借的体制内组织和监督力量，也包括党毫不动摇地走群众路线，调动各方积极性汇聚而成的社会治理力量，核心目标就在于将基层政权和组织打造成为能够充分发挥"枫桥经验"的战斗堡垒。

第三章为完善制度体系，提升工作执行力。新时代"枫桥经验"制度体系是一个开放包容的系统，直面纷繁复杂的基层治理难题，寻求为党领导的全面综合治理提供认同共识、行为规范和制度保障，所蕴含的理论逻辑很好地兼顾了自上而下的国家需要和自下而上的民众诉求。将制度优势转化为治理效能，必须建立健全权责清晰、履职到位的制度落实体系。在制度执行环节，细化执行标准，提升干部的执行力，打通党政系统内部的纵向各层级横向各部门之间壁垒，也兼顾"硬法"和"软法"的执行，打通党政部门与社会多元主体之间的衔接。必须处理好制度稳定与制度成长之间动态辩证关系，以立场坚定、作风过硬和行动果敢的高素质干部队伍为支撑，准确把握监督问责与容错纠错的关系，科学制定干部奖惩制度，最大化起到警示和激励作用。

第四章为构建决策体系，提升政策支撑力。本章主要围绕新时代"枫桥经验"决策体系的内涵、特征及其实践展开论述。从内涵看，新时代"枫桥经验"反映在决策领域体现为一种动态决策过程，即三个环节：群众诉求收集、民主化与科学化决策及其监督保障。因此，新时代"枫桥经验"的决策体系具备了四个鲜明特征，即：将党的领导政治优势转化为社会治理效能，适应时代情势变化活用群众路线，以化解问题、实现人民群众美好生活为目标，全面从严治党贯穿决策全过程。同时，新时代"枫桥经验"决策体系已经在诸暨基层治理中得以实践，并在经济发展、社会服务、乡村振兴、民生保障和廉洁文化等领域，取得了累累硕果。

第五章为健全工作体系，提升联动协同力。本章重点探究如何在基层社会治理中实现部门之间、部门和乡镇、政府和群众的贯通协同，建立完善信息互通、协作配合的工作机制，并梳理新时代"枫桥经验"工作体系在诸暨的具体实践应用，在完善群众路线工作机制、创新民主协商工作机制、正确处理新形势下人民内部矛盾有效机制以及构建信访监督工作机制四个方面的经验做法。诸暨坚持和发展新时代"枫桥经验"的同时，深化工作理念并不断创新工作方式，通过健全现有领导机制、协调机制、督查机制和问责机制，推动形成了上下贯通、部门协同、执行有力、高效运转的工作体系。

第六章为重塑评估体系，提升正向驱动力。在新形势下，建立健全科学精准的基层社会治理评估体系，规范基层权力运行、保障基层治理实效显得更加重要。评估体系以党建引领总框架构建、坚持群众路线与调查研究、以群众获得感为衡量标准、全面从严治党为抓手等为建设原则。在上述原则基础上，评估体系从权责清单框定权责平衡和社会多元评价提升治理实效两个实践层面，充分保障诸暨考核评估机制在推进工作、服务基层等方面的实际成效。在实践中，诸暨通过综合运用领导干部考察、考核等相关制度成果，全面客观准确评价领导干部政治表现及德、能、勤、廉的表现，突出实干担当导向，进一步拓宽领导干部"能上能下"渠道，努力为推进诸暨"两个高水平"建设提供坚强的组织保证。

第七章为变革智治体系，提升系统集成力。新时代"枫桥经验"在发展进程中主动适应互联网、大数据、人工智能等信息化技术要求，总结推广"互联网+""枫桥经验"，推动建设线上线下社情民意沟通渠道、线上线下矛盾纠纷调解平台、正面能量网上聚合途径，努力使社会治理转向政府民众双向互动、线上线下相互融合、部门社会协同合作，既要走好新时代网上群众路线，深化智能化建设，让百姓在"指尖"办成事办好事，又要把"鼠标"与"脚板"结合起来，把"键对键"与"面对面"结合起来。

第八章通过回顾"枫桥经验"的发展历程，对其进行理论概括，并展望其在新时代的发展方向，属于全书的总结部分。本章首先回顾了"枫桥经验"自20世纪60年代以来在坚持党的领导、巩固体系建设、理论创新等方面的历史经验；其次从政治性、人民性、实践性和时代性四个方面概括了"枫桥经验"的理论特征；最后提出在新时代发展"枫桥经验"的路径为：从政法综治向党建引领转变、从乡镇治理向市域治理拓展、从典型案例向提供"中国方案"迈进。通过总结历史、理论建构和未来展望，系统阐述了"枫桥经验"的发展逻辑，为新时代"枫桥经验"的创新发展提供了理论依据。

在中国式现代化进程中系统论证新时代"枫桥经验"的理论体系是时代赋予的重要理论命题。这是因为通过对新时代"枫桥经验"在实践经验层面的总结，通过"抓早抓小抓基层、法治德治促自治、共建共享奔共富"的努力，为中国基层治理提供了一种可供学习与借鉴的模板，推进中国式现代化基层社会治理的实现。更为重要的是新时代"枫桥经验"代表的是内生于中国土壤，从中华优秀传统文化中深挖的中国基层治理的实践经验，对其理论论证有助于建构中国特色的政治学自主知识体系，为中国特色社会主义的发展以及中华民族伟大复兴的中国梦的实现贡献力量。实践证明，中国共产党领导下的国家治理具有多方面优势，在全球范围内呈现出巨大的优越性，国际社会越来越重视中国治理，作为基层治理的代表——新时代"枫桥经验"正在不断走向国际化，与世界文明对话，正在为构建人类命运共同体贡献"中国智慧"与"中国方案"。

第 一 章

党建引领下的新时代"枫桥经验"

新时代"枫桥经验"植根在"枫桥经验"起源和发展的历史脉络之中,有其之所以能一以贯之而称之为"枫桥经验"的核心要素。同时,新时代"枫桥经验"嵌入了新时代的特点和要求,具有新时代的"新"的面貌。新时代"枫桥经验"作为体现"中国之治"的闪亮名片,正在习近平总书记的"人类命运共同体"和"全球治理"倡议下走向国际,成为全人类精神文明宝库的重要组成部分。本章站在新时代的背景下,界定"枫桥经验"的概念,阐述"枫桥经验"的内涵和外延,提炼"枫桥经验"的根本特征,归纳"枫桥经验"的基本原则,总结"枫桥经验"的诸暨实践。

第一节 "枫桥经验"的概念

20世纪60年代初,浙江诸暨枫桥的干部群众在社会主义教育运动中创造了"依靠和发动群众,坚持矛盾不上交,就地解决,实现捕人少、治安好"的成功经验。公安部领导将该经验向毛泽东同志作了汇报。1963年11月20日,毛泽东同志亲笔批示"要各地仿效,经过试点,推广去做",自此以后,"枫桥经验"多次被写入党的决议和报告之中,历经60年依然在全国范围内被不断地继承和发扬。习近平同志一贯高度重视和关注"枫桥经验"的推广运用和创新发展,2003年11月25日,习近平同志在纪念毛泽东同志批示"枫桥经验"40周年暨创新"枫桥经验"大会上指出,要充分珍惜"枫桥经验",大力推广"枫桥经验",不断创新"枫桥经验"。2013年10月9日,习近平同志在纪念毛泽东同志批示"枫桥经验"50周年大会召开前夕，作出"把'枫桥经验'坚持好、发展好，把党的群众路线坚持好、贯彻好"的重要批示。习近平同志对"枫桥经验"在浙江的生动实践进行系统总结和全面阐述，不断丰富发展"枫桥经验"的理论品格、思想内涵和时代特征，并对学习推广"枫桥经验"提出明确的实践要求，从而使"枫桥经验"从浙江治理经验上升为治国理政思想，成为我们党领导社会治理现代化的重要经验。[①] 党的二十大报告强调"在社会基层坚持和发展新时代'枫桥经验'，完善正确处理新形势下人民内部矛盾机制"。2023年8月，习近平总书记在专门听取新疆维吾尔自治区党委和政府、新疆生产建设兵团工作汇报时强调，要坚持和发展新时代"枫桥经验"，把准群众所求，及时解决基层群众的困难和矛盾。"枫桥经验"在我国基层社会治理中的影响越来越广泛，在国家治理体系和治理能力现代化中的地位越来越凸显。2023年9月20日，习近平总书记专程赴诸暨市枫桥经验陈列馆考察调研，指出要坚持好、发展好新时代"枫桥经验"，坚持党的群众路线，正确处理人民内部矛盾，紧紧依靠人民群众，把问题解决在基层、化解在萌芽状态。

"枫桥经验"源自20世纪60年代诸暨枫桥的社会治理实践，作为在具体实践中脱颖而出的成功经验，"枫桥经验"似乎在诞生之日起就存在概念化和理论化的先天不足。"枫桥经验"的概念化和理论化任重而道远，国内很多专家学者都在研究"枫桥经验"，但各有各的理解，莫衷一是，这些年来始终未形成统一、权威的"枫桥经验"概念。现有关于"枫桥经验"的理论概念有些只着眼于实践经验的表象，热衷于从具体的、可观察到的现象来总结和归纳。这样的概念理论一般只是强调"枫桥经验"的追求目标、工作要求、具体做法和成效，这些都只是抓到了具体的表现形式，没有反映其根本特性和本质内涵。只有目标和要求、方式和方法的系统归纳总结，还达不到理论化、概念化的要求。还有些关于"枫桥经验"的概念解释把"象牙塔"中建构的模型运用到实践中去，将已有的理论生搬硬套，从所谓的理性推理中得到有关"枫桥经验"的概念化、理论化的结果，过于重视理论的作用，忽视了"枫桥经验"在实

---

① 张文显等：《新时代"枫桥经验"大家谈》，《国家检察官学院学报》2019年第3期。

践过程中出现的新变量、衍生的新内涵，导致与现实脱节，丧失了解释力。比如，单纯地用西方多元治理理论来将"枫桥经验"概念化、理论化，这显然不符合中国共产党的领导这一中国最大的国情，不符合"枫桥经验"几十年来发展的现实情况。所以说，"枫桥经验"的概念化不能顾此失彼，应当坚持理论与实践的统一，要克服新瓶装老酒，克服形式上的过度总结和学术上的故步自封，必须避免出现思路上的经验主义和理论上的教条主义。

随着"枫桥经验"的实践应用在全国遍地开花，"枫桥经验"这四个字在各种决议、报告上出现的频次逐渐增多，"枫桥经验"在推进基层社会治理的过程中发挥的作用愈加重要，"枫桥经验"实现更普遍意义上的、更科学的概念化变得迫在眉睫。客观现实的需要、时代主题的号召、理论发展的呼唤都要求"枫桥经验"能够从局部的、淳朴的感性认识发展为规律性的理性认识。"枫桥经验"必须从特定的地域、特定的时代突破出来，实现从"谋一时一域"到"谋万世全局"的转变，实现从特殊性到普遍性的升华。在领导指示、实务总结和学者研究三个维度不断提炼"枫桥经验"实践成果的努力之下，"枫桥经验"逻辑化、系统化的条件日臻成熟。在实践的不断积累和前人的不断总结基础之上，我们认为"枫桥经验"本质上是党组织深入贯彻群众路线，协调一切积极因素，解决基层社会矛盾和问题的一种工作机制。坚持党的领导是"枫桥经验"的本质特征，正是在中国共产党的领导之下，"枫桥经验"这一成功的基层社会治理经验才能够应运而生，才能够在处理各种矛盾问题时有效地发挥作用，才能够历经60年风雨而不断发扬光大、历久弥新。贯彻群众路线是"枫桥经验"的基本立场，"枫桥经验"来源于人民群众的生动实践，人民群众是"枫桥经验"的创造者、继承者、发扬者，人民群众的利益就是"枫桥经验"的出发点和落脚点，"枫桥经验"深刻地体现了"一切为了群众，一切依靠群众，从群众中来，到群众中去"的群众路线。协调一切积极因素是"枫桥经验"的基本思路，团结一切可以团结的力量，最大限度凝聚起基层社会治理的各种力量，才能够从容应对当前基层事务日益复杂多样的局面，实现基层社会的良性治理。解决问题是"枫桥经验"的最终任务，中华人民共和国成立以来，党和国家在推进社会有效治理的过程中诞生了无数条典型经验，为什么"枫桥经验"能够脱颖而出，原因就在于"枫桥经验"是真正行之有效的一剂良药，是能够克服实际困难的尖刀利刃。更关键的是"枫桥经验"它不是教条化的口号标语，也不是生硬冰冷的条款文字，而是富有灵活性、机动性的工作方法，不是简单一个文件或规定，而是一整套适用于基层社会治理的工作机制，有其自身特定的目标任务、适用范围、责任主体、实施程序、具体措施和督查考核等具体规则。正因如此，"枫桥经验"才能够因应时势，在不同时期不同领域解决不同的具体问题。

"枫桥经验"是党组织深入贯彻群众路线，协调一切积极因素，解决基层社会矛盾和问题的一种工作机制。以党建为引领，以人民为中心，以基层为重点，以善治为目标，在60年的摸索与创新中，为新形势下续写经济快速发展和社会长期稳定两大奇迹创造了有利条件，走出了一条具有中国特色的基层社会治理的正确道路，是"中国之治"的重要体现，是中国式现代化的重要组成部分。"枫桥经验"不仅是中国人民治国理政的制胜法宝，也是全世界人民共同的宝贵财富。长期以来，"枫桥经验"作为"中国之治"的基层社会治理的典型代表，一直吸引着全世界的目光，受到广泛关注和效仿。2023年7月3日，第三届文明交流互鉴对话会暨首届世界汉学家大会在北京召开，"枫桥经验"在大会亮相，对话世界文明，正在不断走向国际化。习近平总书记多次强调要构建人类命运共同体，要为推进全球治理贡献"中国智慧""中国方案"，"枫桥经验"作为中国特色社会主义政治文明的重要组成部分，充分彰显了中国特色社会主义的道路自信、理论自信、制度自信、文化自信，已成为国家对外展示"中国之治"的样本范本，为发展中国家推进社会治理现代化提供了全新选择和实践借鉴。

第二节 "枫桥经验"的内涵和外延

一 "枫桥经验"的内涵

社会治理包含的行为主体和囊括的治理对象是复杂多样的，再加之中国社会主义初级阶段的基本国情，社会治理更显得荆棘载途。这注定了"枫桥经验"作为一种解决基层社会矛盾问题的工作机制必然是内涵丰富而外延广阔的。倘若并非如此，"枫桥经验"何以成功应对不同时期的不同问题，何以获得人民群众的认可和坚持。随着中国特色社会主义进入新时代，在社会治理领域发生了诸多新的变化，面临着诸多新的问题，"枫桥经验"顺应时代发展的潮流，与时俱进地进行时代化、系统化、理论化发展，并在习近平新时代中国特色社会主义思想指导下推进新时代"枫桥经验"理论联系实际的基层社会治理实践，是"中国之治"的重要代表。"枫桥经验"在新时代融入了新内涵，拓展了新时代的新外延。

（一）新时代基层社会矛盾变化的内涵

社会矛盾在时代发展中的不断变化要求我们在"枫桥经验"的实践探索中与时俱进，不断更新理论内涵。党的十八大以后，中国特色社会主义进入了新时代，中国的社会主要矛盾从"人民日益增长的物质文化需要同落后的社会生产之间的矛盾"转变为"人民日益增长的美好生活需要和不平衡不充分的发展之间的矛盾"。经济高质量发展的要求、政治生态风清气正的要求、对公平正义的呼唤、对更加完善便捷的社会福利保障的需求、对更加宜居美丽的生态环境的诉求等等，这些都是新时代人民群众的新需要，是新时代基层社会治理的行动指向。因此，"枫桥经验"需要适应新时代的特点和要求，直面新时代民众新的需求和社会矛盾新的特点，以追求更高程度的社会公平公正为主线进行新的实践探索和推进。

与此同时，在新时代背景下基层社会中的干群矛盾凸显了出来。进入新时代，群众需求从物质"硬需求"逐步转向精神"软需求"，越来越重视追求自我价值的实现，群众的权利诉求与干部的权力惯性之间的矛盾已成为基层社会治理需要重点面对的问题。一方面，群众权利意识逐渐觉醒，对自身权利的诉求日趋强烈，主要表现在四个方面：第一，更加注重维护自身权利，遇到涉及自身利益的问题时，越来越多的群众开始主动表达自身诉求，维护自身权益；第二，更加追求政府公平公正，对政府依法履职和干部党性作风有了更高期待和要求；第三，更加要求政策公开透明，群众对村务公开、"三资"管理等各个方面知情权的诉求越来越强烈；第四，更加主动进行舆论监督，注重通过网络、自媒体等各种平台对自身关注的事情积极发声。另一方面，干部仍未摆脱权力惯性，主要有五种表现形式：一是权力任性，官本位思想作祟，对待群众有时存在态度粗暴、行事霸道的现象；二是权力寻租，受腐败亚文化滋生蔓延等因素影响，以权谋私等行为禁而不绝；三是权力缺位，"躺平"思想盛行，多一事不如少一事，不担当不作为；四是权力推诿，遇事"踢皮球"，转嫁责任，相互推责；五是权力膨胀，表现为一些部门自我授权、自我扩权。

"枫桥经验"融入新时代基层社会矛盾变化的新内涵使得"枫桥经验"得到了新的变化与发展。随着社会主要矛盾的变化，"枫桥经验"所指向的主要任务也不再仅仅聚焦于经济的快速发展和"机械团结"式的稳定，而是更多地立足于促进经济的高质量发展，着眼于人民群众的获得感、安全感、幸福感。此外，如果说传统的"枫桥经验"更为注重解决的是群众之间的矛盾，那么新时代"枫桥经验"则需要更加注重解决干群之间的矛盾。部分干部存在的党性作风问题疏远了群众与党和政府之间的距离，降低了群众对党和政府的信任度，带来了诸多的干群矛盾，这是新时代"枫桥经验"需要重点关注的。

（二）新时代社会治理重心下沉的内涵

基层治理是国家治理的"最后一公里"，也是人民群众感知公共服务效能和温度的"神经末梢"。基层治理是社会治理的基础，各种各样的社会矛盾发生在基层、发酵于基层，处理好了可以及时把矛盾纠纷化解在基层和萌芽状态，若处理不好，无事可能生出事来，小事可能演变成大事。基层治理体系和治理能力现代化在推进国家治理体系和治理能力现代化大局中具有举足轻重的地位和作用，必须深化基层治理改革。党的十八大以来，中央持续推动管理服务下移、权限下放、资源下沉，将治理重心落到城乡社区。2014年3月5日，习近平总书记在参加十二届全国人大二次会议上海代表团审议时强调："加强和创新社会治理，关键在体制创新，核心是人，只有人与人和谐相处，社会才会安定有序。社会治理的重心必须落到城乡社区，社区服务和管理能力强了，社会治理的基础就实了。"党的十九大报告强调："加强社区治理体系建设，推动社会治理重心向基层下移，发挥社会组织作用，实现政府治理和社会调节、居民自治良性互动。"2021年4月28日，中共中央、国务院发布的《关于加强基层治理体系和治理能力现代化建设的意见》，从实践操作层面对治理重心下移作出了细化的布局安排。站在新时代的背景下，治理重心下沉是推进国家治理体系和治理能力现代化的重要方向，是对传统治理"非对称性"特征的破题实践，是治理资源自上而下的重新调整和优化配置。① 2023 年全国两会期间，习近平总书记在参加江苏代表团审议时强调，要坚持和发展新时代"枫桥经验"，完善正确处理新形势下人民内部矛盾机制，及时把矛盾纠纷化解在基层、化解在萌芽状态。

"枫桥经验"起源于基层，生长于基层，发扬于基层，无论是毛泽东同志概括的"发动和依靠群众，就地化解矛盾，实现捕人少、治安好"的"枫桥经验"，还是习近平总书记称道的"抓基层、打基础、建机制、架网络、明责任、强保障"，最大限度地把问题解决在基层，努力做到"小事不出村，大事不出镇，矛盾不上交"的"枫桥经验"，都着眼其基层性、基础性，都把它作为有效维护基层社会稳定、促进社会和谐的社会治理的典型。所以说，"枫桥经验"更能生动诠释基层社会治理是自上而下的政府治理"底座"与自下而上的群众自治的结合部，是社会治理主战场，社会治理的重心必须下沉到城乡社区。自新时代基层社会治理重心下移改革实践进一步推开以来，以"枫桥经验"为主要抓手的基层社会治理实践向基层赋权增能的效果显著，乡镇、社区、行政村已成为基层社会治理的重要核心。如诸暨全市 526 个村社实现便民服务中心百分百覆盖，1483 项执法事项、85% 的行政执法力量下沉到乡镇，68.27% 的信访矛盾调解在一线。按照基层社会治理重心下沉的变化要求，枫桥镇自 2021 年 10 月建成 "1+29" 镇村两级社会治理中心（工作站）以来，完善共建共享共治的治理体系，构建统一指挥、扁平高效的治理架构。29 个行政村（社区）全部建立治理工作站，由村（社）"一肩挑"主职干部负总责，以村两委干部、专职网格员、驻村干部、民（辅）警为核心力量，积极探索基层社会治理新实践，把矛盾化解在基层、化解在萌芽状态。

习近平同志在浙江工作期间亲自倡导并带头下访、接访群众形成的好经验好做法，是改善干群关系、加强基层治理、践行"枫桥经验"的一项生动实践。2003 年，时任浙江省委书记的习近平同志到浦江下访接待群众，变"坐堂等访"为"主动下访"，开创了"省级领导下访接访"的先河，体现了将矛盾纠纷化解在基层、消除在萌芽状态、"抓

---

① 张文显等：《新时代"枫桥经验"大家谈》，《国家检察官学院学报》2019 年第 3 期。

早抓小抓基层"这一基本内涵。与"枫桥经验"相互辉映的另一个生动的体现即"千万工程"。2003年,在时任浙江省委书记习近平同志的倡导和主持下,以农村生产、生活、生态的"三生"环境改善为重点,浙江在全省启动"千万工程",开启了以改善农村生态环境、提高农民生活质量为核心的村庄整治建设大行动。党的十八大以来,"千万工程"聚焦乡村社会基层,从共同富裕、乡村振兴、生态保护等多个领域持续发力,久久为功,建设美美与共、宜居宜业的美丽新乡村,已经取得显著成效。截至2022年年底,浙江全省90%以上的村庄达到新时代美丽乡村标准;创建美丽乡村示范县70个、示范乡镇724个、风景线743条、特色精品村2170个、美丽庭院300多万户,浙江美丽大花园映入眼帘;2022年,浙江农民人均可支配收入达到37565元,已经连续38年领跑全国省区;2023年4月,浙江全省累计建成省级以上民主法治村1643个,县级以上民主法治村占比90%以上,17784个村实行"一村一辅警"制度,18886个村建立法律顾问、法律服务工作室。

(三) 新时代基层社会治理现代化的内涵

党的十九届四中全会在我们党的历史上第一次突出强调"社会治理是国家治理的重要方面"。这个重要论断,有着十分重大的政治意义、理论意义和实践意义。相比于社会管理,社会治理更加突出强调鼓励和支持社会多方主体通过平等协商、沟通、合作来参与处理国家社会的各项问题,而不仅仅是强调政府的管控和主导。社会管理与社会治理虽然只有一字之差,可是却反映了"党对社会运行规律和治理规律认识的深化,是推进国家治理现代化的重要体现"[①]。社会治理现代化是国家治理体系和治理能力现代化的题中应有之义,也是中国式现代化不可或缺的重要组成部分。解决中国各种社会问题,实现各项既定目标,关键要靠社会治理现代化也就是社会治理体系和治理能力的现代化。所谓社会治理体系和治理能力的现代化,就是使社会治理体系制度化、科学化、规范化、程序化、精细化,使社会治理者善于运用法治思维、法治方法、法律制度治理社会,把中国特色社会主义各方面的制度优势转化为

---

① 中共中央宣传部:《习近平新时代中国特色社会主义思想学习问答》,学习出版社、人民出版社2021年版,第346页。

治理社会的效能。[①] 党的十九大报告针对社会治理现代化，指出："打造共建共治共享的社会治理格局。加强社会治理制度建设，完善党委领导、政府负责、社会协同、公众参与、法治保障的社会治理体制，提高社会治理社会化、法治化、智能化、专业化水平。"习近平总书记关于社会治理的诸多重要论述，来源于包括"枫桥经验"在内的社会治理实践经验，又为"枫桥经验"在新时代的创新发展指明了方向和路径，也必将引领"枫桥经验"发生新的历史性变革。"枫桥经验"在新时代融入基层社会治理现代化的内涵是时代发展前进的必然，是"枫桥经验"得以继往开来的应然。

在新时代背景下，"枫桥经验"在基层社会治理领域不断创新。为推动基层社会治理现代化，努力打造更加完善的基层治理机制、充满活力的基层群众自治体系，提高基层治理体系和治理能力现代化水平，诸暨逐步建立起党组织统一领导、政府依法履责、各类组织积极协同、群众广泛参与，自治、法治、德治相结合的基层治理体系。各种类型的公益性社会组织、网格员、志愿者等群众参与基层社会治理的形式正在不断涌现。诸暨市枫桥派出所积极动员热心群众加入由民警和协警等组成的"雷励'枫'行"志愿服务队，成为社区民警的左膀右臂，发挥人民群众的自治力量，彰显人民群众在基层社会治理现代化中的主体性。在新时代的背景下，诸暨大力支持社会组织发展，推动社会组织深入到基层社会治理的各个方面。截至2023年7月底，全市共有社会组织5390家，其中登记注册1195家，备案社区社会组织4195家，参加人数达30万人，占常住人口数的24.59%。新时代"枫桥经验"在健全共建共治共享的社会治理制度的实践中，致力于在党建引领下培育多方主体和发挥多方主体协同共治的作用，建设人人有责、人人尽责、人人享有的基层社会治理共同体。

（四）新时代全面从严治党深入基层的内涵

全面从严治党是党的十八大以来党中央作出的重大战略部署，是"四个全面"战略布局的重要组成部分。全面从严治党是我们这个百年大党永葆生机活力、走好新的赶考之路的必然要求。党的十九大报告强调

[①] 徐猛：《社会治理现代化的科学内涵、价值取向及实现路径》，《学术探索》2014年第5期。

"中国特色社会主义进入新时代，我们党一定要有新气象新作为。"党要团结带领人民进行伟大斗争、推进伟大事业、实现伟大梦想，打铁必须自身硬，必须毫不动摇坚持和完善党的领导，毫不动摇把党建设得更加坚强有力，全面从严治党永远在路上。全面从严治党深入基层是提升基层组织战斗力和基层社会治理水平的内在要求。无论是在革命战争年代，还是在社会主义建设发展的新时代，基层党组织、基层党员始终都走在贯彻落实党中央政策要求的最前沿，基层党组织的建设是否忠诚担当、是否廉洁高效，直接关系党和国家重大方针政策能否落实有效，直接影响到党的凝聚力、影响力、战斗力能否充分发挥。新时代的社会问题重点不再是群众纠纷、社会治安和安全保障等表象问题，而是人民群众的权利意识觉醒后，人民群众对政府依法行政、干部规范履职有了更高期待要求，同时也必然会伴生更多质疑和不满。基层党组织、基层党员与人民群众联系最为紧密，直接面对人民群众。群众的眼睛是雪亮的，党的政治生态是否风清气正，基层党组织和党员是否发挥了战斗堡垒作用，是否起到带头模范作用，是否践行全心全意为人民服务的宗旨，人民群众都看得一清二楚、洞若观火。加强党的执政能力，提升基层治理水平，务必全面加强党的建设，务必落实全面从严治党的要求，尤其是将责任进一步落实到基层党组织、落实到每一位党员身上。

"枫桥经验"是基层加强党的领导、改进干部作风、践行宗旨观念、提升治理体系与治理能力现代化的实践成果，与全面从严治党工作紧密相关。面对新时代新的风险和挑战，坚持和发展新时代"枫桥经验"需要努力融入新时代全面从严治党深入基层的内涵。习近平总书记反复强调我们现在最大的危险就是脱离群众，"枫桥经验"的核心就是群众路线，群众路线的落实就是依靠党建引领下的基层党员干部。基层治理涉及人民群众的衣食住行、教育就业、医疗养老、文化体育、生活环境等各个领域，基层社会存在的问题，很多都是党员干部的党性作风问题，一旦党员干部的人民立场没站稳，价值取向不正确，个人欲望过于强烈，分配行为的公平公正就无法保障。从现在的干群关系看，人少事多任务繁杂，基层干部不堪重负，通信工具和社交软件的广泛应用，方便了工作沟通和思想交流，却也助长了部分干部少下基层不去现场的惰性。基层党员干部进村入户联系群众的频次变少，直面问题深入矛盾的机会变少，服务群众解决难题的能力变弱,这必然导致干部与群众的心理疏远、情感淡漠,相互之间信任渐渐不足,彼此之间矛盾也就不可避免地增加。在新时代的新情况下,"枫桥经验"抓住了全面从严治党深入基层这一命脉,加强党性教育,规范和约束权力,使权力在阳光下运行,是"枫桥经验"的应有之义。新时代"枫桥经验",要聚焦基层矛盾化解、政治生态建设、落实中央八项规定精神、强化权力运行制约和监督、全面深化清廉村居建设等重点工作,并探索自上而下专责监督和自下而上群众监督相结合的新路径,进一步推进全面从严治党扎根基层,提升党的执政能力,推动基层社会治理新成效。

二 "枫桥经验"的外延

外延是与内涵相对应的,紧密相连的。内涵是指一个概念所包含的本质属性的总和,能够对某一概念做出确切的界定。"枫桥经验"的内涵是党组织深入贯彻群众路线,协调一切积极因素,解决基层社会矛盾和问题的一种工作机制。由该内涵可以确定"枫桥经验"的本质属性,可以用语言来阐述"枫桥经验"的具体意义。外延逻辑上指反映在概念之中的、具有概念所反映的特有属性的事物,指该概念所包含对象的数量和范围。"枫桥经验"的外延就是指具备"枫桥经验"内涵属性的对象的范围,具体来讲是来确定哪些经验现象可以归入"枫桥经验"的概念范畴,哪些不能叫"枫桥经验"。随着"枫桥经验"的正确性、有效性不断得到历史的检验,随着"枫桥经验"在基层社会治理中发挥的重要作用越来越得到认可,当下正慢慢地开始在全国范围内出现一股学习、借鉴、模仿"枫桥经验"的热潮,许多基层社会治理的实践做法都冠以学习"枫桥经验"之名。这也无可避免地出现鱼龙混杂、良莠不齐,许多所谓以"枫桥经验"为指导的社会治理实践做法只是有名无实,"枫桥经验"成为噱头,完全没有体现"枫桥经验"的应有内涵。这样的行为不仅有损"枫桥经验"苦苦积攒的声誉和民心,更严重的是,这将会导致"枫桥经验"的虚无缥缈,如果"枫桥经验"什么都可以是,那么就什么也不是了。所以,对"枫桥经验"外延的明确,相当于明晰"枫桥经验"的边界,对于坚持和发展"枫桥经验"来说是十分重要的。此外,需要指出的是,"枫桥经验"的外延是不能够像其内涵一样用语言文字进行抽象的凝练概括，而只能是作为一种内涵的外在表现形式。

"枫桥经验"历经60年的风云变幻，其外延得到了充分拓展，随着时代的变化而不断丰富。"枫桥经验"创立初期主要是包括阶级斗争的外延。在社会主义建设时期，为巩固新生的社会主义制度，声势浩大的社会主义教育运动在全国铺开。枫桥的基层干部带领群众在处理"四类分子"问题时给予这一特殊群体人文关怀，得到毛泽东同志的赞赏并批示要全国推广，"发动和依靠群众，坚持矛盾不上交，实现捕人少、治安好"为主要内容的"枫桥经验"正式诞生。"文化大革命"期间一度中断"枫桥经验"，1975年年底，公安部要求推广"枫桥经验"，并把"枫桥经验"总结概括为："依靠群众，对阶级敌人进行有效改造；依靠群众，教育改造有犯罪行为的人；依靠群众，查破一般性案件；依靠群众，搞好防范，维护社会治安。"[①] 这个时期，"枫桥经验"虽然仍被视作调处阶级矛盾的做法，但是治安的目标开始出现并日益凸显出来。改革开放以后，中国走向了以经济建设为中心的时代，经济得到了快速发展，城镇化进程不断推进，人民生活水平不断改善，但随之也带来了贫富差距扩大、城乡矛盾加剧、社会治安混乱等各类社会问题。面对这些问题，党和政府日益重视通过法治的手段来营造良好稳定的社会环境，突出强调"稳定压倒一切"。"枫桥经验"成为社会治安综合治理的典范，从此被界定为"党政动手，各负其责，依靠群众，化解矛盾，维护稳定，促进发展，做到小事不出村，大事不出镇，矛盾不上交"，"枫桥经验"开始与维护社会稳定这个目标紧密结合起来。以政法机关作为主要带头力量，通过夯实基层组织建设、强化村镇权力、优化网格管理和信访机制等手段加强社会管理，解决社会基层矛盾。这一时期诸暨建立了诸如"枫桥式人民法庭""枫桥式派出所"等解决社会基层矛盾的机构和平台，诸暨还为"枫桥经验"的发展和推进注入了矛盾预防化解的新方法和新内容，总结出了"四先四早"的工作机制，即：预防在先，苗头问题早消化；教育在先，重点对象早转化；控制在先，敏感时期早防范；调解在先，矛盾问题早处理。科学发展观强调以人为本，强调和谐社会建设，社会管理的实践中心也相应发

---

① 王国勤：《"枫桥经验"的话语实践与治理图景》，《江西师范大学学报》（哲学社会科学版）2020年第3期。

生改变，受此影响，"枫桥经验"越来越重视群众的利益诉求、民情表达以及公共服务的提供等方面。党的十八大以后，中国特色社会主义步入新时代，社会主要矛盾也发生变化，进一步促进社会的公平公正，进一步拉近人与人之间的心理距离，进一步解决民众权利意识增长和干部"有权使权"的作风问题之间的张力而带来的社会矛盾，成为新时代"枫桥经验"重要的目标取向，"枫桥经验"的外延拓展到基层社会治理体系和治理能力现代化的范畴。在新时代，"枫桥经验"要与时俱进、提质增效，塑造成为构建自治、法治、德治相结合的基层治理体系的样板。与之相应，"多元共治""依法治理""服务导向""技术引领"等开始进入"枫桥经验"的话语体系，替代了原来的"社会管理""维稳""防控"等话语。[1]"枫桥经验"在这一阶段早已超越了枫桥的地域限制，逐步向全国推广开来，许多地区、部门开始创建具有自己特色的"枫桥经验"实践。

"枫桥经验"的外延历经 60 年不断发展变化，已经演变得丰富多彩。鉴别"枫桥经验"的关键在于是否抓住了"枫桥经验"的核心特征，即政治性、人民性、实践性、时代性。具体而言，应该抓住以下标准：是否始终坚持党的领导，不断完善党的领导方式和执政方式，发挥党组织总揽全局、协调各方的政治优势和组织优势；是否始终坚持人民群众的主体地位，紧紧扭住做好群众工作这条主线，把群众路线贯穿于基层社会治理的全过程；是否始终从实际出发，坚持实事求是的工作总方法，能够随着时代的变化而与时俱进；是否始终坚持把矛盾化解在基层、化解在萌芽状态作为根本任务，把解决人民实际问题、实现人民群众美好生活作为根本目标。与此同时，"枫桥经验"外延丰富发展的过程中还需要警惕陷入固化、异化、泛化的误区。固化简单来讲就是思维定式、刻板印象，"枫桥经验"一旦固化就是局限于"枫桥经验"现有的具体做法，而忽略了"枫桥经验"的价值内核，就会丧失其源源不断的生命力，只停留在某一固定的时期、某一固定的领域、某一固定的套路，就会变得故步自封、停滞不前，变得只会逞一时之能、图一时之

---

[1] 王国勤：《"枫桥经验"的话语实践与治理图景》，《江西师范大学学报》（哲学社会科学版）2020 年第 3 期。

快。"枫桥经验"本质上是党组织深入贯彻群众路线，协调一切积极因素，解决基层社会矛盾和问题的一种工作机制，"枫桥经验"外延的拓展如果脱离或改变了其坚持党的领导、以人民为中心、矛盾就地解决、实事求是与时俱进等根本特征和内涵就是异化，异化的"枫桥经验"就不能称为"枫桥经验"了。而"枫桥经验"外延的泛化就是指其超出了"枫桥经验"的内涵和特征，被无端赋予了新的内容，应用于新的领域。"枫桥经验"的泛化会导致"枫桥经验"这一概念指代功能变弱，丧失其特色和优势，变得可有可无了。概言之，"枫桥经验"的外延是广阔丰富的、不断发展的，随着时代的演进而发展变化，从而被赋予时代性。但无论"枫桥经验"的外延如何多姿多彩，都必须同其恒久不变的意义内涵、价值内核相一致。

第三节 "枫桥经验"的根本特征

一 政治性

政治性强调对党绝对忠诚，是我们党坚持以人民为中心的执政理念和推进治国理政实践发展的根本保证。"枫桥经验"的政治性最根本的就是始终如一地坚持党的领导。始终坚持党的领导，是"枫桥经验"历久弥新、长盛不衰的内在逻辑。

中国共产党领导是中国特色社会主义最本质的特征，也是中国特色社会主义社会治理最本质的特征，是中国特色社会主义制度的最大优势。一个国家选择什么样的治理体系，是由这个国家的历史文化传统、经济社会发展水平决定的，是由这个国家的人民群众决定的。[1] 我们这样一个拥有14亿多人口、5000多年历史的大国，要想实现现代化、实现中华民族伟大复兴的中国梦，没有什么金科玉律供我们参考，我们必须一切从实际出发，立足国情，找到适合自己的发展之路、复兴之路。在实践中，历史选择了中国共产党，人民选择了中国共产党。当代中国治国理政的根本，就是中国共产党领导和社会主义制度。2014年5月9日，习近平总书记在

---

[1] 梁伟军：《中国式现代化道路的形成历程、实践特征及世界意义》，《武汉大学学报》（哲学社会科学版）2023年第3期。

参加河南省兰考县委常委班子专题民主生活会时，深刻指出："一定要认清，中国最大的国情就是中国共产党的领导。什么是中国特色？这就是中国特色。"①

党的领导制度是我国的根本领导制度，党总揽全局、协调各方的领导体系是居于统领地位的，是全覆盖、全贯穿的。党组织协调各方，东西南北中、党政军民学，党是领导一切的。中国特色社会主义制度是一个严密完整的科学制度体系，起四梁八柱作用的是根本制度、基本制度、重要制度，其中具有统领地位的是党的领导制度。我们推进各方面制度建设、推动各项事业发展、加强和改进各方面工作，都必须坚持党的领导，自觉贯彻党总揽全局、协调各方的根本要求。基层社会治理是国家治理的重要组成部分，是基层党组织统筹协调各方贯彻落实党的方针政策、实现社会和谐稳定、促进全面发展目标的具体执政行为。坚持和加强党的领导是正确履职的前提和保障。加强党组织对基层社会治理的领导，有利于更好、更全面地发挥中国共产党的政治优势和组织优势，使党的领导与基层民主自治相统一，使基层党组织建设与基层社会治理有机衔接，通过政治、组织、机制、能力等各方面引领基层社会治理、保障基层社会治理、提升基层社会治理。60年的实践证明，凡是"枫桥经验"坚持和发展得好的地方，都是基层党组织战斗堡垒作用和党员先锋模范作用发挥得好，也是党建工作和社会治理融合得好。所以，新时代"枫桥经验"的首要特性就是政治性，即必须在党的领导下发展，这既是政治保证，也是政治引领。

二 人民性

"枫桥经验"是中国共产党领导人民、为了人民、依靠人民而开拓发展取得的基层社会治理的成功经验，人民性在一开始就深深地烙印在"枫桥经验"的本质内核之中，是"枫桥经验"始终不变的初心，是"枫桥经验"的灵魂所在。

党的二十大报告强调："江山就是人民，人民就是江山。中国共产

---

① 习近平：《中国共产党领导是中国特色社会主义最本质的特征》，《求是》2020年第14期。

党领导人民打江山、守江山，守的是人民的心。"① 中国共产党自成立伊始，就将"人民"二字鲜明地写在自己的旗帜上。中国共产党的宗旨就是全心全意为人民服务，中国共产党的奋斗目标就是人民对美好生活的向往，中国共产党人的初心和使命就是为中国人民谋幸福、为中华民族谋复兴。

　　党的二十大报告强调要"以中国式现代化全面推进中华民族伟大复兴"②，而人民性是中国式现代化不同于西方现代化的鲜明特色。"以人民为中心"是中国式现代化的出发点和落脚点。以"枫桥经验"为代表的基层社会治理实践作为中国式现代化的重要组成部分，人民性、以人民为中心当然是"枫桥经验"的本质特征、核心理念、根本遵循。同时，人民也是决定党和国家前途命运的根本力量。人民的利益由人民自主决定，国家政策方针和法律法规反映人民的意志，法律政策靠人民落实并接受人民监督。维护人民群众合法权益，关键在于坚持走好党的群众路线，坚持以人民为中心，这也是社会治理合法性的生动体现。新时代"枫桥经验"为了人民，新时代"枫桥经验"必须始终坚守人民立场，把实现好、维护好、发展好最广大人民根本利益作为社会治理的根本目的，把体现人民利益、反映人民意愿、维护人民权益、增进人民福祉作为社会治理的出发点和落脚点，在社会治理的每个环节和各个方面都要回应人民最迫切的愿望、解决人民最急迫的问题、关心人民最切身的感受。③ 新时代"枫桥经验"依靠人民，人民是"枫桥经验"的创造者，是"枫桥经验"有效推进社会治理现代化的根本力量。必须充分尊重人民的主体性和民主自治能力，让人民群众通过各种途径和形式参与社会治理，是"枫桥经验"的突出特征和显著优势。④ 新时代"枫桥经验"必须紧紧依靠群众，不断塑造和培养基层社会治理的内生动力，真正让人民群众成为基层社会治理的主体力量。新时代"枫桥经验"的治理成果由人民检验，由人民

---

① 习近平：《高举中国特色社会主义伟大旗帜　为全面建设社会主义现代化国家而团结奋斗》，《人民日报》2022年10月26日。
② 习近平：《高举中国特色社会主义伟大旗帜　为全面建设社会主义现代化国家而团结奋斗》，《人民日报》2022年10月26日。
③ 张文显：《新时代"枫桥经验"的核心要义》，《社会治理》2021年第9期。
④ 张文显：《新时代中国社会治理的理论、制度和实践创新》，《法商研究》2020年第2期。

共享，新时代"枫桥经验"是否有效只有人民才有发言权，要看人民是否满意，最根本的取决于是否实现人民群众的安全感、获得感、幸福感。要让基层社会治理的资源更多地落实到人民群众身边，落实到人民群众最关心的事上去。以人民为中心的思想赋予了"枫桥经验"本质特征，赋予了"枫桥经验"历史内涵、时代内涵。实现好、维护好、发展好最广大人民的根本利益，始终是"枫桥经验"的本质所在、生命力所在。[1]

三 实践性

实践性的意思就是指，人们在进行创造性思维的过程中，必须参与实践，必须在实践中促进思维能力的进一步发展，在实践中检验思维成果的正确性。[2] 马克思主义哲学是具有实践精神的科学体系，是中国特色社会主义理论体系的哲学基础，是中国共产党人的看家本领，是科学的世界观和方法论。"枫桥经验"作为中国共产党人领导创立的中国基层社会治理理论的构成部分，必然也要以马克思主义哲学作为自己的根本指南。我们应当从马克思主义哲学实践观的角度来看待"枫桥经验"所具备的实践性这一根本特征，实践是认识的来源，实践是认识发展的动力，实践是认识的目的，实践是检验认识真理性的唯一标准。

基层社会治理不是孤立、空洞的，而是要融入一件件具体的基层事务之中。"枫桥经验"从本质上来说就是一种认识，但是"枫桥经验"不是人们凭空臆想出来的，不是人们闭门造车的结果，而是基层理论工作者和实务工作者在处理和解决具体的基层社会现实矛盾问题的实践过程之中产生的，是经过不断地分析问题、解决问题、反复尝试、反复论证得来的。"枫桥经验"自产生之后并没有停滞，并没有被时代所淘汰，而是在不停实践过程中，为了更好地解决一个个现实棘手的矛盾问题过程中得到巩固和发展。"枫桥经验"本身来自历史实践，产生于实践，又具体地落实于现实社会治理实践，在社会治理实践过程中创新与发展。换言之，实践是

---

[1] 张文显等：《新时代"枫桥经验"大家谈》，《国家检察官学院学报》2019年第3期。
[2] 刘福森：《马克思主义哲学的主体性原则、实践性原则和社会历史性原则》，《社会科学战线》1991年第3期。

"枫桥经验"的生成之本，也是"枫桥经验"的不断发展之本。当然，"枫桥经验"在不断发展的过程中是否依然适用于日新月异的社会、日趋复杂的社会问题，还必须通过实践来检验，通过处理和应对基层社会的一个个具体现实的问题来证明。只有这样，"枫桥经验"才能符合马克思主义哲学的实践观，符合"实践—认识—再实践—再认识"的科学逻辑，才能成为基层社会治理的典范。

四 时代性

所谓时代性，就是因应时代的发展变化，自觉地进行自我更新，以保持活力和生命力。时代性的核心就是不断改革创新、与时俱进。"枫桥经验"自20世纪60年代初被凝练提出以来已经走过了60年的历程，我们不禁要问"枫桥经验"为何历经60年的风云变幻依然长盛不衰？其中一个重要的原因就是"枫桥经验"具有与时俱进的时代性。"枫桥经验"的时代性特征，要求坚持以马克思主义中国化的最新理论成果为指导，深入分析和把握世情、国情深刻变化条件下基层社会治理的新特点、新要求，不断解放思想、改革创新、与时俱进，使"枫桥经验"紧跟时代发展步伐、吸收新的时代内容、科学回答时代课题，强化现实针对性。[①] 不断强化问题意识和问题导向，着力解决基层社会发展变化中的突出矛盾和问题，提高"枫桥经验"的有效性，及时总结新做法、新举措、新经验，不断以新的经验指导新的实践。所以，"枫桥经验"可以随着时代主题的变化、社会矛盾的转变而不断进行自我调适和改进，能够做到历久而弥新。

"枫桥经验"与时俱进的时代性，意味着"枫桥经验"随着时代的变化而发展变化，顺应时代潮流，引领时代潮流，历久弥新。然而，这其中却暗含着时代性的另一层意思，即"枫桥经验"能够立足于当下，把握住所处时代的脉搏，认清所处时代的本质，从而找到合理适当的应对之道，成为解决所处特定时代基层社会治理症结的制胜法宝，傲立于时代的潮头。"枫桥经验"想要把握住特定时代的脉搏，必须深入所处时代的现实中去，必须亲自去发现、去挖掘隐藏在表象之后的本质，也就是说必须得实践，只有实践方可出真知。从这个层面来说，"枫桥经验"的实践性和时代性是

[①] 刘汉峰：《增强党内政治生活的"四性"》，《中国特色社会主义研究》2017年第1期。

内在统一的，相辅相成、相得益彰。在此基础之上，"枫桥经验"的时代性特征还要求"枫桥经验"能够敏锐地认识到所处特定时代的局限性，并且能够做到有所突破、有所创新，不仅要顺应时代的变迁，紧跟时代的潮流，还要走在时代的前列、引领新时代的发展。我们可以这样认为，"枫桥经验"时代性特征所包含的时代是全方位的，覆盖了过去、现在与未来，是普遍性与特殊性的统一。"枫桥经验"的时代性昭示着"枫桥经验"无论是对某一特定时代而言，抑或是对于所有时代而言都将是走在前列的成功楷模，"枫桥经验"由此获得了无限的魅力与生命力。

第四节 "枫桥经验"的基本原则

一 党的领导

2021年7月1日，习近平总书记在庆祝中国共产党成立100周年大会上的讲话中指出："办好中国的事情，关键在党。……中国共产党领导是中国特色社会主义最本质的特征，是中国特色社会主义制度的最大优势，是党和国家的根本所在、命脉所在，是全国各族人民的利益所系、命运所系。"[①] 党是领导一切的，是最高政治领导力量，党的领导是我们的最大制度优势。加强党对一切工作的领导，这一要求不是空洞的、抽象的，要在各方面、各环节落实和体现。哪个领域、哪个方面、哪个环节缺失了、弱化了，都会削弱党的力量，损害党和国家事业。习近平总书记在浙江工作时就高度重视以基层党组织建设引领基层社会治理工作，他结合历史经验指出，"我们共产党可以说是全世界最重视基层的党"。党的十八大以来，习近平总书记更加重视基层党组织工作。党的二十大报告强调："坚持大抓基层的鲜明导向，抓党建促乡村振兴，加强城市社区党建工作，推进以党建引领基层治理，持续整顿软弱涣散基层党组织，把基层党组织建设成为有效实现党的领导的坚强战斗堡垒。"[②] "枫桥经验"始终坚持党的

[①] 习近平：《在庆祝中国共产党成立100周年大会上的讲话》，《人民日报》2022年7月21日。

[②] 习近平：《在庆祝中国共产党成立100周年大会上的讲话》，《人民日报》2022年7月21日。

领导，加强党的基层组织建设，探索建立健全基层社会治理党的领导体制，贯彻党的执政理念，运用党的理论，立足实际，实事求是解决具体的社会现实问题，持续推进治理体系完善和治理能力提升。在60年的历程中，"枫桥经验"与时俱进、历久弥新，都建立在这个基础之上，都根植于这个最本质特征和最大优势。

从历史维度来看，"枫桥经验"60年的演进中，之所以能够与时代同呼吸、与人民共命运，离不开中国共产党的正确领导。党的领导，产生了"枫桥经验"，坚持了"枫桥经验"，发展了"枫桥经验"。1962年9月，在党的八届十中全会上，毛泽东同志提出要进行一场以克服单干风、抓阶级斗争为主题的社会主义教育运动。面对全国争相展开武斗的局面，浙江省委工作队组织基层干部群众学习《中共中央关于抓紧进行农村社会主义教育的批示》。在学习的过程中，干部群众重点关注到了对坏人坏事"必须以教育为主，以惩办为辅"的意见。枫桥地区的基层党组织干部发动群众、依靠群众，用说理的方式斗争"四类分子"，"枫桥经验"的雏形初现。"文化大革命"时期"枫桥经验"虽然遭受了打击，但党中央很快又重新肯定了"枫桥经验"，使其再度成为化解基层社会矛盾的重要工作方法。改革开放以后，人民内部矛盾不断增多，枫桥干部在党的领导下坚持专群结合，因时制宜，积极应对基层社会矛盾，因此发展出了"枫桥经验"的"四前"工作法，有效地预防和化解了大量的基层社会矛盾，为经济发展创造了良好的社会环境。

党的十八大以来，站在新时代的背景下，"枫桥经验"适应时代的要求，坚持以党建为引领，针对新时代人民群众新的呼声和诉求以及社会主要矛盾的新特点，在党的领导下不断推进"枫桥经验"的创新发展。诸暨在"枫桥经验"实践当中，始终旗帜鲜明地加强党对基层社会治理的领导，把基层党建贯穿于基层社会治理的全过程各方面，通过实施基层党建政治引领、组织引领、能力引领、发展引领、服务引领"五大引领"工程，推动党组织的服务管理触角延伸到社会治理末梢，切实把党的政治优势、组织优势、制度优势转化为治理优势。2022年以来，诸暨加快探索构建自我革命的内部监督体系，持续推动监督机制、效能、力量迭代升级。深化"四责协同"落实"五张责任清单"工作机制，厘清各级党委、党委"一把手"、分管领导、纪检监察机关和组织人事部门五方责任。分类明确"一把手"和领导班子130项责任清单，同步重塑报告评议机制，由纪委监委、党委办、组织部门常态化开展合评联评，既评议主体责任落实情况，也评议监督责任和面上重点工作落实情况。加强党的基层组织建设，创新支部建在小区上、监督落到最小权力单元上等机制，全市设置支部监督信息员3127人，将党内监督延伸到支部一级，有效增强基层社会管控力。"枫桥经验"在产生和发展的过程中始终都离不开党中央和各级党组织的领导，党的领导为"枫桥经验"注入了核心的政治优势和治理优势。新时代"枫桥经验"必将在党的领导下、在基层社会的治理中进一步发扬光大，焕发出无尽的生机与活力。

二 群众路线

群众路线，就是"一切为了群众，一切依靠群众，从群众中来，到群众中去"。2013年6月18日，习近平总书记在党的群众路线教育实践活动工作会议上的讲话中强调："群众路线是我们党的生命线和根本工作路线。……我们党来自人民、植根人民、服务人民，党的根基在人民、血脉在人民、力量在人民。失去了人民拥护和支持，党的事业和工作就无从谈起。"[①] "枫桥经验"诞生之初就是发动和依靠群众就地解决矛盾的经验，始终把群众路线作为根本工作路线。

习近平总书记在浙江工作时撰写的《基层矛盾要用基层民主的办法来解决》一文中指出："当前基层产生的社会矛盾，无论其表现形式多么复杂多样，就其性质而言绝大多数还是表现为人民的内部矛盾。基层矛盾要用基层民主的办法来解决，这一主要原则一定要把握好。"[②] "枫桥经验"始终坚持"一切为了群众，一切依靠群众"的基本原则，注重发动和依靠群众，在联系和服务群众中获得群众的信任和支持，在获取群众强大力量的基础之上不断提升基层社会治理的水平。"枫桥经验"在实践中一以贯之的基本理念，就是一切工作都必须从群众需要出发，依靠群众力量来开展，注重听取民意、加强沟通、依法治理，坚决维护广大人民群众

---

① 习近平：《在党的群众路线教育实践活动工作会议上的讲话》，《人民日报》2013年6月19日。

② 习近平：《之江新语》，浙江人民出版社2007年版。

的切身利益，切实做到让群众满意，使广大人民群众成为推动社会和谐与发展的主体性力量。"枫桥经验"处理基层社会矛盾时始终心怀人民，用民主的方式方法化解矛盾，从而成为善治典型。

"枫桥经验"从产生的那一刻开始，就把群众路线蕴含于其中。通过文斗的方式对坏人坏事进行"说理教育"，对"四类分子"进行社会改造，是枫桥干部在发动和依靠群众的基础之上得以实现和完成的。"枫桥经验"在发展的过程中，始终坚持群众路线。改革开放后，诸暨广大干部始终注重发动和依靠群众，强化教育、挽救帮教对象和妥善管理外来流动人员，让群众参与到社会治理中，在便民服务、法治建设、基层建设和平安建设等方面有了长足的进步，促进了社会的和谐与发展。

党的十九大报告指出，中国特色社会主义进入了新时代，要坚持人民主体地位，把党的群众路线贯彻到治国理政全部活动之中，依靠人民创造历史伟业，对基层社会治理提出了新的更高的要求。基于新时代新的更高要求，诸暨的干部始终注重把人民群众放在中心位置，推进"枫桥经验"创新发展。近年来，诸暨积极构建以群众、企业和各类社会组织为主体的外部监督体系，探索走出新时代群众路线的新途径。为支持群众表达诉求，诸暨组建市镇村三级"清廉建设顾问团"，聚集党员干部、群众代表、企业家、乡贤等各方力量，充分保障基层监督的人民性、多元性。出台《加强基层监督力量和清廉顾问履职指导实施办法（试行）》，加强对监督力量日常运作、队伍建设、业务培训的指导管理，更好发挥基层监督作用。作为民营经济强市，诸暨积极引入企业家辅助基层监督治理，创新搭建"政企亲清会"交流服务平台，构建形成"企业出题、部门答题、跟踪问效"服务闭环，助力企业稳健发展。支持市内企业家和社会人士成立浣江亲清企业联盟促进会，定期下沉企业收集、上报营商环境有关意见建议、干部党性作风问题，推动形成常态长效服务机制。拓宽纪检监察机关与企业信息互通渠道，聘请21名浣江亲清企业联盟促进会理事担任"营商环境特邀监督员"，制定《纪检监察机关加强与浣江亲清企业联盟促进会沟通协调暂行办法》，建立"月度信息收集、季度座谈、半年评议、联系协作、协调解决"五项沟通协调机制，推动基层监督与社会监督有效衔接，助力企业家放心投资、安心经营、专心创业。据第三方民意调查结果显示，近三年诸暨清廉满意度始终保持绍兴第一。

三 实事求是

2013 年 12 月 26 日，习近平总书记在纪念毛泽东同志诞辰 120 周年座谈会上指出："实事求是，是马克思主义的根本观点，是中国共产党人认识世界、改造世界的根本要求，是我们党的基本思想方法、工作方法、领导方法。不论过去、现在和将来，我们都要坚持一切从实际出发，理论联系实际，在实践中检验真理和发展真理。"[①] 从思想层面来看，"枫桥经验"最基本的工作方法和领导方法就是实事求是，也正是始终坚持实事求是，使"枫桥经验"保持着与时俱进的实践价值，闪现着正视社会矛盾的真理价值。

习近平总书记在纪念毛泽东同志诞辰 120 周年座谈会上强调："坚持实事求是，就要坚持为了人民利益坚持真理、修正错误。要有光明磊落、无私无畏、以事实为依据、敢于说出事实真相的勇气和正气，及时发现和纠正思想认识上的偏差、决策中的失误、工作中的缺点，及时发现和解决存在的各种矛盾和问题，使我们的思想和行动更加符合客观规律、符合时代要求、符合人们愿望。"[②] 在"枫桥经验"的诞生和发展过程中，广大干部之所以能够及时把握人民群众的所思所盼，掌握客观实际中的"实事"，做到耳聪目明、心中有数，就在于始终坚持实事求是的基本思想方法。时代在变，矛盾在变，"枫桥经验"实事求是的思想始终未变。"枫桥经验"在发展过程中，始终坚持以事实为准绳、以求是为追求，采取灵活的方式应对社会矛盾，因应时代变化，基于时代特点，转变具体的方式方法、体制机制和政策标准。

"枫桥经验"诞生于 20 世纪 60 年代，处理好敌对分子和人民群众之间的矛盾是当时"枫桥经验"直面的重点。当时在很多地方因错误估计阶级矛盾而大肆展开武斗时，枫桥的干部与群众结合实际，看清实质，坚持实事求是，以说理斗争的形式成功改造了"四类分子"，成为社会主义

---

① 习近平：《在纪念毛泽东同志诞辰 120 周年座谈会上的讲话》，《人民日报》2013 年 12 月 27 日。

② 习近平：《在纪念毛泽东同志诞辰 120 周年座谈会上的讲话》，《人民日报》2013 年 12 月 27 日。

教育运动的典型示范并在全国推广。改革开放后，我国的社会主要矛盾定位为人民日益增长的物质文化需要同落后的社会生产之间的矛盾。经济的快速发展，利益的快速分化，带来了大量的社会矛盾。面对新时期新的社会矛盾，"枫桥经验"与时俱进，直面现实，广大干部扎根基层，认真倾听群众诉求，积极掌握基层实际，发动和依靠群众，追求社会和谐。对于帮教对象，坚持对帮教对象拉一把，帮一时更是帮一世，以教育为主，解决实际问题为辅，帮助他们安居乐业；对于外来流动人员，实行管理加维护其合法权益的方法。广大干部始终本着实事求是的基本思想方法，分析和解决社会矛盾，抓早抓小、防患未然，最大限度地遏制了各类风险挑战，及时排解了影响平安稳定的不利因素，最大限度地实现了社会平安稳定。

党的十八大以来，中国特色社会主义进入了新时代。我国的社会主要矛盾转变为人民日益增长的美好生活需要和不平衡不充分的发展之间的矛盾。党的二十大报告从建设更高水平的平安中国的高度，强调要在社会基层坚持和发展新时代"枫桥经验"。诸暨基于新时代的要求，在新时代的背景下继续坚持实事求是的基本思想方法，推进"枫桥经验"的创新发展。诸如，直面互联网时代、智能化时代社会矛盾的新特点以及预防和化解社会矛盾的新要求，注重基于科技支撑提升社会治理水平，把"枫桥经验"与新的科技元素结合了起来，创新性地推进了基层社会治理"智治"体系建设，比如大力推进"浙里兴村共富""城市枫桥"应用、网络安全智治应用、新时代"枫桥经验"清廉建设综合监督应用等建设，努力以科技为支撑，促进社会治理多主体共同参与，建成人人有责、人人尽责、人人享有的社会治理共同体。

四 就地解决

基层是党和政府一切工作的落脚点，也是国家长治久安的基础，基础不牢，地动山摇。2013年12月23日，习近平总书记在中央农村工作会议上的讲话中强调，"从源头上预防减少社会矛盾，做好矛盾纠纷源头化解和突发事件应急处置工作，做到发现在早、防范在先、处置在小，防止碰头叠加、蔓延升级。要学习和推广'枫桥经验'，做到'小事不出村，大事不出镇，矛盾不上交'"①。就地解决社会矛盾问题是"枫桥经验"的基本任务，"小事不出村、大事不出镇、矛盾不上交"是"枫桥经验"的显著特点，也是各个时期"枫桥经验"一以贯之的基本实践要求，尤其重要的是"枫桥经验"强调的就地解决是指依法就地化解矛盾，是在法治的轨道上实现基层矛盾就地解决，在法律允许的范围内、运用法律的手段和程序，这是矛盾就地解决的前提保障。要实现"矛盾不上交"治理目标，关键在于根本解决矛盾纠纷和实际问题。"枫桥经验"从其诞生的那一刻开始，就始终强调"矛盾就地解决"，努力做到"矛盾不上交"，积极地把不稳定因素解决在基层，解决在内部，解决在萌芽状态。矛盾就地解决是"枫桥经验"的本原要义，体现了源头治理、前端防控的治理理念。纵使时代变迁，社会主要矛盾变化导致基层社会问题相应变化，"枫桥经验"所强调的矛盾就地解决的基本任务始终没有改变。基层党组织始终坚持问题导向、目标导向和结果导向，坚持担当作为，组织协调各方，组织广大干部群众深入基层开展矛盾排查化解，充分发动群众，群防群治、抓早抓小，把问题解决在基层，这体现了"枫桥经验"在源头上和根本上预防化解矛盾。

矛盾就地解决是"枫桥经验"自诞生起一以贯之的显著特点，也是"枫桥经验"能够在众多基层社会治理经验中脱颖而出的重大优势。"枫桥经验"起源于20世纪60年代的诸暨枫桥，当时的枫桥还是一个贫困落后的农村地区。面对特定时期的特殊矛盾，为了维护政权和社会的稳定，枫桥的领导干部当时就认为，矛盾的解决应该始于基层，应该尽可能地在当地解决矛盾，不应该把矛盾升级到更高层次，否则就会加剧矛盾。因此，从那时开始，枫桥就鼓励和支持基层干部、群众自行解决矛盾，让矛盾就地解决。改革开放以后，枫桥以及整个诸暨经济快速发展，各种人民内部的利益矛盾也随之增多起来。在这种情况下，为了把矛盾解决在基层，诸暨逐渐建立起了一整套的矛盾就地解决机制，比如组建治保会和调解会、设立矛盾调解员、创建"四前"工作法、探索综合治理网格化，等等。这些机制和措施的建立，有效地促进了矛盾的及时和就地解决，带来了社会的和谐与稳定。

---

① 《习近平论"三农"》，《人民日报海外版》2019年5月8日。

党的十八大以来，面对新时代的各种新的社会矛盾，尤其是由于干部作风问题而带来的比较突出的干群矛盾，诸暨在推动"枫桥经验"创新发展的过程中，始终把"矛盾依法就地解决"作为基本的实践要求，继续完善和创新社会矛盾依法解决机制，加强矛盾调解员队伍建设，建立起"矛盾多元化解机制"，如积极打造村级监察工作联络站、支部监督信息员和清廉建设顾问团三支队伍，通过多种方式依法预防和化解矛盾，把矛盾吸附在村镇层面。2020年以来，在浙江持续推动漠视侵害群众利益问题专项治理的大背景下，诸暨针对性开展"守初心践使命"大整顿大提升五大专项行动，围绕群众诉求应对、群众权益保障、安全隐患排查、权力运行规范、干部形象提升五方面重点，以法律为准绳，严肃处理各级公职人员的违法乱纪行为，推动整改各类问题5069个，让群众感受到了实实在在的治理成效。在此基础上，进一步以党风引领政风民风，出台干部执行力标准，压紧压实各级党组织和干部队伍的执行责任，从严纠治"多做多错、少做少错、不做不错"的"三错"观念，全力营造勤廉政治生态；探索"三个区分开来"具体化举措，大力倡导党员干部处置"四个态度"，即违纪违法坚决查处、失职失责问责追责、工作失误容错纠错、诬告陷害澄清正名。近三年，累计运用"四种形态"处理5675人次，"初病微祸"治理成效显著。在信访工作领域，认真贯彻落实习近平法治思想，积极运用法治思维和法治方式推进信访工作，注重将依法行政、依法处置、依法引导相结合，切实破解好"信访不信法"的问题，不断提升信访工作的法治化水平。作为"枫桥经验"发源地的诸暨市枫源村，由于始终注重通过各种机制和平台的建设，通过培育和发展各种类型的社会组织，坚持"矛盾依法就地解决"，已经保持了连续18年矛盾不出镇的"零上访"记录。

第五节　新时代"枫桥经验"的诸暨实践

2023年5月，中共中央政治局委员、中央政法委书记陈文清在视察诸暨时指出，"枫桥经验"在新时代伟大实践中丰富发展，更加强调党的领导、更加彰显法治思维、更加突出科技支撑、更加注重社会参与，展现出历久弥新的魅力。要贯彻落实习近平法治思想，善于运用法治思维和法治方式开展工作，研究完善矛盾纠纷化解"路线图"和平台机制建设、信息系统建设，推进矛盾纠纷化解和信访工作法治化。要深入开展学习贯彻习近平新时代中国特色社会主义思想主题教育，把主题教育成果转化为坚持和发展新时代"枫桥经验"的实际成效，推动政法工作站上新台阶、打开新局面。站在新时代的背景下，诸暨在"枫桥经验"的创新发展上，紧扣基层社会治理体系和治理能力现代化目标，拓展出了一系列具有新时代"新"面貌的实践做法。概括而言，主要体现在以下六个方面。

一　优化组织体系

"枫桥经验"实施过程中要始终如一地坚持党的集中统一领导，尤其是要加强基层党组织建设，发挥基层党组织的战斗堡垒作用。优化党的基层组织体系，是坚持和发展新时代"枫桥经验"的根本保证，也是推进新时代"枫桥经验"制度化、体系化的核心。乡镇党委作为属地管理主体，既是党和政府联系服务群众的桥梁纽带，也是创新基层社会治理、加强基层社会建设的关键所在。在新时代"枫桥经验"基层实践中，必须突出乡镇党委的政治功能，把党的全面领导落到基层，探索建立健全基层社会治理党的领导体制，推动乡镇党建工作与行业协会、社会组织、群众组织等领域党的建设深度融合。建立基层组织建设和人员发展、管理、考评、清理等制度，团结凝聚各方面基层治理主体力量，立足实际，实事求是解决具体的社会现实问题，让党支部成为基层社会治理的"主心骨"，有效破解基层社会治理"碎片化"问题，持续推进治理体系完善和治理能力提升。诸暨在"枫桥经验"实践中，始终旗帜鲜明地把基层党建贯穿于基层治理的全过程、各方面，通过实施基层党建政治引领、组织引领、能力引领、发展引领、服务引领"五大引领"工程，推动党组织的服务管理触角延伸到社会治理末梢，切实把党的政治优势、组织优势、制度优势转化为治理优势。

二　完善制度体系

全面落实权责清单制度，修订完善党委政府、基层站所"一图一表"权责清单，推动形成权责明确、权责一致、合法合理的制度体系。第一，构建政府权力公开机制，结合基层行权实际，加大对部门现行制度文件的合法性审查力度，推进基层公权力行使过程逐步由静态的信息公开向动态的过程公开延伸。第二，建立政府与社会协作机制，坚持"法定职责必须为、法无授权不可为"原则，发挥企业、群众和社会组织在基层治理中的积极作用，把政府职能切实转变到监督服务保障上来，政府不该管的事坚决交给市场、企业和行业协会，不断增强社会自我管理能力。第三，完善对公权力的监督制约机制，重点强化决策、执行环节的监管，将党内监督和舆论监督、社会监督、群众监督结合起来，运用"枫桥经验"发动群众、依靠群众的理论精髓，鼓励引导群众参与基层监督治理，确保权力运行全流程"权责事"一致。与此同时，法治建设是制度建设的重要抓手，法治是社会治理的最优解，在保障权益、化解矛盾、维护稳定上具有稳定预期、不留隐患的优点。当前社会资源分配由党委政府主导，通过党员干部行使公权力来具体落实，用权是否公平公正直接决定利益分配是否平衡，而由此引发的不平衡不充分问题，必须通过法治监督保障予以解决落实。

三　构建决策体系

社会结构特别是社会阶层结构状况是制定公共政策的依据。新时代"枫桥经验"，始终坚持问需于民、问计于民、问效于民，倾听民声、尊重民意、顺应民心，努力把党和国家各项工作做得更好。新时代"枫桥经验"让人民群众更多地参与到基层社会治理的决策过程之中，集中民意、民智，突出人民群众的主体地位，增强人民群众的主人翁意识，同时能够更好地实现决策的科学化、民主化。第一，建立基层诉求常态化收集机制，坚持需求导向，明确诉求信息采集和应用规范，借助社会组织和群众组织全面汇集基层诉求、广泛采集群众诉求，为党委政府决策提供客观依据，确保基层和群众诉求在上级决策中得以全面归集和深度体现。第二，健全决策研判机制，针对重大决策部署开展专项调研与意见征求，分析研判可能面临的潜在性、苗头性、趋势性风险隐患，综合评估决策的科学性、合理性。第三，强化决策信息公开和传播机制，综合运用政府门户网、政务新媒体等平台，实现决策信息全网发布、实时同源、动态更新，确保基层和群众的知情权。第四，出台决策跟踪观察与修订完善机制，设立基层向上反馈决策执行情况的专门渠道，推动上级决策更加契合基层工作实际，避免因决策因素导致区域间的不平等不正当竞争。

四 健全工作体系

健全基层社会治理中的领导机制、协调机制、督查机制和问责机制，推动形成上下贯通、部门协同、执行有力、高效运转的基层工作体系。第一，从进一步强化党委政府议事协调机构的统筹协调功能上破题，深化反腐败、信访、政法、审计等各个联席会议和领导小组的贯通协同，建立完善信息互通、协作配合、线索移送、问责追责工作机制。第二，从完善党内监督体系入手，加强纪律监督、监察监督、派驻监督、巡察监督统筹衔接，明确责任、优化路径、创新举措、完善信息沟通、措施配合、成果共享工作机制，整体推进"单兵作战"向"四方统筹"迭代升级。第三，持续深化基层监督治理，强化市级统筹、镇级主体和村级前哨作用，重点加强对行使公权力的非党员村居干部、基层站所工作人员、编外人员的监察监督。通过健全各个部门的工作体系，合理分工，加强合作，将条条块块各项管理服务工作整合到网格化治理体系之中，强化条块协同，整合公共管理服务资源，使有限的公共资源发挥最大效能，实现"上面千条线"和"基层一张网"的有机衔接。[①]

五 重塑评估体系

群众是基层社会治理的直接参与者和受益者，基层社会治理成效必须由群众来评定。基层社会治理的效果好不好，要取决于人民群众的安全感、获得感、幸福感在多大程度上得到了满足，所以说必须将人民群众纳入新时代"枫桥经验"评估体系主体范围之内。第一，改进现有的绩效化、指标化评价体系，将自上而下的单向考核模式转变为自上而下为主、双向评价共存的多维评价机制，实现"部门考核基层、基层评价部门、企业群众评价机关"的多元互评，有效调动和组织多方力量参与基层社会治理，重点评估市级部门在共同富裕、乡村振兴、营商环境、民生领域等事关企业群众切身利益事项上的实际成效。第二，抓细抓实市级部门和乡镇"权责清单"，积极推动形成"部门服务基层、基层服务企业"的共

---

① 吴锦良：《"枫桥经验"演进与基层治理创新》，《浙江社会科学》2010年第7期。

识。靶向整治层层加码、责任转嫁、不担当不作为和督查检查过频、台账报表过多、"指尖上的形式主义"等问题，让基层干部轻装上阵、放手干事。第三，推进事权、资源和服务力量下沉一线，在精准赋权赋能推动政务服务向基层延伸的基础上，加紧治理各级各部门自我赋权、自我扩权行为，切实防范权力滥用。

六 变革智治体系

2020年3月31日，习近平总书记在杭州城市大脑运营指挥中心考察时指出："通过运用大数据、云计算、区块链、人工智能等前沿技术推动城市管理手段、管理模式、管理理念创新，从数字化到智能化再到智慧化，让城市更聪明一些、更智慧一些，是推动城市治理体系和治理能力现代化的必由之路，前景广阔。"① 智治支撑是在基层社会治理方式现代化中体现新科技革命的重要标志。要坚持以信息化的方式推进基层社会治理现代化，更好地用信息化的手段感知社会态势、畅通沟通渠道、辅助科学决策。诸暨在新时代"枫桥经验"的实践探索中，注重以数字化改革推动"枫桥经验"内涵丰富和手段创新，以数字技术赋能基层社会治理，致力于打造整体智治的基层社会治理新格局，努力提升基层社会治理的智能化水平。在权力监督模式上，以数字化改革为契机，创新载体和手段，开发建设公权力大数据监督应用，加强权力运行流程规范化和用权过程实时监督。第一，加快推进数字化全面贯通，深化数字资源开放共享，健全数据回流和治理机制，提高数据供给治理和响应速度，打造集约高效、自我可控、开放兼容的数字监督体系。第二，统筹调度各方资源，实现跨部门、跨领域、跨层级的高度协同，强化基层智治综合集成，按需下沉建立任务清单、协同执行和闭环管理机制，推动工作由点及面、从点到链整体跃升。第三，以制度化方式沉淀固化基层智治变革成效，建立数字基础管理制度，健全线上民意反馈、动态研判、快速反应等机制，完善安全制度规范，强化关键信息安全保护，全面提高安全风险防范能力。

---

① 中共中央党和文献研究院编：《习近平关于城市工作论述摘编》，中央文献出版社2023年版，第114—115页。

第二章

优化组织体系,提升政治引领力

长期以来,中国国家建设始终面临低组织化状态下的超大规模治理与人均资源相对贫乏的矛盾,[①] 中国共产党领导人民进行现代化建设的伟大实践需要从根本上克服这一基本约束。其中,基层社会作为中国式现代化的基石,承担着艰巨且繁重的建设任务,统筹推进乡镇(街道)和城乡社区治理是实现国家治理体系和治理能力现代化的重中之重。基础不牢,地动山摇,只有把基层政权建设好、基层社会治理好,国家发展的根基才能稳固,中国特色社会主义才会行稳致远。

治国安邦重在基层,"枫桥经验"最显著的特征就是抓基层、打基础。作为新时代预防、化解、治理社会矛盾的重要方案,"枫桥经验"充分展现了中国共产党独有的政治优势,是党通过发动和依靠人民群众、整合一切积极因素进行社会治理的实践成果。其中,强大的组织体系在首要,是"枫桥经验"的根本支柱。新时代"枫桥经验"的组织体系既包括党作为领导核心,发挥总揽全局、协调各方的关键作用所凭借的体制内组织和监督力量,也包括党毫不动摇地走群众路线,调动各方资源汇聚凝结而成的社会治理力量。本章将围绕诸暨长期的积极探索和实践创新,展开学理性讨论。

[①] 陈明明:《作为一种政治形态的政党——国家及其对中国国家建设的意义》,《江苏社会科学》2015年第2期。

第一节 超大规模先锋队与超大规模
基层社会的良性耦合

一 中国共产党是超大规模的先锋队政党

"枫桥经验"始终是由中国共产党领导的治理实践成果。政党作为现代国家构建和转型过程中最大的政治创造，其本身就是国家与社会权力高度组织化和制度化的结果。同时，政党对于自身所处的周遭环境的认知和判断能力同政党的组织化和制度化水平密切相关，组织化和制度化程度越高就越是能自主行事，通过制定清晰的发展战略，为政治改造和政治创造工作的深入推进奠定基础。"党的力量来自组织，组织能使力量倍增"，中国共产党的一大特征就是组织的超大规模。截至2023年6月，中国共产党的党员总数为9514.8万名，党的基层组织总数为486.4万个，全国城市街道、乡镇、社区（居委会）行政村均已建立党组织，对企业和社会组织也基本实现覆盖。不仅如此，受历史实践和现实发展的影响，党要支撑和凝聚整个社会必须有完备和发达的组织网络，而这个组织网络要应对复杂的社会结构和社会体系承担起多元的社会功能。[1] 这就从根本上要求党不仅是要超大规模的，而且必须足够的与时俱进，保持先锋队特性。因此，党的先锋队底色亮不亮在根本上影响着党对基层社会的领导和治理效能。

实际上，从单纯的理论角度出发，党的超大规模与先锋队特性之间存在着必然的紧张关系，这也成为党的建设的重大命题。[2] 党在百年革命和国家建设历程中不断深化对这种紧张关系的认识，通过在不同的严酷环境中进行处理和应对，使得自身在具备超大规模组织的同时保持了先锋队的特性，这为党进一步深入人民群众从而实现领导和统合社会创造了最为重要的政治基础。马克思曾明确批评"没有吸收无产阶级的基本群众"的密谋组织是"革命的炼金术士"，主张党的革命活动不能脱离社会。列宁

---

[1] 林尚立：《治国安邦：当代中国政治形态定型》，《复旦政治学评论》2018年第2期。
[2] 汪仕凯、张佳威：《中国共产党的规模和建党逻辑：先锋队理论的视角》，《华中科技大学学报》（社会科学版）2021年第3期。

也强调："党是阶级的先锋队，它的任务决不是反映群众的一般水平，而是带领群众前进。"① 因此，共产党不同于一般的组织或政党，不仅要将革命理想和国家建设任务公布于众，还需要进一步深入人民群众，展开宣传、教育、动员、组织等政治活动，进而将社会的整体思想觉悟和行动能力提高到党所需要的水平。我们知道，国家权力本质上来自社会，党对社会的统合的最终落脚点就是要不断强化党的领导，把日益多元自主的社会整合为一个和谐统一的有机体，最大程度上实现人民群众的整体利益。

党要代表人民整体利益并发挥领导核心的作用就必须扎根社会、紧密联系群众，先锋队的内在运作逻辑要求党深度介入社会建设之中。国家治理体系和治理能力现代化的持续推进必须建立在人民群众大力支持的基础上，而当代中国社会结构在市场经济条件下经历了复杂的演化过程，党将利益有别、观念不同的社会凝聚成一种整体力量的任务依旧非常艰巨，这也是党必须保持超大规模和先锋队特性的时代要求。因此，"枫桥经验"的先进性和有效性的根本保障就在于超大规模先锋队。党的十八大以来，在加强党的政治建设和从严治党的过程中，党的领导作为"枫桥经验"重要底色得以进一步强化，"枫桥经验"的组织体系得到进一步锻造和锤炼，为新时代的基层社会治理注入了磅礴的动力。

二 "枫桥经验"萌生于超大规模的基层社会

广土众民是中国国家治理的基本面向，基层社会蕴藏着丰富治理资源的同时也是各类复杂多变矛盾的集合处，由于这种超大规模的特性，任何细微的差池都可能由"乘数效应"而被无限放大，对整个国家治理造成不可估量的负面影响。因此，实现"小事不出村，大事不出镇，矛盾不上交"的重要目标，既需要群众诉求表达、利益协调、权益保障通道的畅通和规范，也需要信访制度和各类调解联动工作机制的完善，这就必然要求新时代"枫桥经验"拥有发达和灵动的组织体系。作为根本载体，"枫桥经验"的组织体系建设是包括党和政府、经济和社会组织在内的多元力量，目标在于将基层政权和组织打造成为能够充分发挥"枫桥经验"的战斗堡垒。截至2021年年底，全国共有38558个乡级行政区划单位以

---

① 《列宁全集》第33卷，人民出版社1985年版，第88页。

及60.6万个基层群众性自治组织,包括村委会成员208.9万人和居委会成员65.7万人。这是中国国家治理的"基本盘",也是新时代"枫桥经验"创新发展的实践基础。只有拥有发达和灵动的组织体系,新时代"枫桥经验"才能更好地将广大的人民群众凝聚起来、将分散的社会资源整合起来,将基层治理的能力提升起来。

更为重要的是,党的超大规模先锋队特性所内嵌之紧张在治理基层社会的实践中得到极大缓解,这是良性耦合关系生成的关键过程。党的超大规模特性通过在"枫桥经验"中的组织再生产,实现了政党权力和能力的不断下沉,进一步巩固了党对基层政权和基层社会的领导,并通过强化民主集中制和践行群众路线撬动了极其丰富的治理资源,为应对基层的新问题和新挑战奠定了良好的政治基础,从而不断提升着"枫桥经验"的先进性和有效性。第一,超大规模的基层社会作为治理空间能够承载超大规模的政党活动。基层政权和基层组织是实现党的建设和社会治理共同推进的重要载体,能够将超大规模的基层党员纳入组织的日常监督和管理之中,在依法依规管好党员群体的基础上不断锻造组织队伍,进一步发挥党员在基层治理的政治作用。第二,大量党员根植基层也有助于保持先锋队的本色,克服"四风"问题。通过各类组织将广大群众紧紧团结到党的周围,在锤炼党的政治性的基础上,撬动超大规模基层社会的治理效能,不断推进基层治理体系和治理能力的现代化。党只有扎根社会才能充分掌握周遭环境的变迁,才能正确定位和处理现代化过程中的主要矛盾。现代化终究是人的现代化,党在深入基层的过程中更能同群众保持血肉联系,在充分了解社会真实情况的基础上积极引导和教育群众,持续不断地提高群众的政治素养,形成双向互动的积极局面。因此,党必须投身超大规模社会尤其是基层的建设工作,为自身的发展创造良好的政治基础,这对于具有了超大规模的中国共产党来说尤为重要,历史上是如此,今天仍旧如此,只有扎根基层的先锋队才是真正的先锋队。

总之,基层是超大规模政党与社会的行动交汇点,基层政权和基层组织的建设就成为党的组织体系构造的关键环节,只有党组织自身建设的不断加强,才能将基层组织的政治优势持续转化为治理效能,才能更好地保证新时代"枫桥经验"的发展创新。另外,基层政权和基层组织的建设过程也使党拥有了锤炼自身的实践场域,只有充分发挥基层的战斗堡垒作用，才能有效将广大民众凝聚在党组织周围，才能将更多的治理资源吸纳进党领导的各类组织之中。因此，基层政权和基层组织不仅是党简单归置成员的基本单元，还是党嵌入社会、领导国家、完善自身建设的不可或缺的治理环节。

第二节 统筹各方力量，完善基层组织体系

一 基层党建带动基层治理的生动实践

中国的事情关键在党，党的自身建设是基层组织体系的核心工作。党的十九大报告明确指出："要以提升组织力为重点，突出政治功能，把企业、农村、机关、学校、科研院所、街道社区、社会组织等基层党组织建设成为宣传党的主张、贯彻党的决定、领导基层治理、团结动员群众、推动改革发展的坚强战斗堡垒。"因此，充分发挥党建引领的政治优势、组织优势和群众工作优势，不断赋予"枫桥经验"新的时代内涵，解决好涉及群众切身利益的突出问题，才能确保社会和谐稳定。但由于条件和环境的变化，党同广大人民群众的密切联系随时可能出现松动，从而导致党面临悬浮甚至脱离社会的危险局面，这在基层治理的过程中存在不少案例。党必须创新工作机制以应对新问题和新挑战，进而预防重大政治风险。其中，把基层党建和基层治理有机结合就显得尤为重要。基层党建强，基层治理就强，必须旗帜鲜明地加强党对基层治理的领导，把基层党建贯穿于基层治理的整个过程。

中国共产党在诸暨走过了百年光辉历程，从最初1925年的5名党员、中华人民共和国成立时的509名党员，到如今已经超过9万名党员，在这9万余名党员中女性党员28102名，35周岁及以下青年党员23423名，农村党员41292名，诸暨党组织不断朝着更年轻、更有力、更接地气的方向发展。近年来，诸暨在基层党组织的建设工作中有如下四个方面的特色值得我们关注。

第一，强化乡镇在基层政治建设和基层治理中的主体责任。诸暨在压实乡镇党委书记抓基层党建"第一责任人"责任和党委委员具体责任人责任的基础上，全面开展乡镇党委班子的履职评价；实行乡镇党委委员党建责任清单制管理，将乡镇党委政治建设的质量和成效作为班子评价的重

要内容,辖区内政治生态情况和党员群众满意度作为评先评优、选拔任用的重要依据。作为压实主体责任的重要工作内容,诸暨不仅紧抓乡镇干部队伍专业化建设和能力素质的提升,定期选派乡镇干部到急难险重一线和上级部门挂职锻炼,通过"集训+实战"与"以老带新"的方式,完善包村、驻村工作机制,着力锻造高素质的基层社会治理队伍;并且实行"奖优补差",以乡镇为单位每年确定先进村党组织,实行资源倾斜,培育提升为示范村党组织,再按5%的比例确定薄弱村党组织,采取市领导挂点联系、联系部门结对帮扶、乡镇领导包干负责、第一书记驻村指导等方式进行系统性提升。

第二,深入村落,确保管党治党的责任落到最基层。诸暨以村干部县级报备管理、能力培育提升和村级各类组织向村党组织报告工作等制度为抓手,构建了系统的村干部素质提升工程。将强化队伍管理和能力提升的最终落脚点放在健全完善以村党组织为核心、村民委员会和村务监督委员会为基础的农村基层组织体系上。通过实施村民委员会、村务监督委员会、村股份经济合作社和团、妇、民兵等组织向村党组织月度报告制度,村党组织在充分掌握实情的基础上,对各类组织工作开展情况实施年度点评,并结合党员大会、村民代表会议开展评议,切实发挥了村党组织对村级组织和村民群众的政治引领作用。另外,通过建立村党组织书记县级备案管理制度和村干部履历实绩评价办法,诸暨不断完善党员日常表现量化管理评价办法,强化先锋指数考评结果运用,持续强化警示党员整转和不合格党员处理工作,不断加大从35周岁以下农村优秀青年中发展党员力度,提高了村主任、村民代表中的优秀党员比例。为进一步提升队伍的先进性,诸暨还实施了村社干部"头雁领航、群雁齐飞、雏雁丰翼"梯队培育工程,率先创建村社干部学历班,当前已顺利实现200多名村社干部在家门口"上大学";通过兴村共富人才培养基地,诸暨不断健全村干部干事创业激励机制,加大村主职干部发展考核奖励比重,制定出台了"一村一策一清单",并全面推行发展壮大村级集体经济"十种办法",同步健全完善"1+X"容错纠错机制,为提升社会治理能力、推动乡村振兴提供了强有力的制度保障。当然,制度的有效运作离不开良好精神面貌的支撑。在全市"亮旗"行动中,3000多名村两委干部和4万多名农村党员开展大轮训,通过集中亮诺、重温入党誓词、专题党课等重要政治仪式，党员存在感得以全面唤醒，价值感得以充分彰显，荣誉感得以极大激发，奋力当好基层社会治理"主心骨"。

第三，聚焦基层"要紧事"，真抓实干立规矩。在人民群众反映强烈的"三资"管理、村级工程、农民建房、农村土地开发复垦及承包经营、村务公开等村级"五件事"中，诸暨大力推动村级权力规范运行，全面盘点涉及农村基层信访举报，紧盯村级权力运行风险易发高发领域，会同相关职能部门开展多轮调研，组织制定《规范村级"五件事"制度汇编》。为解决操作环节不明、群众知晓度不高、流程监管不严等导致的权力运行跑偏任性问题，诸暨进一步针对性地制定了农村产权交易流程、务工工资发放流程、村级工程招标流程等"行事规范"——《规范村级"五件事"流程指南》，明确了最基层工作事务的日常运作路径，迭代升级，形成基层重点事项"微九条"，推动基层社会治理更加聚焦。

第四，在发展变化的治理场景中创新党建工作。诸暨围绕农村产业发展多样化、区域化趋势，全力打破以行政区划调整组织设置的传统路径，探索建立"村村联建""村企联建"等一批"7+N"区域化党建联建。而在跨区域环境综合整治、重大工程建设等中心工作中，诸暨探索建立了"功能型党组织+中心工作"模式，确保党建工作与中心工作同步谋划、同步推进，按照不转移组织关系，共同参与组织生活的模式，建立功能型党组织。另外，诸暨通过构建"市—镇街—村社—小区（网格）—楼道（微网格）"一贯到底的五级治理架构，打通了党建统领基层治理的"最后一公里"，共建立网格党支部1672个，配备"1+3+N"网格力量2.5万余名，实现网格党组织全覆盖，推动公安、行政执法、市场监管等23个相关部门413名工作人员下沉网格，强化了部门下沉力量作用发挥，同时探索快递小哥等新就业群体"融网入格"创新做法，夯实了网格治理底座。

二 党的群众路线在基层治理中的突出地位

通过加强党的自身建设，在强化党建引领的基础上，进一步厘清党的群众路线在促进多元社会治理格局有效运转的核心作用。"枫桥经验"的一大基本内涵即是坚持和贯彻党的群众路线，在党的领导下充分发动群众、组织群众、依靠群众解决群众自己的事情。在社会主义市场经济条件下，随着社会阶层结构与组织结构的不断分化，国家与社会关系、政党与群众关系以及社会内部各阶层的关系都发生着深刻变化。因此，党的建设的最终目的不是要大包大揽，而是在民主集中制原则上开发出党的总揽全局、协调各方的领导方式。群众路线是中国共产党领导革命走向胜利的重要法宝，同时也是中国共产党领导中国特色社会主义事业不断发展的强大依靠。尽全力同最广大的人民群众取得最密切的联系正是中国共产党区别于其他政党的显著标志，中国共产党的政治根基在于人民，党必须贯彻群众路线从而实现同基层社会的紧密结合，进而以其为领导核心将广大人民群众凝聚起来，以一种整体性力量的面貌投入到中国式现代化的建设之中。因此，党必须重视人民内部存在的各种各样的矛盾，通过党领导下的体制和机制创新不断化解社会治理过程中涌现出的难题。毛泽东同志指出："凡属人民内部的争论问题，只能用民主的方法去解决，只能用讨论的方法、批评的方法、说服教育的方法去解决，而不能用强制的、压服的方法去解决。"[1] 所谓民主的方法就是落实人民当家做主，"有事好商量，众人的事情由众人商量，是人民民主的真谛"。而基层政权和基层社会作为人民群众直接行使民主权利的基本场域，党领导的基层自治制度在其中扮演着不可或缺的重要角色。实际上，基层自治制度就是将党的群众路线实体化的一种形式：人民群众进行自我管理、自我服务、自我教育、自我监督，不仅使得同群众直接相关的利益得到了有效保障，而且也为党与群众的紧密结合提供了制度化平台。

实践中，诸暨不断健全以群众自治组织为主体的新型村级（社区）治理体系。第一，为实现民事民议、民事民办、民事民管，坚持把决策权交给群众，诸暨深化落实村级重大事务"五议两公开"制度，推行村级收集议题、酝酿论证、审议决定程序规范的"三上三下"民主治村制度，创新实施村民自治机制。第二，诸暨通过制定出台村民行为约束"负面清单"和劝导式"正面清单"，全面完成村规民约、社区公约等自治章程修订，探索推行村规民约积分制考评，使排名靠前的优先获得农村建房等资格，排名靠后的轻则批评教育，重则黑榜公布等，有效推动村民自我约束、自我管理。另外，作为近年来群众最有获得感的大事之一，诸暨在推

---

[1] 《毛泽东文集》第7卷，人民出版社1999年版，第209页。

进新时代文明实践工作过程中，发挥红白理事会作用，"一村一策"制定红白喜事操办规章，"婚事新办、丧事俭办、喜事简办"成了当今诸暨农村的"八项规定"。至今，526个村社红白喜事无一"破例违规"，年均可为群众减负10亿元以上。

作为诸暨村治优秀典型之一的店口镇渔村村，共有村民1479人、党员88人，通过系统设计按村域划分成6个责任工作片区，并以村两委、监察信息员、网格员、党员代表、村民代表为主体，建立20余人的村情事务管理小组，顺利推行"村两委成员+村务监督委员会成员或网格员+党员代表或村民代表"的责任工作机制，负责民情信息收集、报送、反馈以及"三资"管理、安全生产、信访维稳等工作。另外，渔村村还制定村级民情信息处置工作制度，设置举报（收集）箱及电话，推行各片区一名民情信息员每日上门走访，每周二、周四村两委集体分析研判，全面落实交办、调处、督查、反馈等工作责任。近年来，渔村村立足村情，狠抓村级"三资"、村级工程、村民建房管理和土地开发复垦及承包经营、村务公开村级"五件事"，村两委自觉加强党务、村务、财务知识学习，聚焦"五件事"15项具体事务，梳理形成村级小微权力廉洁风险防控措施37条，并坚持以"八九十"（80%以上村民表示支持、90%以上农户发表意见、100%告知到位）为基本标准，进一步提高村级事务民主决策水平，确保涉及村民群众切身利益的有关事项，实现集体意图与个体意愿的有机统一。

在基层自治之外，党的群众路线还极大激活了其他社会力量参与基层治理的全过程。基层党组织在加强自身建设的同时，从党的组织和党的工作覆盖两大方面着力，将非公经济组织和社会组织纳入党对社会纵向组织进程。党的十八届三中全会所提出的社会治理新方略，不只是以社会治理新格局取代了社会管理的政策思路，更为重要的内容在于党和政府对于社会发展和社会建设的基本思路发生了深刻变革。具体而言，社会治理新格局要从过去的单纯依靠政府管理和政治控制的模式向治理导向、多元治理的模式转变，保证党的领导始终贯穿和引领着整个过程。"在治理实践中，政府运行治理所强调的纵向秩序整合机制与社会力量参与治理所借助的横向秩序协调机制各自暗含着一些相互矛盾的诉求，并在各自运作的领域中自发地排斥另一套机制的涉入。"① 首先，诸暨创新实施了街道"大工委"制和社区"大党委"制，特别注重吸纳机关事业单位、国企、金融机构等驻区单位党组织负责人以及两新组织、业委会、物业公司中的党员负责人，配以不受数量限制的街道、社区党组织兼职委员，因地制宜制定兼职委员履职清单，成功建立了议事决策、联席会商等制度，促使更多社会力量更加规范化地参与街道、社区党组织定期研究商议党建工作和辖区建设重大事项的过程之中。在此基础上，诸暨还健全完善了直接联系服务群众工作机制，推行民生实事工程社区需求征集制度，由社区党组织牵头，以去行政化的面貌，通过公开征集社区居民、驻社区单位等意见建议，充分激活人民群众参与社会治理的热情，极大丰富了基层社会的治理资源。

其次，诸暨通过展开"党建+"活动，有效推动党的力量嵌入各类基层组织，充分利用资源杠杆，把党的工作延伸到基层治理的"神经末梢"。诸暨先后出台《关于创新发展新时代"枫桥经验"加强和改进社会组织建设管理推进社会组织参与社会治理的实施意见》和《关于坚持发展新时代"枫桥经验"加快推进基层社会治理现代化的意见》作为指导纲领，通过党的领导吸纳了广泛的社会力量参与到基层政权建设和基层社会治理的过程当中。一是重抓"党建+两新组织"。两新组织既是社会治理的最大变量，也是社会治理的关键增量。诸暨始终把党建作为两新组织建设的"头道工序"，坚持两新发展到哪里，党的工作就延伸到哪里，推动实现党的建设全覆盖。二是以中组部社会组织党建工作综合监测区试点的建设为契机，通过社会组织党建云平台，诸暨建立了"四维度"评价体系和五大工作机制，探索实行全国范围内首个社会组织党组织力指数动态评价办法，细化成4个维度25条评价标准，成功构建"一核引领、双轮驱动、三方合力"的社会组织发展模式（"党建"一核引领，提升参与社会治理效能；"政府+市场"双轮驱动，培育社会组织发展动能；"专业+志愿+群众"三方合力，深挖共建共治共享潜能），实现了社会组织发展与党建工作的深度融合。三是在实践中充分发挥群众主体作用和首创精神，建成市镇两级社会组织孵化中心，打造以"红枫义警""老杨工作

---

① 李友梅：《中国社会治理的新内涵与新作为》，《社会学研究》2017年第6期。

室"为代表的品牌社会组织,鼓励引导各类社会组织依托自身优势,在社会治理中最大限度发挥作用,提出以"微治理"释放"大能量"的建设目标,构建起共建共治共享新格局。例如,在社区矫正中引入心理卫生协会、心语社会工作服务中心等12家专业社会组织,通过量身定制、精准施治,实现了"一把钥匙开一把锁"。2022年以来,社区服刑人员实现期满后100%解除矫正,解矫后再就业率达95.3%。社会组织参与社区矫正的做法多次得到中央领导批示肯定,枫桥镇调解志愿者协会杨光照还被司法部评为"全国调解专家"。整体来看,全市共有1500余家社会组织参与志愿服务,实名注册志愿者7.4万名,年服务时间超过180万个小时,切实做到了让专业人干专业事、让社会人干社会事、让志愿者干自愿事。四是强化"党建+四平台",诸暨以基层治理"四平台"建设为突破口,全力转变基层政权的职能、效能和工作作风。将自然资源和规划、市场监管、综合执法等部门的服务管理职权和相关人员纳入新平台,建立起"信息收集、分流交办、执行处置、日常督办、信息反馈、督查考核"的运行机制。大力推进全科网格建设规范提升工程,全面整合了流管、卫健、农业农村、水利、自然资源、市场监管等条线资源,顺利推行网格员专职化模式和星级考评机制,有效提升网格管理服务水平,创新"1个网格+1个党小组+N个专业服务组织"网格党建模式,有效推动在职党员进网格、志愿服务队驻网格、两新组织联网格的工作目标,成功实现"党建网"与"治理网"双网合一。并且,诸暨通过厘清组织工作与创新社区治理的结合点,不断健全社区党组织体系,推进"支部建在小区(网格)上"重大工程,通过"两委"班子成员管网格、在职党员进网格、志愿服务队驻网格、两新组织联网格等途径,推动群众需求在网格发现、资源在网格整合、问题在网格解决,以网格"小区域"激发党建"大活力"。以此为基础,网格党支部、业委会和物业服务企业在实践中形成了"三方协同",通过在职党员进社区服务"亮旗"行动,迭代升级"先锋微家"平台,推动构建党组织统一领导、各类组织积极协同、广大群众广泛参与的党建统领社区治理新格局。

不难发现,引导和规范多元力量共同合作形成社会治理新格局面临着极大挑战的同时也存在极大机遇。只有作为最高政治领导力量的党才能破除传统管理体制尤其是科层制运作的惯性,吸纳和整合多元治理力量。党在这一过程中必须通过对基层政权和基层社会的建设,为自身创造良好的社会权力基础。坚持把党的领导贯穿基层治理全过程,通过实施政治引领、组织引领、能力引领、发展引领、服务引领"五大引领"工程,努力构建党组织统一领导、各类组织积极协同、广大群众广泛参与的基层治理体系,实现政治核心更加突出、组织覆盖更加有效、队伍素质更加优化、强村富民更加有力、人民群众更加满意五大目标。正如有学者指出,"在国家建设的大取向下,政党对社会的整合的最终落脚点,就是在党的领导和推动下,在现代国家建设的框架内,把日益自主化、多样化的社会整合为一个和谐统一的有机共同体。这种和谐统一整合,首先,体现为政党获得各社会力量的认同,从而使得政党保持其整合社会的轴心地位与功能;其次,体现为政党与各社会力量(各社会阶层、各社会组织)的和谐统一,各社会力量围绕着政党这个中心,与此同时,政党与各社会力量建立广泛而深入的联系"①。总之,以党的自身建设引领社会治理新格局的形成过程,自然体现了党对社会进行整合的意图,但这种整合是在党与群众和基层社会组织互动过程中构建有机政治联系的整合,而非依赖强制力。

第三节 运用系统思维,健全基层监督体系

党的领导和执政基础在于先锋队特性,超大规模才能成为党凝聚社会力量的强大组织资源。先进性是中国共产党治国理政的逻辑和现实前提,党必须与时俱进,积极探索建设的新思路和新举措,不断改善党的执政能力和执政水平。执政环境的多变和复杂程度深刻影响着党的先进性,思想不纯、组织不纯、作风不纯等问题仍旧非常突出。习近平总书记指出:"我们党面临的执政环境是复杂的,影响党的先进性、弱化党的纯洁性的因素也是复杂的,党内存在的思想不纯、组织不纯、作风不纯等突出问题尚未得到根本解决。要深刻认识党面临的执政考验、改革开放考验、市场经济考验、外部环境考验的长期性和复杂性,深刻认识党面临的精神懈怠

---

① 林尚立:《中国共产党与国家建设》,天津人民出版社 2017 年版,第 203 页。

危险、能力不足危险、脱离群众危险、消极腐败危险的尖锐性和严峻性。"[1]

近年来，诸暨在健全基层监督体系方面不遗余力，为解决"谁来监督"的问题，统筹推进"四个规范化"建设，即市纪委市监委机关工作规范化建设、乡镇纪检监察工作规范化建设、派驻监督工作规范化建设、巡察工作规范化建设，出台进一步推动纪律监督、监察监督、派驻监督、巡察监督统筹衔接的实施意见，建立健全片区协作常态化实体化运行工作机制，进一步形成基层监督合力。推动纪检监察组织作用和系统优势充分发挥。同步推进"六位一体"村级监督体系，构建乡镇党委、乡镇纪委监察办、市级职能部门、巡察和审计部门、包村领导和驻村干部、村务监督委员会（村级监察工作联络站）六类监督主体联通上下、贯通内外的一体化全覆盖监督网络。建立健全"清廉建设顾问团"和"监督末梢到支部"等工作机制，全力激活基层监督各方力量。为解决"监督什么"的问题，市级层面，组织开展权力运行"四责协同"权责清单编制，实现"一图一表"全覆盖。村级层面，形成《规范村级权力运行清单事项与操作指南》《村社党员干部日常行为负面清单》《诸暨市村干部守则》《清廉治村八条》等制度规范。出台修订《村级巡察工作操作规程（试行）》《村级巡察工作手册》《村级巡察问题参考清单》和《加强村级监察工作联络站管理指导工作清单》等，明确监督重点，规范监督流程，提高监督质效。

一　构筑全方位的基层监督网络

在体制机制调整方面，诸暨实践的关键在于用好"共"字理念，构建出全方位的基层监督网格。第一，健全片区协作常态化实体化运行机制，将23个乡镇纪委监察办和13个派驻（出）机构划分为五个片区协作组，由正科级派驻纪检监察组组长担任，落实组长负责制，统筹调度组内整体监督力量，配备监督检查、信访、审理联络员，实行信访联办、案件联查、问题联解、监督联动，衔接配合其他片区和巡察机构，推动"室组地巡"同频互动，打造多维度监督协作共同体。第二，建立镇乡

---

[1] 《习近平著作选读》（第二卷），人民出版社2023年版，第50页。

（街道）三级监督网格，其中一级网格23个，由纪委副书记担任大组长，统筹管理组内人员及工作；二级网格102个，由纪委委员担任小组长，履行监督职责，协助监督组大组长做好工作指导、上传下达、力量协调等工作；三级网格501个，由村监会主任担任网格长，统筹村级监察工作联络站（村务监督委员会）、支部监督信息员、清廉建设顾问团等基层监督力量。各镇乡（街道）对照"政治素质过硬、群众认可度高、敢于动真碰硬、勇于担当作为"的要求，在基层监督"三支队伍"中择优选定监督网格成员。第三，深化拓展村级巡察。通过出台《村级巡察工作操作规程（试行）》、修订《村级巡察工作手册》等业务操作指南，诸暨明确了最基层的监督"流程清单"和巡察"问题清单"，并细化民主评议、信访登记、问题线索等样表27种，使每个步骤都有章可循，助力精准开展"靶向监督"。近年来，诸暨把巡察向村社延伸作为推动全面从严治党向纵深发展的具体举措，高标准探索村社巡察路径，有力提升巡察监督质效，将村级巡察问题线索处置和整改督促纳入业务考核，逐步构建起内容协调、程序严密、有效管用的工作体系。在完备制度的保障下，诸暨将村级巡察有形覆盖与有效覆盖相统一，重点加强对村（社区）党组织软弱涣散、群众反映强烈、矛盾纠纷凸显、"三资"规模庞大"四类村（社区）"的巡察，紧扣"三个聚焦"，紧盯村（社区）党组织主要负责人。第四，通过出台《关于加强对村（社区）干部监督的意见》，诸暨不断探索完善"六位一体"村级监督体系，合力推动监督前移。在市级层面，巡察、审计部门紧盯村社党组织、村集体经济开展专项监督，职能部门也结合各自职责开展自主性的业务监督；在镇级层面，乡镇党委牵头抓总、履行全面监督，而乡镇纪委监察办立足主责主业履行专责监督，包村领导、驻村干部则依据包村驻村工作党风廉政建设履责清单，加强全方位的日常监督；在村级层面，村级监察工作联络站（村务监督委员会）根据工作职责，开展贴身监督，实现六类监督主体联通上下、贯通内外，形成了一体化全覆盖的监督网络。并且，相关部门通过综合分析日常监督、信访举报、巡察、审计等反馈信息，及时筛选村情复杂、问题突出的重点村，定向实施村主职干部"提级监督"，实现纪检监察信访、问题线索重点关注、优先处置。第五，通过对"三资"管理、村级工程、农民建房、农村土地开发复垦等43项重点村务进行梳理，形成《诸暨市规范村级权力运行清单事项与操作指南》，为村社两委干部明白用权、正确履职提供遵循；并通过编发《村社党员干部日常行为负面清单》等制度，列明村社党员干部七方面37项日常负面行为，形成"十要十不准"20条，提出治村履职八方面正向指引，明确干事方向，划清用权"底线"，规范"一肩挑"后村社干部日常履职行为，预防有权乱用。可见，体系化的制度制定与良性运用为诸暨构筑全方位的基层监督网络奠定了坚实基础。

二 全力激活基层监督的关键行动者

再好的制度也离不开更有力的执行。在监督队伍组织建设方面，诸暨市纪委监委整合党内监督和群众监督同向发力，推动监督力量下沉基层，有效发挥基层监督在基层治理中的保障作用。第一，加大乡镇专职纪检监察干部配备力度，明确乡镇纪委书记、副书记，监察办主任、副主任为专职纪检监察干部。目前，23个乡镇（街道）纪（工）委监察办共有干部137名，其中专职60名。同步推进乡镇纪检监察工作规范化建设，统筹推进纪检监察办公场所改造提升，完善接访、谈话场所功能，打造统一挂牌有标识、独立办公有条件、群众来访有场所、谈话安全有保障、清廉宣传有阵地的"五有"功能区。第二，广泛发动群众，全面推行以"定期问事、开放议事、规范办事、民主评事"为主要环节的村级监察议事会，明确由村级监察工作联络站牵头组织实施，邀请村民围绕合理诉求是否落实、帮扶对象实际困难是否解决、小微权力运行是否规范、班子承诺事项是否兑现、村级"五件事"办理是否公道等事项，"打开天窗说亮话"，既让村级监察工作联络站更加"耳聪目明"，又让群众监督能量充分释放，推动形成"村民监督村事、干部清廉干事"局面。创新制定《加强村级监察工作联络站管理指导工作清单》，严格落实"一村一站"，加强对526个村级监察工作联络站的指导、管理、监督和考评，站长由村监会主任担任，聘请联络员1998人，在站所聘请监察信息员95人，健全定期例会、指导协调等工作机制，探索高效履职路径，推动基层监督"探头"更加精准高效。诸暨分类明确村级监督5大方面25项日常监督任务，建立村级监察工作联络站年度常规工作14项清单，编制联络站成员规范履职"十不准"，督促保障村级监察权阳光运行。2022年以来，全市村级监察工作联络站参与村社会议8000余次，召开监察议事会2963次，审核村级财务开支2783次，开展村级监督91次，发现问题线索48件。第三，根据《关于建立监督末梢到支部工作机制的实施意见》，诸暨市级部门按照"派驻机构—部门机关纪委（党建室、监察室、政治处、办公室等）—机关及下属支部"三级，乡镇按照"乡镇纪委监察办—村级监察工作联络站、企业纪委—村、企业支部"三级，建立全覆盖的监督信息员队伍，深化"一个镇村、一个监督网格、一个清廉单元"理念，由村级监察工作联络站成员、企业纪委书记及村、企业支部中专人担任，共设置监督信息员3130名，确保每个党支部都有一名监督信息员，实行"定级、定格、定人、定责"的属地网格监督模式，利用监督信息员沉在支部一线的优势，即时收集信息和意见建议，协助推进重点中心工作。至目前，全市监督信息员报送信息6394条，在信访矛盾调处、新冠疫情防控等大战大考中发挥积极作用，基层党组织最小战斗单元的监督动力得到有效激活。第四，颁布《关于成立"清廉建设顾问团"的实施方案》，通过党的领导吸纳广泛的社会力量参与到基层政权建设和基层社会的治理过程当中。清廉建设顾问团是对本地区本部门本系统改革发展稳定事项提供顾问支持的参谋咨询机构，负责引导群众有序参与监督重大决策部署、权责清单落实等工作，在政策法规宣讲、矛盾纠纷化解等方面发挥积极作用。按照"横向部门定点建、纵向镇村全覆盖"原则，市镇村三级已建立超过500个、将近2000人的顾问团队伍。这项措施充分借助了退休党员干部、"两代表一委员"、企业家、乡贤等力量，致力把"清廉建设顾问团"打造为信息集散地、问题协商地、困难帮扶地、矛盾化解地、信任增进地、情感融合地。

诸暨市暨阳街道凤凰社区成立于2013年9月，现辖9个居民小区，共有住户2931户、常住人口7830余人、党员88人。近年来，凤凰社区秉持"社区管理靠大家，人人都是小管家"的工作理念，积极创设以"社区+网格"监督体系为依托的"居民议事厅"，着力激活基层监督的关键行动者。凤凰社区共聘请148名楼道组长为议事厅特约"小管家"，鼓励其参与社区事务决策、小微权力运行情况督查、党员干部纪律作风监督等活动，扮演各小区的"流动意见箱"，及时收集人民群众诉求。社区每周召开居民议事大会，由"小管家"交流日常走访中了解的情况，分类分项提交"居民议事厅"会商，达成一致处置意见。2022年，"居民议事厅"共评议问题83个，现场答复28个，整改解决47个，处置到位率达90%。另外，社区还专门聘请35名监察信息员，由社区干部、退休老同志、"两代表一委员"等组成，成为基层公权力监督的"流动探头"。社区监察信息员对日常监督发现的有价值问题信息，及时进行走访调研、现场复核，并通过暨阳街道"基层公权力监督平台"中的"小微权力监督"网络系统上报信息，由街道纪工委监察办研判分析，提出调处意见后落实具体交办任务。实事求是地讲，在当前基层治理中扮演重要角色的"小管家"和监察信息员，过去长期处于闲置无组织状态，没能成为治理资源。面对超大规模的基层社会，大量复杂多变的治理难题，党和行政的力量单薄，不仅"单打独斗"难起效，而且常常疲于应付"累死三军"。暨阳街道凤凰社区正是充分利用了上级的制度安排，结合自身条件开展大胆探索，成功激活了关键行动者，在提升党的领导水平的基础上，创新了基层治理实践。

总之，要想长期保持党的先进性绝非易事，健全基层监督体系永远在路上。从党领导革命和国家建设的历程中，我们可以看到党的建设始终同一系列重大政治风险治理相伴随，尤其是"四风"问题的长期存在对党的先进性造成持续侵蚀，在基层政权和基层社会中，党更是面临失去根基、失去血脉、失去力量的重大危机。全面从严治党作为党的政治建设的题中要义，是党严明政治纪律和政治规矩、提高政治纪律和政治规矩的重要方式，在全面从严治党的过程中能否有效治理过去基层治理中的顽疾，将最终决定党的领导和执政基础。

第三章

完善制度体系,提升工作执行力

新时代"枫桥经验"制度体系区别于之前的地方在于:已经从原来政法单一条线的矛盾纠纷化解的治安管理机制走向党委领导的全面综合治理提升的制度安排,为纷繁复杂的基层治理提供了价值引领、行为规范和制度保障,是一个开放包容的制度系统,容纳了国家的需要和民众的诉求。为了追求制度创设的合法性和制度执行的有效性,我们依赖国家权力提供的正式制度,带来强制性制度变迁,同样我们也脱离不开自下而上的非正式制度提供源源不竭的动力源泉,带来的诱致性制度变迁,从而把制度巩固所代表的稳定性与制度变迁所代表的流变性结合起来。因而,不仅注重自上而下的顶层制度设计和创设,也遵循基于社会自主的制度环境的影响,寻求国家逻辑与社会逻辑的契合。为了把制度优势转化为治理效能,既要确保制度权力能被有效推行,也特别注重把对权力的社会监督和专门监督结合起来,把制度权力的运行装在笼子里,确保权责明晰,履职到位。在制度执行环节,强调参与制度创设多元主体之间分工协同,实现各主体各层级各部门之间有效衔接,同时注重将党政干部的监督问责与容错纠错结合起来,从而将对干部的管理和培养二者有机统一,为永葆制度青春提供队伍保障。

第一节 制度体系运转的理论逻辑

制度体系是"权、责、事"的统一,不能只有权利没有义务,以具体的事为连接点,把权利、义务锚定在一起,最终实现权力规范运行,形成职责明确、权责一致、合法合理的制度体系。坚持党的全面领导,把党的领导制度优势转化为治理效能,同时也要求全面从严治党;在赋权的同时加强监督问责，更好地提升党的执政能力和领导水平；在监督问责的同时也兼顾容错纠错，将对干部的奖惩和保护辩证统一起来。新时代"枫桥经验"制度体系中蕴含着两套相辅相成的逻辑，即自上而下的国家逻辑和自下而上的社会逻辑，只有这两种逻辑机制发挥合力才能更好地促进制度有效运转，并在丰富的制度实践中不断实现治理效能的转化。基层治理的实践也告诉我们，村庄场域从来都不是自在自为以及完全独立的自主治理领域，其中一直活跃着两种完全不同的治理权力。即代表国家力量的行政权力与代表村庄社会的自治权力。① 务必把对党和国家大政方针的深刻领会和对基层自治制度成功做法的总结结合起来，并以此为基础进行制度层面的自觉探索，即"完善了中央立法、地方立法和社会规范的三层治理制度体系，形成了自上而下和自下而上相结合的基层社会制度供给状态"②，才能确保新时代"枫桥经验"的制度体系更加全面、更具包容性。

一　制度体系有效运转的国家逻辑

新时代"枫桥经验"遵循党的十九届四中全会精神，完善党委领导、政府负责、民主协商、社会协同、公众参与、法治保障、科技支撑的社会治理体系，建设人人有责、人人尽责、人人享有的社会治理共同体，确保制度体系的建立和完善与国家层面的政策意图高度契合。

（一）发挥党的领导的制度优势

党的领导贯穿、保障和统领基层治理，通过传达路线、方针、政策等方式来指导新时代的基层社会治理，充分发挥基层党组织的政治领导力、思想引领力、社会动员力、群众组织力，整合各种资源力量，把党的路线方针政策贯彻到基层，取得显著的治理成效。2013年10年，习近平总书记指示"要把'枫桥经验'坚持好，发展好，把党的群众路线坚持好，贯彻好。"③ 比如，机关干部返乡走亲、干部驻村、党员干部结对都是基

---

① 吴业苗：《行政化抑或行政吸纳：民生服务下政府参与村级治理策略》，《江苏社会科学》2020年第4期。
② 汪世荣：《"枫桥经验"视野下的基层社会治理制度供给研究》，《中国法学》2018年第6期。
③ 习近平：《把"枫桥经验"坚持好、发展好　把党的群众路线坚持好、贯彻好》，《人民日报》2013年10月12日。

层党组织和党员干部走群众路线的有效举措。推进党的基层组织创新建设并加强带头人队伍建设，引导居民自治组织、群团组织和社会组织在党组织引领下共建共享、共同推进。建强社区党组织核心，明确部门单位结对、辖区组织共建、社区居民参与等"契约化"共建方式，统筹整合社区各类资源，上下联动、条块协同、共建共治。以"三服务"为抓手，把驻村指导员制度延伸到驻企、驻社领域，实现党建网和治理网深度融合，带动各地基层社会治理水平整体提升。党委以横向到边、纵向到底的组织覆盖和工作覆盖的方式搭建公共治理网络，形成多元主体协同的治理格局，带动权威、制度、政策、资源等治理要素沉淀到基层治理网格，赋能基层多元治理主体。在党组织的领导下，基层政府、基层群众性自治组织、社会组织在发挥各自职责的同时通过协同合作，助力形成共建共享的治理格局，形塑了"枫桥经验"社会治理共同体的形象。诸暨始终把党的领导贯穿基层治理全过程，大力实施"五大引领"工程，切实把党组织的服务管理触角延伸到社会治理的每个末梢，推动党委领导下的政府治理和社会调节、居民自治良性互动，构建起了党组织统一领导、各类组织积极协同、广大群众广泛参与的现代化基层治理体系。

（二）发挥有为政府服务社会的积极作用

政府主导是"枫桥经验"历久弥新的行政支撑，有效将国家意志和党以人民为中心的发展理念落实为建设人民满意的服务型有为政府上来。"必须通过建设服务型政府、建构双向权力运行制度以及激活乡村内生性活力等方式促进国家权力与乡土社会内生性权力的良性互动。"[①] 一直以来根据群众的治理需求积极转变政府职能，改进工作方式方法，以便聚合资源和为基层社会赋权。随着社会治理重心往基层下移，各地通过下沉社会资源、管理权限、民生服务等方式，更好地为人民群众提供精准化、精细化服务，增强了基层公共服务能力，实现了治理与服务的有机结合。比如，打造"一站式办理"村级便民服务中心，形成市、镇、村三级联动的便民服务体系，解决群众办事难的问题；建设推广集助餐便民、文娱服务、基层治理于一体的"爱心食堂"，让群众有更切实的获得感、幸福

[①] 姚佳逸：《论国家权力的选择性"回归"与乡村治理结构现代化转型》，《中共乐山市委党校学报》2021年第5期。

感、安全感。

此外，对于新时代"枫桥经验"制度体系建设方面的典型经验的总结和推广，政府也起到至关重要的作用。上级对各地的有效探索进行总结宣传和推广，将基层的实践智慧和典型做法予以制度化，通过国家立法或者制定政策的方式加以固定，在扩大其典型做法的影响力并丰富其实践形式和理论内涵的同时，使基层在运用和推广这一做法时有法可依，减少试错成本，避免基层的重复探索。

（三）依托党政力量培育社会自治力量

"枫桥经验"的核心要义是"发动和依靠群众"，需要群团组织和社会组织以及市场主体、新社会阶层、社会工作者和志愿者等共同努力，充分调动人民群众在基层治理中自治的积极性和能动性，增强人民群众自我管理、自我服务、自我提升的热情和自觉，打造共治共建共享基层社会治理新格局。然而，社会自治也不是无条件的，社会治理资源的可得性或许会受制于对垂直系统的依赖，因而，新时代"枫桥经验"需要强化简政放权改革，加大对基层政府和基层组织的支持力度，为社会组织参与社会治理提供平台和渠道，大力培育自治力量。[1]并推进其制度化、体系化建设水平，加强社会治理共同体建设；强化党群联动，推行社会组织功能型党组织、党建指导员、党员结对联系等制度；并通过国家政策积极培育群众性、专业化、志愿类各种社会组织，发挥其在当地经济社会发展各个领域民主协商和参与治理的重要作用。诸如社会组织党建云平台优化社会组织线上管理与服务，激发社会组织活力并提升其服务效能；[2]建立市镇两级社会组织服务中心，村社成立社区社会组织联合会或村邻社家服务中心；出台相关政策，通过下放社区社会组织备案管理权限、降低登记门槛等方法，重点孵化、培育、发展公益慈善类和城乡服务类社会组织。

二 制度体系有效运转的社会逻辑

制度的创设与落地离不开社会的参与和认同，只有尊重社会自主性的

---

[1] 胡重明：《社会治理中的技术、权力与组织变迁——以浙江为例》，《求实》2020年第1期。

[2] 绍兴市民政局：《诸暨市构建社会组织"三个一"数字化服务模式》，http://sxmz.sx.gov.cn/art/2021/8/25/art_1486624_58922395.html。

制度才更有合法性,才有助于减少制度执行中的阻力,产生更多的制度绩效。新时代"枫桥经验"也正是遵循了自下而上的社会治理逻辑,民众的自治意识和社会精神得到充分体现,筑牢了制度的社会基础。

(一)基于民主的人民协商议事制度为制度完善提供动力源泉

实行人民民主,保证人民当家做主,要求治国理政大政方针在人民内部各方面进行广泛商量。习近平总书记指出,"涉及人民群众利益的大量决策和工作,主要发生在基层。要按照协商于民、协商为民的要求,大力发展基层协商民主,重点在基层群众中开展协商"[1]。"枫桥经验"与枫桥地区的特殊民风民情有关,无论什么事情,人们都要维护自己的权利,同时又因有深厚的文化传统而注重讲理。[2]"枫桥经验"彰显协商民主的运行逻辑,即始终依靠群众,激发人民当家做主的力量,这也使其经过几十年发展仍然具有强大生命力并焕发生机和活力。在坚持和发展新时代"枫桥经验"实践中,始终离不开基层民众积极有效参与,涌现了村民说事、村级监察议事会、支部监督信息员、清廉建设顾问团等群众参与基层治理的多种模式,在法律框架内提高民众的自我管理和自我治理能力,充分运用协商民主的机制和方法来协商沟通化解矛盾,并在实践中不断发展完善。

(二)基于德治的内化机制为制度体系提供一致的认同基础

自下而上的规约是内生于基层乡村的"软法",在这一层面上其与"德治"有着异曲同工之妙,它与乡土文化、地方发展水平等因素息息相关,是村民共同意志的体现,并通过社会规范的形式具体表达。不管是古代儒家所强调的"以德治国,方能安邦",还是当今社会所弘扬的"国无德不兴,人无德不立",自古以来,中国社会就将道德作为基层治理的重要依据,"以道德规范来约束人们的行为从而形成社会秩序的治理观念和方式,道德规范约束是一种非正式制度约束"[3]。中国传统社会中的德治主张以道德来感化和教育民众,主要表现为地方宗族、乡绅依据伦理纲常和村规民约通过道德教化的方式来维系乡村社会秩序的稳定。[4] 现代意义

---

[1]《习近平谈治国理政》(第二卷),外文出版社2017年版,第297页。
[2] 金伯中:《论"枫桥经验"的文化底蕴》,《公安学刊》2004年第3期。
[3] 郁建兴:《法治与德治衡论》,《哲学研究》2001年第4期。
[4] 钟海、任育瑶:《"三治融合"乡村治理体系研究回顾与展望》,《西安财经大学学报》(经济与管理科学版)2020年第4期。

上的德治在传承传统德治文化的基础上开拓创新，基于德治的内化机制，奠定民众共同认同的价值基础和心理基础，是一种含义更加丰富、更具有时代性的德治，具有以传统家教文化形成家庭美德、以日常生活伦理培育个人品德、以扬善惩恶方式弘扬社会公德的德治功能特征。① 这些为创设制度体系提供坚实的社会土壤和深厚的心理认同基础。

（三）基于社会治理共同体的建设发挥社会组织参与机制的协同作用

社会治理是一项多元主体协同共治的过程，除了依靠政府的强制性力量之外，各区域社会组织作为政府资源的承接者、自治资源的整合者以及共治资源的组织者，其重要地位也应当有所凸显。② 诸暨市店口镇以矛盾调解中心为代表的各类社会组织和外警协管外来人口等组织化力量，在其中发挥着至关重要的作用。"新店口人·先锋队"作为社会组织挂靠在镇司法所，在化解本地居民与外来建设者矛盾及调解纠纷上发挥着重要作用，其队员长期从事组织活动，他们以奉献服务为荣，上级给予的表彰和奖励是最大的荣誉。③ 这种参与自觉有利于社会组织的稳定发展，最大程度上激发社会组织的活力。截至 2022 年年底，全市登记在册和备案的社会组织 5330 家，在党的领导下动员和凝聚人民群众自觉参与社会治理，构建社会治理共同体，充分发挥其在基层社会治理中的重要作用。以枫桥镇调解志愿者联合会为例，现有会员 121 名，主要由各村（社）、社会各界热心于调解的志愿人士组成，旨在贯彻落实"枫桥经验"的精髓——预防和化解矛盾纠纷，做到小事不出村、大事不出镇。每年调解各类矛盾纠纷 300 余起，包括交通事故、工伤事故、邻里纠纷、赡养纠纷、劳资纠纷、损害赔偿纠纷等，调处成功率达 98% 以上。以上各种通过组织化力量来调解纠纷、化解矛盾的基层治理模式，其深层次的运作机理是通过规范性的制度平台载体和新乡贤的示范引领等，引导民众有序参与到乡村治理中来。一方面减轻党委政府的工作压力，降低基层治理成本，另一方面充分调动了乡村各类资源，矛盾纠纷的化

---

① 高艳芳、黄永林：《论村规民约的德治功能及其当代价值——以建立"三治结合"的乡村治理体系为视角》，《社会主义研究》2019 年第 2 期。

② 姬艳涛、杨昌军：《社会组织在基层治理法治化中的功能及其实现——基于"枫桥经验"的调查和思考》，《中国人民公安大学学报》（社会科学版）2018 年第 4 期。

③ 2023 年 5 月 8 日笔者对"新店口人·先锋队"队员访谈内容。

解不再只是党委政府部门的工作,而是通过健全乡村治理的制度体系来吸纳多元主体协商共治。

三 制度体系有效运转中两种逻辑的合力作用

"枫桥经验"是一种大国"简约治理"的新模式,它尊重人民群众的实践和首创精神,包含了自下而上的群众参与和自上而下的政府组织。[①]在强调制度体系运转的国家逻辑的同时,同样需要强调基层民众、社会组织以及其他社会力量在制度体系中的主动参与作用,从而使基层治理的制度体系走向党建引领的多元协同模式,"正是党领导下鼓励基层力量的自觉创造使得'枫桥经验'不断创新发展"[②]。

新时代"枫桥经验"不断加强村社基层党组织和基层自治组织的领导作用,积极推进基层民主法治建设,组织召开村民代表大会,制定符合法律、顺应社情民意的村规民约等,激发引导村民自治力量,使自治力量有序发展壮大。当然,受原子化个人主义和市场功利主义的影响,当下乡村治理也可能面临以下问题:首先,乡村资源的流失和外来人口倒挂对乡村可利用资源的挤压。其次,民众权利意识增强后,社会矛盾纠纷频发。最后,最大化私利带来的"无规则"和恶意信访案件仍占比较高。新时代"枫桥经验"的制度体系直面这些问题,通过组织化力量来吸纳民众,引导民众走向制度化参与渠道。国家通过政策引导和集体协作,积极培育社会自治力量,形成基层组织网络,也在基层党组织的领导下,以协商为取向的治理模式应运而生,多元化的治理主体之间得以理性沟通,激发社会参与治理,推动"政府、社会组织、公众等自觉形成的相互关联、相互促进且关系稳定的群体"[③],有助于巩固基层政权。在坚持党的领导和人民当家做主基本原则的基础上,坚持共存、协商、合作与发展的价值目标,以整合各方优势资源,打造共建共治共享的社会治理格局,健全兼容"硬法"与"软法"的乡村治理体系,形成了由党委、政府、村民会议、

---

① 廖永安、陈逸飞:《坚持好发展好"枫桥经验"》,《中国社会科学报》2018年11月6日第3版。

② 姚海涛:《新时代"枫桥经验"在市域治理中的司法实践与创新路径》,《中国应用法学》2023年第2期。

③ 郁建兴:《社会治理共同体及其建设路径》,《公共管理评论》2019年第3期。

村民代表会议、村民委员会与社会各界多方参与，通过民主选举、民主决策、民主管理和民主监督，对政治、经济、文化和社会事务等各方面村务进行多元主体协商共治的村治模式。

再从权力监督的视角看，党委政府的权力行使也要接受来自社会的广泛监督、来自宪法法律的监督以及党内法规规章的制约，坚持全面从严治党，建设法治政府，确保权力高效运转，履职到位，避免党政权力的介入导致基层探索的"形式主义"和被动作为。在法律和制度面前人人平等，没有特权，因而来自法治的规约为"枫桥经验"的创新和发展提供了方向和路径。另外，从党政权力合法性运用的实践看，更多的是通过价值引领和政策工具等方式支持基层探索符合其实际的灵活运行机制，而非直接干预的方式。既充分发挥基层主体了解问题事实、掌握一线信息并拥有社会网络资源的优势，也针对基层出现的问题，在吸取民众意见和建议的基础上，发展符合基层实际的动态运行机制，这有助于确保基层主体在基层探索中永葆积极性和创新性。

因此，新时代"枫桥经验"的制度体系完善和有效运转离不开两种逻辑相互耦合作用，即国家逻辑主要指巩固党的执政基础、满足党和政府治理社会的实际需求并培育自治力量，而社会逻辑主要体现在社会组织主动参与、社会力量的整合以及在制度体系中充分发挥协商议事的作用三个方面。两种逻辑发挥合力在于横向层面建立了多元主体共同协商治理的有效机制，纵向层面乡镇行政权与村民自治权二者间的协商合作和顶层设计与基层探索的有机结合，建立了一套公共治理目标优化、职能分工合理、主体高效协同的宏观治理体系。此外，通过健全各项政策协同治理机制，推进政府政务服务标准化、规范化、便利化，实现政府治理与社会调节、居民自治良性互动，形成完善的共建共治共享的社会治理制度，为整个基层治理确立"骨架和脉络"。

第二节 健全权责清晰的制度落实体系

制度体系的高效运行，离不开制度制定者和执行者的到位履职，也离不开权责清晰的机制运作来落实主体责任。如深化"四责协同"、落实"五张责任清单"和"1+6"工作机制，落实"一把手"和领导班子责任清单机制，探索推行部门、镇街权责清单"一图一表"机制，发挥社会监督、规范"小微权力"的清单机制，建立健全安全风险防控责任机制等，从而确保对领导干部权力监督的高效化和精准化，使履职制度高效运转起来。

一 深化"四责协同"落实"五张责任清单""1+6"工作机制

（一）深化"四责协同"落实"五张责任清单"工作机制

诸暨市委结合诸暨实际，细化落实浙江省委全面从严治党"四责协同"（党委主体责任、纪委监督责任、党委书记第一责任人责任和班子成员"一岗双责"）出台《诸暨市深化"四责协同"落实"五张责任清单"推动全面从严治党向纵深发展的实施办法》，厘清各级党委、党委"一把手"、分管领导、纪检监察机关和组织人事部门的责任。并将深化"四责协同"落实"五张责任清单"工作机制纳入领导班子和领导干部的考核评价体系，作为干部考核、选拔任用、评先评优的重要指标，存入干部廉政档案。对于主动发现并查处问题的，不作负面评价，不降低考核等次。对于工作不力，搞形式主义、官僚主义，发现问题不报告、不处置，造成严重后果的，加大处分及考核扣分力度。[①] 抓细抓实市级部门权责清单，严厉整治自我赋权、自我扩权行为，严禁未深入调研就向基层提出不切实际的工作目标、考核指标，严禁以督促检查简单粗暴倒逼基层执行，严禁在执纪执法中对基层贴标签、戴帽子、定幅度、下任务，严查层层加码、责任转嫁、不担当、不作为和督查检查过频、台账报表过多、"指尖上的形式主义"等问题，真正让基层干部轻装上阵、放手干事。坚持科学理念系统施治，督促全市23个镇乡（街道）、70个市级部门（单位）对照"三定"方案和法定职责，扎实开展权力运行"四责协同"权责清单编制工作，以实现权力运行的制度化、规范化、程序化，通过横向协同协作与纵向压力传导有机结合，构建决策科学、执行坚决、监督有力的权力运行体系，确保权力在正确轨道上运行。各级党委（党组）严格对标"五张责任清单"要求，结合各自实际，进一步健全相关工作机制，形成一级

[①] 《诸暨市深化"四责协同"落实"五张责任清单"推动全面从严治党向纵深发展的实施办法》（市委办〔2022〕13号）。

抓一级、层层抓落实的工作格局。各级纪检监察机关和组织部门在党委统一领导下，切实加强职责范围内的监督工作。

（二）全面实行"1+6"工作机制为核心的履责体系

诸暨在深化"四责协同"落实"五张责任清单"机制的基础上，聚焦基层矛盾化解、政治生态建设、落实中央八项规定精神、优化经济社会发展软环境、强化权力运行制约和监督、全面深化清廉村居建设6项重点工作，结合诸暨实际制定了6个实施办法，进一步构建责任闭环，推动履职尽责。6项实施办法即《诸暨市深化"四责协同"落实"五张责任清单"要求推动基层矛盾化解的实施办法》《诸暨市深化"四责协同"落实"五张责任清单"要求加强政治生态建设的实施办法》《诸暨市深化"四责协同"落实"五张责任清单"要求落实中央八项规定精神的实施办法》《诸暨市深化"四责协同"落实"五张责任清单"要求优化经济社会发展软环境的实施办法》《诸暨市深化"四责协同"落实"五张责任清单"要求强化权力运行制约和监督的实施办法》和《诸暨市深化"四责协同"落实"五张责任清单"要求全面深化"五清"村居建设的实施办法》。通过构建明责、督责、追责"三位一体"责任落实体系，层层压实管党治党政治责任，推动全面从严治党落地生根。矛盾化解不力致使本地区本单位本系统发生特别重大事故的，或在较短时间内连续发生重大事故，造成重大损失或恶劣影响的，根据相关规定对主要责任人进行严肃处理。督促各责任单位、职能部门强化履职，把政治生态建设作为基础性、经常性工作，推动全面从严治党向纵深发展。进一步筑牢中央八项规定堤坝，明确各类主体责任，推动中央八项规定及其实施细则精神落实落细，实现纠治"四风"工作高质量发展。秉持干部担当是最好的经济社会发展软环境理念，坚持党员干部处置"四个态度"，违纪违法坚决查处，失职失责追责问责，工作失误容错纠错，被人诬告澄清正名。扎实开展权力运行"四责协同"权责清单编制工作，以实现权力运行制度化、规范化、程序化为目标，构建决策科学、执行坚决、监督有力的权力运行体系，确保权力在正确轨道上运行。全力建设"党风清正、作风清新、权力清源、干部清廉、乡风清朗"的"五清"村居。

二 落实"一把手"和领导班子责任清单机制

为深入贯彻落实《中共中央关于加强对"一把手"和领导班子监督的意见》和浙江省委《关于贯彻落实〈中共中央关于加强对"一把手"和领导班子监督的意见〉的十三项实施意见》，进一步推动全面从严治党向纵深发展，根据《党委（党组）落实全面从严治党主体责任规定》和《关于加强对"一把手"和领导班子监督"五张责任清单"的通知》精神，牢固树立"领导职责中包含监督职责"理念，紧扣中央意见"五个强化"政治要求，贯通把握、一体落实中央意见、省委实施意见和"五张责任清单"工作机制，诸暨市委充分认识到加强对"一把手"和领导班子监督的极端重要性和现实紧迫性，结合实际制定《诸暨市深化"四责协同"落实"五张责任清单"推动全面从严治党向纵深发展的实施办法》和《中共诸暨市委办公室关于印发加强对"一把手"和领导班子监督"五张责任清单"的通知》，分类明确"一把手"和领导班子130项责任清单，确保知责于心、担责于身、履责于行，坚决推动制度执行到位、落实有效，在加强对"一把手"和领导班子监督上交出高分答卷，为诸暨持续擦亮"枫桥经验"金名片，奋力打造新时代共同富裕新高地，高水平谱写社会主义现代化建设诸暨篇章提供坚强保证。例如，中共诸暨市委机构编制委员会办公室运用廉政风险防控清单，抓好日常监管。排查出21项日常廉政风险点，明确责任领导、责任科室和责任人。第一时间完成领导干部离任交接和个人有关事项报告工作，并送审计局和组织部审核。及时抓好新任职"一把手"个人有关事项公开工作，签订个性化廉洁自律承诺书并进行公示。

三 探索推行部门、镇街权责清单"一图一表"机制

按照深化"四责协同"落实"五张责任清单"工作机制要求，督促全市23个镇乡（街道）、70个市级部门（单位）对照"三定"方案和法定职责，绘制"一图一表"，"一图"即权力运行图，"一表"为责任清单，列明审批期限、执法程序、具体责任等，既落实责任到岗位，又落实到具体的负责人，形成落实闭环，确保工作有人抓、问题有人管、责任有人担。全市各镇街部门累计编制权责清单5198项，绘制权力运行流程图

4911份，实现"一图一表"全覆盖。具体工作中，诸暨重点围绕"政务、法治、市场、经济生态、人文"五大营商环境，坚持"法定职责必须为、法无授权不可为"原则，督促推动各级各部门严格对照"三定"方案和法定职责，自我检视在涉企审批、执法、服务等环节中是否存在服务事项应纳未纳、层层转嫁，行政执法自我赋权、随意执法等问题。注重将清单编制延伸到部门下属单位、基层站所和村社一级，提高监督的精确性、实效性、针对性和可操作性，从而使基层矛盾得以及时反馈并将其化解在萌芽状态。

依托权责清单"一图一表"，既方便了群众参与监督，又促进了乡镇纪委监察办、派驻机构日常监督的常态化、精准化，提高了监督的实效性、针对性和可操作性。同时，权责清单的编制需延伸到部门下属单位、基层站所和村社一级，真正实现权力运行和监管横向到边、纵向到底，切实把权力关进制度"笼子"。这就是基层矛盾发现在一线，第一时间及时反馈，然后把它化解在萌芽状态，是新时代"枫桥经验"的真正实践与运用。

四 推行基层重点事项治理"微九条"监督小微权力

2022年4月，诸暨市纪委、市民政局、市人社局、市农业农村局、市公共资源交易管理委员会办公室联合发文，针对村级工程项目管理、村级财务收支、村级务工开支、村级物资（服务）采购、村务财务公开、村级财产物资管理、村级集体资产资源处置、被征地农民社会保障指标分配、农民建房审批监九方面村级小微权力管控重点难点事项，颁布《关于在全市推行基层重点事项治理"微九条"的工作通知》（以下简称《通知》）。《通知》明确上述九大事项的权力运行工作流程，明确业务审批和日常监管档案资料范本目录清单，明确村监会主任、村党组织书记（村经社董事长）、驻村指导员、包村领导、镇乡（街道）职能线办负责人、镇乡（街道）"三资"管理服务中心具体负责人的工作职责。同时要求各镇乡（街道）及时督促各线各村对照"微九条"所列的业务工作流程规矩办事，及时纠偏各类权力运行失范行为；各职能部门切实履行好"三定"方案法定职责，加强对权力运行的指导督促和审核监督，确保"微九条"一贯到底；各级纪检监察机关紧盯权力运行的关键环节、关键领域、关键人员，开展精准监督，对不按规定履职、问题多发高发的，严格依规依纪依法追责问责。如牌头镇纪委监察办对照市纪委监委出台的"微九条"，系统梳理近年来群众关注度高、信访矛盾较为突出的重点领域，会同有关职能部门在线办理，因地制宜配套出台了包括《农房审批操作办法》《村级工程制度汇编》等口袋工具书。这些"接地气"的实用性"工具书"镇村干部人手一份，推动工作有据可循，推动广大村干部知责明责、规范履责，以"一单一图多表"形式厘清村干部权力边界以及运作过程，实现小微权力全程监管，推动村级事务阳光运行，切实从源头上斩断利益链，最大限度支持保障群众在法治框架下开展自治。在村社干部监督管理层面，如应店街镇积极推行基层重点事项治理"微九条"，制定出台《村社干部停免职管理办法》，强化村社干部实绩考核，规范日常履职行为，确保基层小微权力规范运行。

实际上，对于农村"小微权力"的监督，早在2015年诸暨就制定了《诸暨市村级权力清单》，全面推行农村"小微权力"清单制度。该清单主要涉及村级重大决策、村级招投标管理、村务财务管理、党务管理等30多项权力事项流程图，明确每项村级权力的名称、具体实施的责任主体、事项办理的步骤、权力运行的操作流程及运行过程的公开公示；建立权力事项明晰、运作流程规范、过程监管有力的权力运行体系。以此对村级自治过程中的决策和管理权力进行规范性、精细化的制约与监督。与此同时，通过全覆盖设置村（居）监察工作联络站和村务监督委员会，探索村级监察议事会机制，持续强化对村级"五件事"（农村"三资"、村级工程、农民建房、农村土地开发复垦及承包经营、村务公开）的监督，推动村级事务阳光运行，真正让群众明白、让村干部清白，切实从源头上斩断利益链。例如，诸暨在山下湖镇开展了村务监督委员会的试点，根据2017年全国《关于建立健全村务监督委员会的指导意见》（以下简称《指导意见》）相关要求，制定具体的操作办法，既明确了村务决策和公开情况，又对具体的程序式、参与式、审核式、评议式监督方式进行了规定。《指导意见》规定由村民代表会议选举产生财务监督小组，每月（季）对村级财务预决算、各项收入支出、各种税费、债权债务、工程资金运行等情况进行一次检查审核。《指导意见》规定各职能部门须切实履行监管责任，聚焦村级权力运行事项，结合各自职责，组织业务培训，开展实务指导，提升村（社区）干部规范履责的能力和水平。同时突出村级"五件事"，开展村级权力运行情况季度检查，确保每年检查"镇乡（街道）全覆盖、村（社区）不少于二分之一"，发现问题督促落实整改，问题线索及时移送纪检监察机关查处，并通报曝光面上共性问题和典型案例，发挥以案示警作用。协同建立村（社区）党务、村务、财务"三务"公开信息平台，落实村（社区）权力运行事项和涉农政策公开制度，探索推行"一事一档一公开"，以公开倒逼村级权力规范运行。

在加强监管的同时，注重借助"三公开两恳谈"制度来加强"三公"事务的监督，即推行党务、村务、财务公开，定期举行镇、村民主恳谈会，确保落实"微九条"规定，行使对小微权力的民主监督。诸如枫桥镇政府规定每年3月28日为村务公开日，对涉及集体项目招标、宅基地审批、水电费收缴等村民较关心的事务都向村民公开以接受其监督，充分发挥基层群众"人头熟""近距离""全天候"优势，把监督权交给群众，从而确保干部的事在群众监督下办。

五 建立健全安全风险防控责任机制

为切实解决安全防控履责缺位、落责不力等问题，诸暨紧扣"责任"两字，厘清各方职责，配套相应机制，于2023年上半年出台《关于全面落实安全风险防控责任实施办法（试行）》，构建"全面、精准、紧密、高效"的安全责任体系，形成"明责、履责、督责、问责"的闭环管控机制，压实安全防控责任，筑牢基层安全防线。首先是做好理职明责工作，重塑安全责任体系。梳理明确"企业、部门、属地、牵头"四方防控责任，建立职责清单，形成履责"一本账"。一是压实主体责任。督促生产经营单位建立健全内部安全生产责任制度，规范明确企业负责人、安全生产管理人员、从业人员和生产场所出租方责任，引导鼓励企业职工全过程参与安全生产，推动企业主体责任落实有形有效。二是深化属地责任。完善基层安全风险防控组织体系，建立岗位职责清单、风险防控清单，按照"一镇一策"和重点场所"一点一策"落实常态化监督，确保责任到边到底、履职到岗到人。三是明确监管责任。以法律法规和"三定"方案为依据，厘清应急管理、市场监管等23个行业主管部门安全风险防控责任边界，细化128项主要管控内容，压实各部门监管责任。四是强化牵头责任。强化安委会、减灾委、防汛指挥部等机构切实履行议事协调职责，统筹面上指导、督促检查、整治整改等工作，动态掌握行业性、季节性风险防控重点，研究解决跨部门、跨区域、跨领域重大问题。其次是做好建章立制工作，拧紧安全责任链条。建立完善"市镇村企"四级联动机制，推动履职尽责，织密防控"一张网"。一是点上突破，建立联合惩戒机制。以增加监督检查频次、限入市本级政府性投资项目、影响企业信用等级、取消相关资格等反向约束措施，倒逼企业及其负责人严格落实安全主体责任。二是纵向贯通，建立联系报备机制。分层制定从专职网格员、村社负责人、驻村指导员、乡镇职能办公室、分管领导、"一把手"到市分管领导的7级安全风险防控报备制度，明确日常巡查、问题处置、整改落实等环节具体任务、执行标准和报送频次，将安全责任落到最小单元。三是横向联动，建立抄告协作机制。完善主管部门与属地政府联系抄告与常态协作机制，双向反馈日常检查巡查中发现的管理权限外安全风险，以及废弃、限制和关停场所水电气异动情况，确保风险排查无遗漏、整治监管无盲区。四是全面统筹，建立会商检查机制。由市安委会牵头，督促协调主管部门和属地政府定期会商研究重点行业、重点领域安全形势，部署开展市镇村安全生产联合检查，推动重大隐患闭环整改动态清零。再者是做好齐抓共管工作，凝聚安全监督合力。统筹发挥"职能、组织、专责、社会"四项监督力量，强化督责问责，凝成监督"一股绳"。一是加强职能监督，深化督责指导。建立党委政府主导，部门属地各司其职、分工负责的组织保障体系，聚合跨部门、跨层级安全风险防控信息，推动业务指导、教育培训、排查整治、执法监管一体贯通，监督保障各级各部门落实安全责任。二是加强组织监督，完善履责评价。把安全责任落实情况和能力水平作为重要评价指标，与履职评定、职务晋升、提拔任用、奖励惩处挂钩，督促推动各级党员干部严负其责、严管所辖。三是加强专责监督，严格失职问责。坚持错责相当、宽严相济，既落实"一案三查"，从严处置履责不力等问题，又落细干部处置"四个态度"，制定从轻减轻和从重加重"两张清单"，做到问责容错双精准。四是加强社会监督，推动缺责补强。调动亲清企业联盟促进会、清廉建设顾问团、营商环境特邀监督员等社会力量，依托市镇村三级监督网格，引导推进村规民约、社区公约和各级工会建设，合力加强安全防控宣传教育和自我约束，共同筑牢安全生产防线。

《办法》实施以来，全市安全防控责任不断压紧压实，安全生产形势持续稳定向好。一是企业更重视。主动完善内部安全规章，自发加大技改投入，全过程压降安全生产风险，2023年1—5月全市工业企业新增技改投资32.7亿元，同比增长17.9%。二是履责更到位。23个镇街、18个部门专题部署推动安全责任架构建设，从专委、部门、镇街、村社、网格五个层面，深化排查各类企业19.6万余家，梳理较大以上风险场所2327个，逐项明确风险等级、风险隐患、防控措施和责任单位，实现整治任务到季到月、防控责任到岗到人。三是整治更精准。推进安全生产"强基固本"、"园中园、厂中厂"、电气焊作业3大专项整治和工矿、消防等8项攻坚整治，整改风险隐患7.49万个，销号上级挂牌督办重大安全隐患4个。如大唐街道成立18个整治组，增配85名专职安全生产网格员，整改"三合一"场所1609处，拆除各类违建6.5万余平方米。四是氛围更浓厚。开展安全生产主题咨询230场次，"五进"宣传53.7万家次，从业人员培训8500人次，集中曝光具体问题28期，"安全生产，人人有责"更加深入人心。

第三节　强化执行，确保制度体系有效运转

制度体系的执行从非正式制度的执行和正式制度的执行两个维度展开。非正式制度的执行主要指遵循可以自我贯彻实施的传统、习俗惯例和村规民约等内生性制度，激发多元社会主体之间互动合作，营造基层治理共同体，从而为制度体系稳定提供不竭的保障。正式制度的执行主要指依托具有外在强制力的宪法、法律、政府条例、部门规章和党规党纪等，有国家暴力机关作为后盾，确保制度执行的普遍效力。无论是非正式制度还是正式制度要确保执行到位和执行有力，既要考虑宏观的制度环境，也要考虑微观的执行线路图和执行标准，兼顾"硬法"与"软法"，打通党政机关与社会多元主体之间的衔接。

一　利用和引导非正式制度的执行，打造和谐有序的基层治理共同体

村规民约是由特定村域内村民通过民主协商制定并遵从的，用于调整

特定村域内社会关系的,以实现村民自我管理、自我服务、自我教育、自我监督为目的的一种非正式行为规范,其客体是乡村各种社会关系,具有复杂性,其适用主体是村民。新时代"枫桥经验"构建了完备的基层社会治理制度体系,如在村庄试点 1+1+X（1 套村民自治章程+1 套村规民约+多个实施细则）现代化自治规范体系等。作为一种非正式规则,其中蕴含的柔性线条和家风家法的核心内容充分彰显现代德治的新特质。[①] 一方面,为村民提供可以遵循的规范,对于违反基层治理规范的行为,诸暨先后制定出台村民行为约束"负面清单"和劝导式"正面清单",强化村规民约的自治性、约束性;另一方面,用村规民约涵养民众归属感和民主参与使命感,发挥道德教化作用。这些内生于乡村的规约,从内部对村民的民主参与予以规范和引导,为健全基层制度体系建设提供了源源不断的动力源泉。诸暨526个村社完成了村规民约、社区公约等自治章程的修订,探索推行村规民约积分制考评,排名靠前的村民可优先获得农村建房等资格,排名靠后的轻则批评教育,重则黑榜公布、损害赔偿等,有效推动村民自我约束、自我管理。枫桥镇某村结合实际,围绕村级事务和村民日常生活,修订完善了13个村规民约,在规范村民行为、促进村民自治中发挥了重要作用,被评为"全国村民自治与和谐社会建设模范村"。再如姚江镇吴墅村的村规民约为"百善孝为先、父严母慈爱、遵纪守法规、清洁家园美、小事不出村、文明风尚篇、重教崇学浓、邻里和睦祥、红黑赏罚明"九条,基本上涉及村务和社会关系的方方面面。更重要的是,这些村规民约鲜明体现出中华优秀传统文化,真真切切地将德治贯穿乡村治理的全过程,有利于在村民自治框架下统筹德治建设,[②]培育乡村民众道德文化素质,建立现代乡村社会道德秩序,也是凝聚乡村多元主体和提升乡村治理能力的重要路径,有助于推动乡村治理的制度体系有条不紊地运转。

在村规民约促进道德教化的基础上,诸暨也充分发挥新乡贤在促进乡

[①] 于语和、雷园园:《村民自治视域下的乡村德治论纲》,《山东大学学报》(哲学社会科学版) 2020 年第 1 期。

[②] 印子:《法治社会建设中村规民约的定位与功用》,《华中科技大学学报》(社会科学版) 2023 年第 1 期。

村制度共识和参与乡村治理方面的作用。利用乡贤的道德威望和资源统合力，不仅将之作为一种宗法力量参与乡村秩序和治理，更将之视为担当起国家与民众情感的桥梁，这有助于凝聚乡邻，以道义整合利益，发展出在新时代下适应乡村发展的共享价值规范体系，[①] 为搭建更加良善的公共秩序贡献力量，从而使得乡村制度体系运转更具凝聚力、更高效。新乡贤既可以作为村民利益的代理人运用协商化的运作原则为村民发声，亦可在村"两委"委托下以人情化策略协助村"两委"工作开展。[②] 在市场化的冲击下，基层社会的个体原子问题化日益凸显，新乡贤作为乡村德治的重要主体之一，在乡村治理中发挥"领头雁"的作用，形成良好的示范带头效应。诸暨积极引导以"乡贤参事会"为代表的社会组织参与到乡村制度建设中来，乡贤参事会覆盖镇村两级，会员千余人，23个镇街全部建立乡贤参事会，助力矛盾化解和困难群众帮扶。诸暨还出台《关于培育和发展乡贤参事会的指导意见》，分别成立"乡贤参事会""乡贤调解团""乡贤协会""乡贤帮忙团"等，搭建协同共治平台，注重吸收群众智慧，将老党员、道德模范、法律顾问、退休干部、志愿者、外来经商人员、外出经商人员、外出务工人员等群体纳入诸暨"新乡贤"队伍。例如，枫桥镇早在几年前就邀请了70余位乡贤成立了乡贤联合会，为发展红色文化旅游产业及打造全国历史文化名镇提出建议。

诸暨充分发挥和引导自下而上的非正式制度有效执行，在党的领导下把基层社会多元治理主体的能动性调动起来，构建内生性的基层治理共同体，从而激活多元社会主体参与治理，奠定了制度共识的认同基础。

二 聚焦干部执行标准、履职重点，确保正式制度的有效执行

（一）明确干部执行力标准

诸暨紧紧抓住执行力这个"牛鼻子"，着力化被动为主动、变推责为

[①] 胡鹏辉、高继波：《新乡贤：内涵、作用与偏误规避》，《南京农业大学学报》（社会科学版）2017年第1期。

[②] 张雨薇、武晋：《任务型经纪：新乡贤参与乡村治理的新范式——基于桐乡"乡贤+三治"融合的田野观察》，《西北农林科技大学学报》（社会科学版）2021年第6期。

担当,推动上级和市委市政府重大决策部署和各项工作落到实处。为了提升干部执行力,从压紧压实各级党组织和干部队伍执行责任上破题,全面提升政治纪律执行力、决策部署执行力、改革举措执行力、问题整顿执行力,着力打造办事高效、作风优良、清正廉洁干部队伍。2022年3月,出台《关于明确干部执行力标准的若干规定》(以下简称《规定》),聚焦执行事项、部署落实、督促推动、考核监督、追责问责等各个环节,通过制度重构、流程再造、系统重塑,为提升干部执行力画轮廓、立标杆,实现以新作风新气象服务经济社会高质量发展。《规定》中明确制定工作落实方案和实施细则,要结合本地本系统实际,进一步细化、明确目标任务、工作举措、任务分工、完成时限等,形成详细的执行清单。在对执行制度的督促推动方面,《规定》也作出了明确要求,各单位应对照具体执行清单,建立健全执行台账,紧扣"按时、按质、按量"执行力评价标准,加大对执行事项推进情况的动态跟踪问效;针对执行事项推进情况,各单位应强化日常跟踪管理,市级职能部门应强化督促指导和抽查检查,定期复核复查复盘,编发督查通报,及时督促问题整改,并对整改情况进行"回头看";涉及职能交叉执行事项,各单位应通力合作、密切配合,通过集体会商等方式研究执行中遇到的难点堵点,共同履职,狠抓执行落实。在对执行制度的监督追责方面,《规定》中也予以明确:各单位主要负责人、分管负责人要带头贯彻执行,督促推动本单位执行事项落实到位、成效达到预期标准;组织人事部门按照规定评价干部、提出使用处置意见,对执行过程中真抓实干的干部予以评优评先等激励;纪检监察机关会同相关职能部门,加大对市委市政府执行事项的监督检查力度,对典型问题予以通报曝光;对不执行、慢执行、乱执行或因责任转嫁、应急处置不及时等导致工作推进不力、成效不明显的,追究相关责任。《规定》同时要求科学运用容错纠错机制,对执行过程中出现的试错情形,合理进行处置。

(二)开展"五查五提升"专项行动

2023年以来,诸暨市委紧扣"枫桥经验"人民至上的价值追求,坚持问题导向,瞄准干部履职突破口、找准治理提升攻坚点,围绕基层队伍、基层站所、基层服务、部门履责、工作机制五方面重点,深入开展"五查五提升"专项行动,动真碰硬、真心实意为企业群众办实事,推动基层机制能力全面跃升。

基层队伍空有架子、履职虚化问题如何破局？诸暨深入开展基层队伍大核查，提升实有实效率。全面整顿村社两委干部、党员、村（居）民代表、人民调解员、网格员、"两代表一委员" 6 支基层队伍，梳理村社干部培训赋能、队伍教育管理等方面问题 23 个，提出针对性意见建议 24 条。如应店街镇伍堡畈村两委班子主动挑担，带领乡贤、老党员、退休干部积极调解村内矛盾纠纷，首次创成"零上访"村。聚焦基层队伍重点环节和薄弱点，开展大抓基层"固本强基"系列专项行动，推出"学习二十大精神争当先锋型党员"主题春训，对 7 万余名党员进行集中轮训，全面提升基层队伍服务意识和能力水平。深化村两委干部警示教育，通过职务犯罪旁听庭审、观看警示教育片、上廉政党课等方式，促使村干部筑牢清正廉洁、拒腐防变思想底线。实行"进出管育爱"全链条管理，根据基层队伍工作现状和履职质效，逐项制定可量化季度评价目标，综合运用"村级自主查、镇街交叉查、市级回头查"评价方式，推动基层治理提质增效。2023 年以来，下发督查通报 5 期，推动整改问题 53 个。

基层站所双重管理、两头欠管问题如何破局？诸暨深入开展基层站所大检查，提升履职质效率。围绕省委三个"一号工程"对标争进，紧盯基层站所廉政风险防控、小微权力行使、干部作风建设等关键领域，压实属地党委管理责任，从严加强日常教育管理监督，督促推动基层站所干部履职尽责。如枫桥镇针对涉土涉建领域权力运行，制定基层执法中队权责清单 22 条，整治宅基地审批、渣土运输审批问题 17 个。强化自然资源和规划、生态环保、综合执法等部门的行业监管作用，加强对下属单位自由裁量权的监督监管，创新基层站所主要工作职责指导目录、基本制度指导清单、基层执法队伍绩效积分制管理等方式，清单式亮明基层站所"共性＋个性"权力事项，督促推动站所干部依法公正廉洁用权。紧盯基层站所用权背后党性作风问题，借助新时代"枫桥经验"清廉建设综合监督应用等监督平台，开展专项监督，严肃查处责任不落实、履职不到位等失职失管行为，确保"基层权力给基层、基层事情基层办、基层事情有人办"。截至目前，累计问责因履职不到位的基层站所干部 16 人。

基层服务效能低下、品质欠佳问题如何破局？诸暨深入开展基层服务大评查，提升群众满意率。优化多维评价办法，大力推进事权、资源和服务力量下沉一线，在精准赋权赋能推动政务服务向基层延伸的基础上，开展"基层评部门""群众（企业）评机关（部门和乡镇）"活动，组织社会各界代表对部门、乡镇履责情况进行分类评价，推动转作风、优服务、提效能。紧盯服务基层质效，开展"基层评站所"活动，发动基层代表对基层站所履责情况进行综合评价；组织"竞跑'三服务'部门科室长您点评"活动，点评重点部门职能科室、基层站所负责人105人，倒逼基层站所等最小单元真正为企业群众办实事解难题。将评价结果纳入工作目标责任制和党风廉政建设责任制考核，通过媒体及时向社会公布，并视问题情节轻重给予"四种形态"处置或组织处理，推动形成"部门服务基层、基层服务企业"思想共识和行动自觉。截至目前，已约谈排名靠后干部5人、免职1人、调离岗位1人。

市级部门任性用权、官僚作风问题如何破局？诸暨深入开展部门履责大督查，提升贯彻执行力。紧跟省委为基层减负的步伐，从严整治自我赋权、任性用权等"衙门"作风，严肃查处层层加码、责任转嫁、督查检查过频、台账报表过多、"指尖上的形式主义"等问题，问责党员干部6人。聚焦教育、医疗、养老等重点领域，持续深化漠视侵害群众利益问题专项治理，查处群众身边腐败和作风问题11个，党纪政务处分4人，推动解决群众急难愁盼问题9个。聚焦打造最优营商环境，围绕惠企政策兑现、助企服务落实、涉企改革推进等关键点开展专项督查，顶格查处政策不落地、兑现不及时、服务不到位等问题。迭代升级亲清企业联盟和政企亲清会，推动成立浣江亲清企业联盟促进会，以构建亲清政商关系、打造一流营商环境，提升基层社会治理质效为目标导向，建立纪检监察机关与浣江亲清企业联盟促进会沟通协调工作机制，持续擦亮企业"有求必应、无事不扰"诸暨名片，累计解决各类涉企问题4000余个。

联动工作配合不畅、联而不动问题如何破局？诸暨深入开展工作机制大审查，提升系统战斗力。以"大抓基层、大抓开放、大抓产业"强劲推动贯彻党的二十大精神开局，锚定经济创新提质主攻方向，紧扣省委打造"五个最优环境"，持续完善深化"四责协同"落实"五张责任清单"工作机制，督促各部门主动认领工作任务，及时制定落实清单，形成责任闭环，确保工作有人抓、问题有人管、责任有人担。2023年以来，已修订完善权责清单5198项，重新绘制权力运行流程图4911份。针对部门职责交叉不清、错位缺位、推诿扯皮等问题，从体制机制、流程再造、工作作风等入手，构建主办部门牵头、相关部门协调配合、任务分工明晰、工作流程完善的工作机制，推动部门合力解决执行中遇到的难点堵点。如商务、文旅等部门联合制定"电竞酒店"行业管理规范，政法、教体、公安、检察院等部门建立电竞酒店常态化联动监管机制，合力推进对未成年人无限制住宿上网管控。对照干部执行力标准，加强对市委市政府重大决策部署落实情况监督检查，从严查处不执行、慢执行、乱执行，导致工作推进不力、成效不明显等问题。截至目前，已集中走访调研单位63家次，发现并督促整改问题213个，问责处理干部12人。

实施"五查五提升"专项行动是诸暨市委贯彻落实上级决策部署的内在要求，是推动全面从严治党向基层延伸的有力抓手。自专项行动开展以来，各牵头单位认真对照实施方案，明确目标任务，细化工作举措，抓好责任落实；各责任单位自觉提高政治站位，强化协同联动，全力推动专项行动各项工作走深走实、取得实效。以下是部分单位和部门落实和开展专项行动的好经验和好做法。

1. 市生态环境分局："三向发力"提升干部执行力

市生态环境分局锚定"作风、服务、履责"三个维度，念好"严、细、实"三字诀，推动干部干事有底气、有干劲、有活力。"严"字为先，作风上迈好"自省步子"：聚焦纪律作风、制度执行、履职能力等重点开展全面自查，逐一列出问题清单，制定整改清单。聚焦廉政风险防控，坚持机关科室、基层站所全覆盖，从源头上拉起"防护网"。聚焦基层站所监督，发挥支部监督信息员、清廉建设顾问团两支队伍作用，以有力监督倒逼作风转变。"细"字贯穿，服务上迈好高效步子：深化环保服务企业"十百千"行动，通过"望"现场、"闻"需求、"问"难题、"切"问题。建立招商引资重点项目清单，实行专人服务机制。强化环评质量监督管理，建立环评机构失信惩戒机制，严守生态环境第一道防线。"实"字为要，行动上迈好"奋进步子"：紧盯重点区域、重点行业，开展不定时、全覆盖环境风险隐患排查。建立生态环境监督执法正面清单，将两年内无违法犯罪记录、信用良好的企业纳入清单，采用非现场执法手段，减少现场检查频次，切实减轻企业迎检负担。实现信访工作"登记转办、办结回复、满意度调查"

全链条闭环管理,确保群众呼声"有回应"。

2. 市民政局:重塑村民代表履职制度以实干促实效

市民政局迭代升级《诸暨市村民代表履职规范》,通过优化完善体制机制,确保制度优势释放更大治理效能,不断提升村民代表队伍履职质效。一是"奔着问题"深调研。围绕2020年版《诸暨市村民代表履职规范(试行)》的实操效果和村民代表日常管理、义务履行和作用发挥等情况开展专题调研,先后走访镇乡(街道)12个,召开座谈会3次,访谈镇乡(街道)班子成员、驻村指导员、村社干部和党员群众代表63人,下发回收镇乡(街道)专题调查表23份,村社干部、党员群众调查问卷1670份,收集高质量意见建议36条,形成专题调研报告,梳理形成3方面困难问题,提出针对性意见建议4项,为进一步厘清村民代表履职、管理存在的困难问题,探究解决路径和方案,完善履职制度提供事实依据和支撑。二是"揪着问题"打补丁。结合前期调研成果,针对性优化2020年版《诸暨市村民代表履职规范(试行)》,按照队伍建设"进出管育爱"全链条机制,在各环节细化或增加内容,使制度更科学合理、更符合基层实际。聚焦"进口关",强化村社党组织在村民代表推选工作中的领导,细化村民代表应具备的基本条件,新增不宜被推选为村民代表的负面情形6类;聚焦"出口关",新增村民代表资格取消的负面情形5种;聚焦"管理关",完善村民代表权利义务清单,权利清单由4条扩展为5条,义务清单由4条细化为8条,探索新建村民代表年度考核及备案机制,增加"不得评为称职以上等次"的负面情形6项;聚焦"培训关",主导精细化贴合实际,按照分类分层原则,建立市镇村三级教育培训体系,明确培训时间与频次。三是"防着问题"抓执行。要防止"旧病"复发,关键在于建立一套完善的制度,并坚持不懈践行。一方面由镇乡(街道)强化宣传引导,通过专题会议、线上学习、微信推送等途径,确保将文件精神及时传达到每名村民代表。另一方面强化对村民代表履职情况的监督检查,协调相关职能部门力量对村民代表参与村级重大事项议事决策、联系群众收集意见建议等情况开展督查,督促推动履职规范从纸面落到地面。截至目前,全市已召开村民(代表)会议685次,村民代表参与村级重大事项议决事1168项,听取收集村民意见建议5200余条,帮助村民解决实际困难2350个。

3. 市司法局：统筹"一盘棋"扎实推进现行制度体系摸排调研

市司法局立足全面自查、反向排查、集中审查，积极开展现行涉基层治理制度体系摸排调研，为完善制度体系、提升贯彻执行力夯实基础。聚焦现行涉基层治理制度是否合法有效、修订是否科学规范、内容是否全面精准等，督促经信、科技等28个权重部门，对照"三定方案"和法定职责，对由本单位印发实施或由本单位起草、市级层面出台的涉及对镇乡（街道）职能下放、任务分派、考核评价等相关制度，按照合法有效、待修改完善和待废止三个层面进行自查自纠。

三 兼顾"硬法"与"软法"，促进正式制度与非正式制度的有效衔接

自下而上内生的非正式制度所代表的"软法"规约和自上而下推行的正式制度所代表的"硬法"规约都有其适用的范围，有必要把二者有效衔接起来，实现优势互补、刚柔并济、相得益彰，具有重大意义。正如陈洪连等说："乡规民约与国家法律相互融通与衔接，有助于弥补国家法律适用的不足。"①

在村规民约无法约束到的问题上，充分发挥"硬法"的作用，二者结合共同健全乡村制度体系建设，体现乡村治理的社会自治属性和政权建设属性。诸如枫桥镇《枫源村村规民约实施细则》第25条规定："发生安全生产事故的村民，取消入党资格五年，不宜作为村级各类组织候选人；发生'四违'管理行为的，暂缓宅基地、拆翻建等住房审批二年以上，取消村级各类组织候选人资格，党员列为警示党员……违反本实施细则的，一经查实，给予批评教育，如果造成损害的，承担相应的经济赔偿责任；拒不赔偿的，在集体收益分配时扣除；情节严重的，由村委会提请相关执法单位依法处理。"兼顾"硬法"与"软法"，也可以从如何处理村民自治权与乡镇行政权二者间的良性互动关系上去体现佐证。在《中共中央国务院关于加强和完善城乡社区治理的意见》中指出，"依法厘清街道办事处（乡镇政府）和基层群众性自治组织权责边界，明确基层群众性自治组织承担的社区工作事项清单以及协助政府的社区工作事项清单"。"乡政"指的是

---

① 陈洪连、孙百才：《"三治融合"视域下乡规民约的实践困境与破解之道》，《行政管理改革》2022年第3期。

以国家强制力为后盾的乡一级政权（包括镇政权），具有高度的行政性和一定的集权性；"村治"指的是村民委员会，作为农村基层的群众性自治组织，以村规民约、村民舆论为后盾，具有高度的自治性和民主性。新时代"枫桥经验"通过"乡政村治"的管理方式，形成了当前有中国特色的农村基层的一种新的政治格局或政治模式，避免国家行政事务直接向村庄渗透，干部主要负责提升基层服务水平来为村民自治提供保障和基础，凸显基层治理的社会性逻辑，民众也通过创设丰富多样的民主发展机制和平台有效激发了制度体系的发展活力。诸暨市委通过建立健全监督建在支部上、建在最小权力单元上的机制，充分发挥支部监督信息员在清廉宣讲、监督检查和上情下达中的作用，全市设置支部监督信息员3127人，有效增加了基层社会管控力。[①] 这种制度良好地衔接了乡镇政府与村级组织。另外，2017年出台的《村干部离任交接办法》，实现了村干部的交接、换届、离任标准化、规范化和制度化，也有助于乡镇行政权与村民自治权的有效衔接，建立协商合作的"乡政"与"村治"关系，从而处理好党政机关与社会多元自治主体之间互促合作，推动正式制度与非正式制度的有效衔接。

第四节　处理好监督问责与容错纠错的关系

为了确保新时代"枫桥经验"制度体系具有旺盛的生命力，能够不断得到修改和完善，有必要把来自内外部的监督问责结合起来，把同体监督和异体监督结合起来，避免权力走向任性粗暴和武断专横，确保规范运行。另外，根据制度外部环境的变化来促进制度生长，顺应环境变迁，以发展的眼光来客观审视敢于改革创新的干部所犯的失误，容错纠错的免责机制为干部成长营造了开放包容的社会环境，对干部问责与免责做到精准化区分对待，既起到问责震慑作用，又能极大调动干部积极性、能动性。辩证处理好监督问责和容错纠错之间的关系，不仅为诸暨基层纪检监察工作提供了根本遵循和行动指南，也为新时代"枫桥经验"制度体系的发

---

① 李海裕：《务实拓展新时代"枫桥经验"理论视域的实践与思考》，《中国社会科学报》2023年5月9日。

展健全提供严宽结合的制度土壤，使制度在动态调适中免于走向僵化，在优化中永葆青春。

一　不断健全监督问责机制，规范权力运行

（一）重塑报告评议机制，构建常态化多部门联合监督

紧盯领导干部尤其是下级"一把手"等关键少数，以落实"五张责任清单"为抓手，调整重塑履责评议模式机制，变一年一评为一季一评，变纪委独评为"纪委＋委办＋组织部"三家联评，变党务单评为党务与重点工作合评，变主评书记为共评主体责任、职能监督责任、专责监督责任三方，推动全面从严治党责任落细落实。重塑报告评议机制，将过去由市纪委单独听取相关部门党委（党组）书记汇报上一年度落实全面从严治党主体责任和"第一责任人"职责情况的惯例，改为诸暨市纪委联合市委办、市委组织部常态化开展合评联评。相关部门既需要报告主体责任落实情况，也需要报告监督责任和面上重点工作落实情况。市纪委、市委办、市委组织部对照分类明确的工作职责，对部门、镇街"一把手"和班子成员履职情况开展合评联评，以横向协同协作与纵向压力传导加强对"一把手"的监督，持续推动政治生态向善向好，形成了明责、督责、追责的责任落实体系。具体实践中，重塑后的评议机制更突出报告内容的变化：以往的报告评议机制只需相关单位党委（党组）书记汇报上一年度落实全面从严治党主体责任和"第一责任人"职责情况，重塑后的报告评议机制不仅需要相关单位党委（党组）书记作上述职责汇报及当年重点工作推进情况汇报，组织工作分管领导、乡镇（街道）纪（工）委书记或派驻机构负责人也要分别就职能监督责任、抓党建抓队伍建设情况和落实专责监督责任情况作汇报。此外，为形成"评议—督促—整改"的监督闭环，诸暨市纪委将评议意见以点对点形式予以书面反馈，要求相关单位制定整改方案，形成问题清单、责任清单和整改清单，并逐一整改落实。

（二）制定《全面从严治党责任追究办法》，确保责任追究落实到位

为进一步落实全面从严治党要求，切实强化党员干部责任意识、宗旨意识、担当意识，根据《中国共产党问责条例》《党委（党组）落实全面从严治党主体责任规定》，诸暨制定了《全面从严治党责任追究办

法》。该办法明确了责任追究的程序和要求,确定了应当追责的情形、追责的依据。以追责问责倒逼履职尽责,促进了干部履职规范和担当负责,为责任追究工作提供了明确的指导。在责任追究的结果运用上,健全全面从严治党主体责任考核制度,强化考核结果运用,对落实责任不到位、问题比较突出的及时约谈,对不担当、不作为的依规依纪追究责任。

诸暨市纪委监委聚焦作风建设、信访化解等重点工作,通过专项监督、日常检查、联合调查等方式,加大对各级党委政府重大决策部署落实情况的监督检查,对不落实、落实不力、假落实的干部予以严肃追责问责。每年年初制定领导班子成员落实全面从严治党责任年度任务安排,每季度召开党风廉政建设分析会,每年年底要求各镇街、部门向市委、市纪委书面报告落实全面从严治党责任情况,并组织开展对下级党组织落实情况的监督检查。

正是通过严格执行《诸暨市全面从严治党责任追究办法》,压紧压实了党委主体责任,突出了对领导干部的监督问责,推动了政治监督具体化、精准化、常态化。

2016年出台的《中国共产党问责条例》,当时主要是抓主体责任和监督责任这两个责任。2019年《中国共产党问责条例》修订后,明确了党组织、党的领导干部违反党章和其他党内法规,不履行或者不正确履行职责,应当问责追责的11种情形。诸暨通过制定《全面从严治党责任追究办法》,进一步细化明确党员干部、公职人员责任追究的11类情形,既破解了干部"干好干坏一个样"的现实难题,也避免了一些地方在问责追责中泛化滥化错误倾向,同时,规定责任追究情况存入干部个人人事档案和廉政档案,作为业绩评定、选拔任用的重要依据,与市工作目标责任制考核直接挂钩,以强有力的追责问责倒逼党员干部履职尽责。

(三)有效激活和利用外部监督,把内外部监督问责结合起来

除了发挥同体监督,也要积极借助社会力量发挥异体监督,把内外监督结合起来,更好地发挥监督问责的效力。如诸暨市纪委监委统筹"两代表一委员"、企业家代表、乡贤、退休党员干部以及部分党员干部,组建了市镇村三级"清廉建设顾问团",建立监督末梢到支部工作机制,在

各级党支部中设立监督信息员，并出台《加强基层监督力量和清廉顾问履职指导实施办法（试行）》，加强对监督力量日常运作、队伍建设、业务培训的指导管理，更好地发挥基层监督作用，以提升基层监督实效。支持企业家、社会人士成立浣江亲清企业联盟促进会，制定《纪检监察机关加强与浣江亲清企业联盟促进会沟通协调暂行办法》，建立"月度信息收集、季度座谈、半年评议、联系协作、协调解决"五项沟通协调机制，丰富拓展自上而下专责监督和自下而上群众监督相结合的监督新路径，推动基层监督与社会监督有效衔接。例如，枫桥镇除了充分发挥纪委监察办这支监督力量之外，同时将群众力量纳入监督体系中，建立了三级监督网格，镇一级是纪委副书记，担任一级网格长，二级网格长是 3 名纪委委员，然后是 107 名三级监督网格成员，由村监会主任兼任网格长，将体制内监督和体制外监督落到实处，织密基层民主监督网络。

二 引入容错纠错机制，促进制度调适和制度生长

高素质的干部队伍建设，离不开监督问责与干部保护的二者有机结合，诸暨市纪委监委通过推行"回访教育—培养成长—结果运用"闭环管理模式，与组织部门建立双向联动机制，创新探索回访教育与容错纠错和重新提拔使用机制的衔接和实践路径，给勇于担当、善于作为、实绩突出但受处分处理的党员干部提供成长机会。[①] 对干部错误类型做好区分对待，亮明党员干部处置"四个态度"，即违纪违法坚决查处，失职失责追责问责，工作失误容错纠错，被人诬告澄清正名。这种区分对待有助于将奖惩做到精准化，宽容对待改革创新的失误，客观评价干事创业的失败，旗帜鲜明地为无私心、真改革、敢担当的干部护航，有效激发党员干部的干事创业热情，也有助于根据外部环境的变化来促进制度调适和制度生长，从而为体系的优化提供开放包容的机制土壤。

（一）容错纠错机制的历史回顾

作为浙江省纪委省监委容错纠错工作联系点，诸暨一贯重视党员干部容错纠错工作。2014 年，诸暨出台《鼓励改革创新支持履职担当免责办

---

① 《暖心回访解心结　激励担当再出发》，澎湃新闻，https://www.thepaper.cn/newsDetail_forward_23562212。

法（试行）》，鼓励党员干部改革创新、支持履职担当。按照"三个区分开来"的指导原则，针对党员干部群体中存在怕担当、不作为的情况，标明底线、厘清边界、画出"跑道"。为了克服容错免责机制难以操作、仅停留在观念层面的难题，以清单形式明确容错纠错的适用情形、政策边界和认定标准，真正让干部卸下思想包袱，大胆推进工作。如2017年诸暨出台了《关于实施容错纠错机制　加快推进"最多跑一次"改革工作的意见》，制定正反"两张清单"，明确10种免责情形、10种问责情形，厘清改革履职边界，[①] 以便对于在改革过程中出现的失误、错误或决策不当的情况，及时发现和纠正。2018年，出台《关于实施容错纠错机制进一步推动人才工作的意见》（以下简称《意见》），进一步激发党员干部改革创新、干事创业活力，努力营造敢于担当、善于作为的浓厚氛围，以更加积极、更加开放的姿态推进落实人才强市战略。[②] 该《意见》的基本原则是：既要容错开道激发动能，旗帜鲜明地为那些敢于担当、踏实做事、不谋私利的干部撑腰鼓劲，保护和调动广大党员干部的积极性、主动性、创造性；又要问责托底守牢底线，坚持容错不容偏、容错不容贪、容错不容罪，坚决问责慵懒散拖和不作为、乱作为，严肃惩处违纪违法者，充分发挥容错纠错机制的正向引导作用。

（二）容错纠错机制的启动

启动容错纠错并非易事，能够纳入容错免责情形，有一套严格流程。坚持"谁追责问责、谁认定容错"，纪检监察机关、组织人事部门及其他具有追责问责职能的单位在启动追责问责或责任调查过程中，应主动研判是否存在容错情形、是否符合容错条件，符合条件的，同步启动容错程序。当事人认为其行为符合容错情形的，可在5个工作日内向承办单位提出书面申请，涉及市管干部的，一般向市纪委监委或市委组织部提出申请；涉及市管以下干部的，一般向干部所在单位党组织提出申请。市级层面建立容错纠错工作联席会议，对重大容错纠错事项进行讨论，在相关单

[①] 《浙江诸暨党建创新激发干劲　容错纠错让改革者"轻装上阵"》，新华社，https：//www.gov.cn/xinwen/2019-01/21/content_5359927.htm.

[②] 《诸暨市市委组织部诸暨市全面实施人才工作容错纠错机制》，https：//www.zhuji.gov.cn/art/2018/2/27/art_1404393_15640618.html.

位提出、行业专家审核的基础上,经纪检监察机关、组织部门、法制办等单位联审把关,精准画线,厘清政策边界。

(三) 纠错备忘机制

为避免错误"一容了之""知错不改",诸暨还建立纠错备忘机制,鼓励引导"试错"的干部从小事抓起,积极主动承认错误,努力挽回损失。同时实行台账纪实,所有问责、免责案例"一案一档",为精准问责、精准免责提供借鉴参考。这种存档备忘的制度也有助于实现防错、容错、纠错各环节全流程无缝对接,倘若根据环境的变化发现免责有错,也有助于及时纠错,最终力求少犯错、不犯错。例如,之前就有71条拟免责情形被否决的情况,可见,纠错备忘机制是一个动态开放的系统,为免责纠错提供依据,也避免小错酿成大错。

综上所述,制度体系的完善有助于监督问责领导干部,避免僭越权力,防止权力腐败,规范权力行使,也会为敢想敢闯的创新型干部提供底气保障。由于外部制度环境的多样性,制度也会随着时代的变迁而发生变化,制度滞后于外部环境也是客观存在的事实,因此有必要培育制度成长的包容开放的外部土壤,不至于使创新型干部思想保守、行动迟缓、不敢作为。当然,对干部的容错纠错机制的启动也应设立一定门槛,不是姑息养奸、不讲原则的保护,而是对干部的行为进行精准化分类处理,使奖惩分明,裁量适当,才能更好地起到惩罚和保护的作用,也有助于打造立场坚定、作风过硬和行动果敢的高素质干部队伍。处理好制度稳定与制度成长之间的辩证关系是制度体系健全的一个永恒课题,制度稳定不是静态的过程,要避免制度的僵化,就要在动态调适过程中,根据外部环境的变迁来不断完善制度,这样才能使制度永葆青春生命力。

第四章

构建决策体系,提升政策支撑力

历经60年的发展,新时代"枫桥经验"的内涵得以创新拓展,在深化和巩固原有领域的基础上,坚持实事求是、开放拓展,基于"四个全面"战略布局业已内生成完整的决策体系,它既体现了动态的民主化决策的过程,又表现出独具特色的决策实践,为提升基层治理现代化的政策支撑力提供了样本。

新时代"枫桥经验"的决策体系业已成为中国特色社会主义社会基层治理制度体系的重要内容。可以说,习近平新时代中国特色社会主义思想孕育了新时代"枫桥经验",其表现出鲜明的时代化、系统化特征。基于此,本章就围绕新时代"枫桥经验"决策体系的内涵与特征及其实践展开论述。

第一节 新时代"枫桥经验"决策体系的内涵

为了人民、依靠人民是"枫桥经验"的价值本质,也是"枫桥经验"历久弥新的关键所在。施治贵在变通,进入新时代以来,基层社会干群矛盾问题日益复杂化,势必要求改变现有治理思路和政策体系。坚持和发展新时代"枫桥经验",必须牢牢把握党的领导这一本质特征,贯彻党的执政理念,立足实际解决具体问题,持续推进治理体系完善和治理能力提升。

"枫桥经验"历经60年发展,无论如何演变,它本质上是一种体制机制,即党领导群众解决自身问题的一种工作机制。因此,"枫桥经验"反映在决策领域体现为一种动态决策过程,即三个环节:群众诉求收集、民主化与科学化决策及其监督保障。下面就围绕这三个环节一一展开。

一 群众诉求收集

新时代"枫桥经验"的核心就是党的群众路线，灵魂在于以人民为中心，其本质则在于人民主体性。发动群众、依靠群众、为了群众是"枫桥经验"的初心所在、力量所系，实现好、维护好和发展好人民群众的根本利益是发展新时代"枫桥经验"的出发点和归宿点。进入新时代，面临着群众权利意识觉醒，基层社会矛盾呈现出多元化的特征，如何收集和吸纳群众诉求，并体现在基层政府的决策之中是新时代"枫桥经验"的应有之义。构建决策体系的目的之一就是建立一种常态化的企业群众、基层组织的诉求收集机制，在上级要出台政策之前主动去对接传递基层诉求，推动上级政策更好地与基层实际相结合。

近年来，诸暨注重发挥群众的主体性和首创性，让群众成为基层治理的直接参与者、最大受益者和坚定支持者，探索走出新时代群众路线新途径。为支持群众表达诉求，2020年8月起实施村级监察议事会机制，推动村级事务由"封闭决策"向"多元互动"转变。截至2022年年底，直接参与议事的群众有1.5万余人，所有行政村均实现民事民议、民事民办、民事民管。发挥党员干部、群众代表、企业家、乡贤等群体在社情民意收集、信访矛盾化解等方面的作用，组建市镇村三级"清廉建设顾问团"队伍，充分保障基层社会治理体系人民性、多元性；出台《加强基层监督力量和清廉顾问履职指导实施办法（试行）》，加强对监督力量日常运作、队伍建设、业务培训的指导管理，更好地发挥基层监督作用。作为民营经济强市，积极引入企业家辅助基层治理，比如，2021年4月以来，诸暨紧紧围绕绍兴市委市政府深化拓展"三驻三服务"、全面赋能"四个率先"工作部署，坚持党建统领，聚力精准服务，面向规模企业创新搭建"政企亲清会"交流服务平台，构建形成"企业出题—部门答题—跟踪问效"服务闭环，推动政府决策更加精准；支持市内中小企业家和社会人士成立浣江亲清企业联盟促进会（以下简称"亲清企业联盟促进会"），定期下沉企业收集、上报营商环境有关意见建议、干部党性作风问题，推动形成常态长效服务机制。同时，定期召开亲清企业联盟促进会理事闭门会议，主动听取企业家对经济社会发展的意见建议，架起党委政府与企业沟通的桥梁,实时收集企业支部、企业党员的监督信息;拓宽纪检监察机关与企业信息互通渠道,聘请21名亲清企业联盟促进会理事担任"营商环境特邀监督员",制定《纪检监察机关加强与浣江亲清企业联盟促进会沟通协调暂行办法》,建立"月度信息收集、季度座谈、半年评议、联系协作、协调解决"五项沟通协调机制,推动基层监督与社会监督有效衔接,助力企业家放心投资、安心经营、专心创业,成为新时代优化营商环境的又一探索创新。据第三方民意调查结果显示,近三年诸暨清廉满意度始终保持绍兴第一。

在充分收集群众诉求的基础上,以解决现实问题为切口,将群众诉求和政策制定有机结合起来。"矛盾不上交"是"枫桥经验"的本原要义,体现了源头治理、前端防控的治理理念。随着时代变迁,社会主要矛盾变化导致基层社会问题相应变化,但"枫桥经验"解决实际问题的根本任务并没有改变。实践中,诸暨将社会治理的着眼点更多放在前置防线、前瞻治理、前端控制和前期处置上,不断提高对各类矛盾风险的预测、预警、预防能力,最大限度把各类风险防范在源头、化解在基层、消灭在萌芽状态。2020年以来,浙江持续推动漠视侵害群众利益问题专项治理,诸暨率先开展"守初心践使命"大整顿大提升五大专项行动,围绕群众诉求应对、群众权益保障、安全隐患排查、权力运行规范、干部形象提升五方面重点,推动整改各类问题5069个,让群众感受到了实实在在的治理成效。

二 民主化与科学化决策

在新时代"枫桥经验"的政策体系中,推进决策的民主化与科学化也是其应有之义。新时代"枫桥经验"的目标指向就是"小事不出村,大事不出镇,矛盾不上交",将矛盾化解在基层,将矛盾消灭在萌芽状态,这有赖于民主化与科学化的决策机制的建构。

可以说,新时代"枫桥经验"的最大优势是把党的领导贯穿始终、落到基层。诸暨在"枫桥经验"实践当中,始终旗帜鲜明地加强党对基层治理的领导,把基层党建贯穿于基层治理的全过程各方面,通过实施基层党建政治引领、组织引领、能力引领、发展引领、服务引领"五大引领"工程,推动党组织的服务管理触角延伸到社会治理末梢,切实把党的政治优势、组织优势、制度优势转化为治理优势。这就为正确决策奠定了政治基础。

新时代"枫桥经验"实践中也很重视化解农村社会矛盾，确保农村社会稳定有序。近年来，诸暨市切实提高预防化解社会矛盾水平，从完善政策、健全体系、落实责任、创新机制等方面入手，及时反映和协调村民各方面利益诉求，处理好政府和群众利益关系，从源头上预防社会矛盾，做好矛盾纠纷源头化解和突发事件应急处置工作，做到发现在早、防范在先、处置在小，防止碰头叠加、蔓延升级。这种源头治理的决策机制，实际上有利于将矛盾化解在萌芽之中。

说到新时代"枫桥经验"的决策体系，就不得不提起"枫桥经验"发源地诸暨市枫源村"三上三下、民主治村"的村治模式。近年来，枫源村通过抓实群众路线，创新"三上三下"民主决策机制，迎来清风正气。"三上三下"的提出，源于一位老村民的建议，他说要村民一起来决定村里的大事。枫源村听从了这位村民的建议，"三上三下"民主决策顺应而生。所谓"三上三下"："一上一下"为收集议题，村两委会从群众中收集议题，并通过上门下访征求意见；"二上二下"为酝酿方案，通过召开民主恳谈会，对方案进行深入讨论，进一步完善；"三上三下"为审议决策，方案提交党员会议审议，经村民代表会议表决通过后组织实施。"三上三下"通过的事情，无论大小，印成一本册子，发放到每一位村民手中。2018年以来，"三上三下"又加入了新的内容——"三公开"，即测评情况公开、实施方案公开、表决结果公开。可以说，枫源村的"三上三下"民主决策机制，真正做到了民主决策、民主管理、民主监督，是新时代党的群众路线在村庄治理中的生动体现。

综上，新时代"枫桥经验"的民主化与科学化决策，实际上就是党领导群众围绕自身问题的解决依法进行的民主决策、民主管理，从而实现群众对美好生活的追求。

三 决策的监督保障

当前社会资源分配由党委政府主导，通过党员干部行使公权力来具体落实，用权是否公平公正直接决定利益分配是否平衡，由此引发的不平衡不充分问题，必须通过法治监督保障分配政策的公平性来协调解决。法治是社会治理的最优解,在保障权益、化解矛盾、维护稳定上具有稳定预期、不留隐患的优点。

2022年以来,诸暨加快探索党的自我革命县域路径,持续推动监督机制、效能、力量迭代升级。出台深化"四责协同"落实"五张责任清单"工作机制,厘清各级党委、党委"一把手"、分管领导、纪检监察机关和组织人事部门的五方责任;分类明确"一把手"和领导班子130项责任清单,同步重塑报告评议机制,由市纪委、市委办、市委组织部常态化开展合评联评,既报告主体责任落实情况,也报告监督责任和面上重点工作落实情况;加强党的基层组织建设,创新支部建在小区上、监督落到最小权力单元上等机制,全市设置支部监督信息员3127人,将党内监督延伸到支部一级,有效增强基层社会管控力。

近年来,诸暨还着力推动公权力运行制度化、程序化、规范化。截至2023年6月,全市累计编制权责清单5198项,绘制权力运行流程图4911份,实现70个市级部门、23个镇乡(街道)全覆盖;同步健全基层"小微权力"规范运行机制,编制基层重点事项治理"微九条",推动村级事务阳光运行,切实从源头上斩断利益链,最大限度支持保障群众在法治框架下开展自治;将法治思维和法治方式运用到信访矛盾化解的全过程,探索建立信访法治化处置机制,用法律上的事实分清是非,用权利义务思维判断对错,逐步走出了一条政府主导下,群众参与矛盾纠纷多元化解的新路子,真正做到"矛盾不上交、化解在基层"。

诸暨紧扣持续擦亮"枫桥经验"金名片的决策部署,聚焦"信访矛盾大化解、权益保障无遗漏、安全隐患全排查、权力运行更规范、干部形象再提升"五方面重点,积极开展"守初心践使命"大整顿大提升五大专项行动。诸暨明确提出信访处置"四个态度",即热烈欢迎建设性意见建议、积极支持反映合法诉求、坚决反对假公济私、严厉打击非法行为。2022年,全市化解信访积案303件,重复检举控告"清零"行动指数排名绍兴第一,实现纪检信访总量、检举控告量、重复举报量"七年七连降"。在此基础上,进一步以党风引领政风民风,压紧压实各级党组织和干部队伍的执行责任,从严纠治"多做多错、少做少错、不做不错"的"三错"观念,全力营造勤廉政治生态;还出台了《全面从严治党责任追究办法》和《干部执行力标准》,既追求结果实现目标任务,又关注过程是否依法依规、公平公正。探索"三个区分开来"具体化举措，旗帜鲜明提出党员干部处置"四个态度"，即违纪违法坚决查处、失职失责问责追责、工作失误容错纠错、诬告陷害澄清正名。通过强化问责追责和执纪执法，确保干部忠于职守、廉洁奉公。按照"三个区分开来"原则，积极实施容错纠错机制，灵活运用"四种形态"合理把握和妥善处置问题和责任；加强问题通报，要求以点带面、举一反三深入整改，最大限度发挥惩戒的教育功能，推动《党章》规定的"惩前毖后，治病救人"方针落实，以最小惩治代价实现最大教育成效；通过打击诬告陷害和澄清正名，维护干部合法权益，激励干部为事业担当。2020—2022年，诸暨累计运用"四种形态"处理5675人次，"初病微祸"治理成效显著。

诸暨聚焦规范基层公权力运行机制，为决策的民主化与科学化提供更加有效的监督保障。其主要抓手是全面落实权责清单制度，修订完善党委政府、基层站所"一图一表"权责清单，推动形成权责明确、权责一致、合法合理的决策监督保障体系。主要举措有以下三种：一是构建政府权力公开机制，结合基层行权实际，加大对部门现行制度文件的合法性审查力度，推进基层公权力行使过程逐步由静态的信息公开向动态的过程公开延伸；二是建立政府与社会协作机制，坚持"法无禁止即可为"原则，发挥企业、群众和社会组织在基层治理中的积极作用，把政府职能切实转变到监督服务保障上来，政府不该管的事坚决交给市场、企业和行业协会，真正实现政企分开，不断增强社会自我管理能力；三是完善对公权力的监督制约机制，重点强化决策、执行环节的监管，将党内监督和舆论监督、社会监督、群众监督结合起来，运用"枫桥经验"发动群众、依靠群众的理论精髓，鼓励引导群众参与基层监督治理，确保权力运行全流程"权责事"一致。

第二节 新时代"枫桥经验"决策体系的特征

如前所述，"枫桥经验"本质上是党组织深入贯彻群众路线，协调一切积极因素，依法解决社会基层矛盾和问题的一种工作机制。新时代"枫桥经验"的决策体系具备了四个鲜明特征，即将党的领导政治优势转化为社会治理效能，适应时代情势变化活用群众路线，以化解问题、实现人民群众美好生活为目标，全面从严治党贯穿决策全过程。

一　将党的领导政治优势转化为社会治理效能

实践证明，党的建设是新时代"枫桥经验"的政治灵魂，基层党委领导群众共同治理是"枫桥经验"发展演进的根本保障。在新时代"枫桥经验"的决策体系中，如何坚持和完善党的领导，就成为推进中国式基层治理现代化的关键。应该说，新时代"枫桥经验"最鲜明的特点是在党的领导下，坚持基层创造和高层推动相结合，走出了一条中国式基层社会治理之路。新时代"枫桥经验"决策体系的本质内涵就是：始终坚持党的领导不动摇，坚持党建统领，以党建带群建，提高党在基层治理中的政治领导力、思想引领力、群众组织力、社会号召力，善于把党的领导政治优势和中国特色社会主义制度优势转化为社会治理效能，推进中国式基层社会治理体系和治理能力现代化。在新时代"枫桥经验"的基层实践中，将党的领导政治优势转化为社会治理效能的具体表现有：一是把党的全面领导落到基层，探索建立健全基层治理党的领导体制，推动了党建工作与行业协会、社会组织、群众组织等领域党的建设深度融合；二是建立基层组织建设和人员发展、管理、考评、清理等制度，团结凝聚各方面基层治理主体力量，立足实际实事求是解决具体的社会现实问题，让党支部成为基层治理的"主心骨"，有效破解基层治理"碎片化"问题，持续推进治理体系完善和治理能力提升。因此，新时代"枫桥经验"决策体系的第一个鲜明特征就是将党的领导政治优势转化为社会治理效能。

二　适应时代情势变化活用群众路线

新时代"枫桥经验"是党的群众路线在新时代的具体表现，因而，新时代"枫桥经验"的决策体系也坚持和发展了群众路线的基本立场。习近平总书记曾指出："人民是历史的创造者，是决定党和国家前途命运的根本力量。必须坚持人民主体地位，坚持立党为公、执政为民，践行全心全意为人民服务的根本宗旨，把党的群众路线贯彻到治国理政全部活动之中，把人民对美好生活的向往作为奋斗目标，依靠人民创造历史伟业。"① 这就指明了中国式现代化建设需要依靠人民群众，需要以人民群众为主体。在新时代"枫桥经验"的决策体系中，村级监察议事会、清廉建设顾问团、政企亲清会、浣江亲清企业联盟促进会、"三上三下、民主治村"等队伍和制度的创设，都是诸暨根据新时代基层治理情势的转变而活用群众路线的生动体现。通过这些制度的创设，坚持走群众路线，广泛发动和紧紧依靠人民群众，发挥了广大人民群众的主体性、主观能动性，也有效地保障了人民群众的合法权益。人民群众既是社会治理的主体，也是社会治理的目的，其治理的路径方式应由人民选择。可以说，新时代"枫桥经验"的决策体系始终坚持和执行群众路线，"从群众中来，到群众中去"，充分发动和依靠群众，发挥人民群众的主体性、能动性和首创性，做到"决策从广大群众中来，决策服务于广大群众"，群策群力解决群众生产生活中出现的矛盾纠纷和风险隐患。

三 以化解问题、实现人民群众美好生活为目标

决策就是以问题解决为导向的。新时代"枫桥经验"的决策体系就是以实现人民群众对美好生活的追求为目标。"小事不出村、大事不出镇、矛盾不上交"是"枫桥经验"显著特点，因此，化解问题、实现人民群众的美好生活是新时代"枫桥经验"决策体系的最终任务。要实现"矛盾不上交"治理目标，关键在于解决矛盾纠纷和实际问题。无论时代如何变迁，社会主要矛盾变化如何导致基层社会问题发生相应变化，但新时代"枫桥经验"决策体系解决实际问题的根本任务并没有改变。诸暨基层党组织始终坚持问题导向、目标导向和结果导向，坚持担当作为，组织协调各方，充分发动群众，群防群治、抓早抓小，把问题解决在基层，组织广大干部群众深入基层开展矛盾排查化解，这体现了新时代"枫桥经验"决策体系在源头上和根本上预防化解矛盾。新时代"枫桥经验"决策体系，通过有效收集群众诉求、民主化与科学化决策及其监督保障机制，充分地将群众诉求吸纳进决策过程中来，并保障了政策制定和执行是为了解决基层群众的"急难愁盼"问题，有力推动了群众美好生活的

---

① 习近平：《决胜全面建成小康社会 夺取新时代中国特色社会主义伟大胜利——在中国共产党第十九次全国代表大会上的报告》，人民出版社2017年版，第21页。

实现。

四 全面从严治党贯穿决策全过程

全面从严治党提供了解决管党治党"宽松软"问题的方案,筑牢了党的执政根基,提升了党的治国理政能力。全面从严治党是实现全面建成小康社会的战略目标,落实全面深化改革、全面依法治国这两大战略举措的根本保障,也是当前解决基层社会矛盾的根本方向和思路遵循。可以说,全面从严治党既与"枫桥经验"的诞生发展紧密相关,同时又是坚持和发展好新时代"枫桥经验"的根本保障。就此而言,新时代"枫桥经验"决策体系的良好运行也需要全面从严治党来保证。从这个层面看,有两个方面的意义:一是决策过程中,全面从严治党,有利于党领导下制定的政策更加符合人民群众的诉求,更能真实反映人民群众的利益要求;二是政策制定出来之后,需要谁去落实,主体之一还是党员干部,全面从严治党,有助于规范基层公权力运行,进而保障党员干部在决策执行过程中不脱离群众,不偏离群众利益诉求,从而为实现人民群众的美好生活提供坚强保障。因此,全面从严治党需要贯穿新时代"枫桥经验"的决策乃至执行的全过程,进而为提升政策效能提供有力的制度保证。

第三节 新时代"枫桥经验"决策体系的典型实践

新时代"枫桥经验"决策体系已经在诸暨基层治理中得以实践,并取得了累累硕果,主要表现在经济发展、社会服务、乡村振兴、民生保障和廉洁文化等领域。

一 经济发展领域决策实践:精准护航营商环境助力高质量发展

经济发展是一切社会事业前进的基础与动力。进入中国特色社会主义新时代以来,诸暨将高质量发展建设共同富裕示范区诸暨范例为目标,丰富和发展了新时代"枫桥经验"决策体系的经济发展内涵。

近年来,诸暨深入贯彻习近平总书记关于营商环境的重要论述精神,严格落实浙江省营商环境优化提升"一号改革工程"大会部署要求,把监督保障优化营商环境作为重要政治任务,全力以赴通"堵点"、解"难点"、消"痛点",推动诸暨营商环境实现新跃升,获评浙江省内唯一"2023 浙商最佳投资城市"。

诸暨精准护航营商环境助力高质量发展的主要举措有以下三个方面。

(一) 厘清交往边界,构建既清又亲政商关系

坚持从制度机制层面明确政商交往"安全尺度",制定政商交往行为准则,倡导亲清企业联盟公约,健全政府涉企权责清单,推动形成清清爽爽的同志关系、规规矩矩的上下级关系、亲清统一的新型政商关系。这方面的决策措施有:一是制定政商交往清单。围绕政商交往定位,出台《关于构建新型政商关系的若干意见》,明确党委政府及其公职人员政商交往正面行为清单 7 项、负面行为清单 10 项,企业及企业经营者政商交往正面行为清单 6 项、负面行为清单 7 项,进一步厘清政商交往"为"与"不为"规则界限,规范政商交往"亲而有度""清而有为"双向行为。二是把准政商交往尺度。围绕企业正常交往,发布亲清企业联盟公约,列出政商交往十项行为规范,在不影响公正执行公务前提下,对到企业走访、检查、调研、服务的党政干部,企业可在食堂按公务接待标准安排工作餐;对上级或来诸调研考察、指导检查和洽谈项目的,企业可赠送宣传诸暨形象、企业形象的价值不高的文创产品,着力破解以往政商正常交往中"一管就死、一放就乱"难题,有效解决部分干部因把握不准与企业正常交往分寸而保"清"舍"亲"问题。三是规范政府权力运行。围绕"政务、法治、市场、经济生态、人文"五大营商环境,坚持"法定职责必须为、法无授权不可为"原则,督促推动各级各部门严格对照"三定"方案和法定职责,自我检视在涉企审批、执法、服务等环节中是否存在服务事项应纳未纳、层层转嫁,行政执法自我赋权、随意执法等问题;废止没有法律依据、部门自我赋权、增加企业群众负担的不合理规定,累计清理各市级机关部门(单位)规范性制度 115 件,坚决把权力关进制度"笼子"。

(二) 强化政商互动,激活既清又勤企业主体

坚持主动问需于企、问计于企、问效于企,引导企业注入"廉因子"、激发"廉动力",大力营造"企业敢干"浓厚氛围。主要决策措施有:一是主动搭台,摸清问题"真脉门"。2021 年 4 月,诸暨市面向大企业、规模企业打造了"政企亲清会",构建形成了"企业出题、部门答题、跟踪问效"服务闭环,助力企业稳健发展。每月开展"政企亲清会"活动,由市四套班子主要领导轮流主持,分管市领导和市级职能部门负责人全程参与,并邀请金融机构等单位协同指导,通过面对面交流,进一步了解掌握企业经营状况和难点堵点问题,同步征集对全市经济社会发展意见建议。2年多来,已先后举办政银企恳谈、企业上市推进、"双碳"经济等23期专场,对话企业家260余人次,办结企业创新能力提升、融资需求等方面问题建议330余个,为企业争取银行授信298亿元,持续助力全市营商环境优化。迭代升级"亲清企业联盟",搭建优化营商环境和亲清政商关系的志愿服务平台,支持市内企业家及致力于构建亲清政商关系、促进社会经济发展的社会人士自愿自发成立浣江亲清企业联盟促进会,建立会长、秘书长总牵头,副会长分别联系若干理事、会员以及行业协会的组织体系,围绕"金融、法律、工贸发展、乡村振兴、创业创新、社会事业"领域构建六大服务小组,定期下沉企业收集、上报营商环境有关意见建议、干部党性作风问题,推动形成常态长效服务机制。截至2023年5月,已收集上报各类意见建议和作风问题57个。

二是加强互动,构建解困"全链条"。建立"政企亲清会"问题建议闭环管理机制,对纳入清单管理的问题建议,在两个工作日内派发工作交办单,明确责任市领导、牵头单位和协同单位,并严格落实销号督办机制。截至目前,市领导已累计出席"政企亲清会"77人次,部门(镇街)主要负责人累计出席450余人次,问题建议100%认领,共下发交办单500余件。如为解决某民营教育集团公办教师回流问题,自交办之日起,编办、教体局、人社局等6个部门,历时3个多月,先后召开5次协调、论证会议,最终顺利解决。拓宽营商环境监督覆盖面,聘请21名浣江亲清企业联盟促进会理事担任营商环境特邀监督员,分行业、分区域收集信息问题,对营商环境进行"问诊把脉""挑刺揭短"。如2023年5月上旬,一营商环境特邀监督员向市纪委反映2020年引进的一高端康养类民宿项目能否加快推进的问题,经协调推动后,自然资源和规划部门靠前服务,开通"绿色通道",不到一周时间提前完成土地出让公告等工作,为项目更快落地提供高效便捷服务。拓宽纪检监察机关与企业信息互通渠道,出台《纪检监察机关加强与浣江亲清企业联盟促进会沟通协调的暂行办法》,建立"月度信息收集、季度座谈、半年评议、联系协作、协调解决"五项沟通协调机制,细化沟通协调、调处反馈五大责任网格,由市纪委监委各联系监督检查室牵头,统筹片区监督力量,严肃查处破坏政商关系、损害营商环境的党性作风问题,助力企业家放心投资、安心经营、专心创业。截至目前,累计运用"第一种形态"处置党员干部5人。

三是以廉赋能,打造清廉"共同体"。坚持"有阵地可看、有经验可学、有亮点可晒、有特色可借鉴、有制度可推广"定位,聚焦珍珠、铜加工、装备制造、环保新能源等不同产业,深挖特色亮点,丰富培育内涵,分类培育清廉民企建设示范点,持续提升清廉民企颗粒饱满度,以点上突破撬动面上提升,推动清廉民企建设全域推进、全面共进。截至目前,累计培育海亮集团、华纬科技等清廉民企示范点16个,其中4家企业成功入围省民营企业社会责任100家领先企业。

(三)打造硬核监督,规范既清又廉政府行为

坚持"项目化""小切口"理念,抓重点盯关键,全覆盖严整治,点线面结合强化跟进监督、精准监督,确保优化营商环境各项政策落实落细落到位,持续擦亮"有求必应、无事不扰"的诸暨名片。主要决策措施有:一是坚持点上突破,把"纯正风气"摆在首位。牢固树立"人人都是作风代表,人人都是营商环境"理念,紧盯基层执法队伍助企服务落实、涉企改革推进、自由裁量权行使等重点领域、关键环节,对基层站所履职情况开展"基层执法队伍履职尽责,打通优化营商环境'最后一公里'"专项监督,深挖"小线索"背后干部作风"大问题",严肃查处不担当、不作为、乱作为等损害营商环境的违纪违法行为。如2022年以来,诸暨市纪委持续开展工程渣土领域腐败问题专项整治,深挖彻查乱象背后党性作风问题,严肃查处镇街多名监管人员腐败问题,运用"四种形态"处置公职人员10人,给予党纪政务处分3人,留置并移送检察机关3人。二是坚持线上贯通,把"保障公平"贯穿始终。秉持"法治是最好的营商环境"理念,紧盯"执行难"这一企业群众重点关注的痛点难点,紧盯"护商"是否有力、"助商"是否出力、"暖商"是否尽力、"坏商"问题纠治四方面重点,对法院工作开展"执路廉行,司法公正'最后一公里'"专项监督,坚决纠治以权谋私、滥用职权、侵害企业合法权益等问题,助推打造稳定公正透明、可预期的法治化营商环境。三是坚持面上拓展,把"优化服务"落到实处。坚持"只设路标、不设路障",紧盯服务供给、政策落地等监督重点，充分发挥派驻纪检监察组"嵌入式""沉浸式"监督作用，持续开展优化营商环境跟进监督，助力变"企业找政策"为"政策找企业"，督促推动发改、经信等职能部门提前出台"1+9"惠企政策体系，累计优化调整惠企政策241项，兑现政策资金6.03亿元，惠及各类企业2800余家，兑现率达93.92%，以高效集成的政策供给坚定企业发展信心；推动财政等职能部门深化"政采贷"助企融资服务，累计为全市中小企业授信贷款融资344笔、放款339笔，授信金额3002.34万元、放款金额1413.34万元，有效缓解企业融资难等"急难愁盼"问题。

二 社会服务领域决策实践：助力精准服务群众与提升基层教育环境

在社会服务方面，诸暨努力提升民生融合服务决策水平，健全完善公共服务共享机制，推动文化、教育、医疗、社保等多领域跨区域合作，创设生活同城、服务同质的一体化场景。诸暨社会服务决策指向两个目标：一是公共服务优质，打造共建共享展示区；二是社会和谐和睦，打造县域治理标杆区。

案例1：诸暨创新爱心食堂长效体系探索文明共富实践路径

办好老年食堂是"老有康养"的重要内容之一。2003年4月12日，时任浙江省委书记的习近平同志赴杭州翠苑一区调研时就专门提出，"要给老年人办个食堂，解决他们的就餐难问题"。如何破解老年人"舌尖上的养老""精神上的匮乏"等现实难题，如何让老年人"吃饭有着落、养老不出村"，诸暨创新发展新时代"枫桥经验"，构建爱心食堂服务体系，建设集助餐便民、文明实践、基层治理于一体的"一站式"服务体，以德治之为激发基层善治活力，探索文明共富实践路径。目前，爱心食堂累计建成216家，为318个村（社区）的12000余名老人提供日常助餐服务。现已形成三大特色。

（一）突出优质优享，构建建设运营"闭环链"

一是按照"1个中央厨房+N个助餐点"一体设计、一体建设，在中心村社建设集中制餐、分散配送的"中央厨房"，在自然村设置"助餐点"，将供餐服务辐射到每家每户，形成"15分钟就餐服务圈"。目前，爱心食堂助餐范围已覆盖全市64.6%的村社，预计2023年年底覆盖率将超75%。二是以"市主导、镇主推、村主抓、群众主力"为路径，健全机制规范运行。市级出台建设实施意见、运营管理细则，镇村具体落实推进。组建"管家—理事—监事"运营团队，规范财务收支账、就餐登记账、社会捐赠账、志愿服务账"四本账"，实行村民微信群、村务公开栏、村民大会"三公开"。三是线上建立爱心食堂监管模块，实现实时监管。线下按照食品安全技术标准定期检查、跟踪反馈、培训整改，压实全程监管链条。同时，办齐场所险、志愿意外险、餐饮许可证等"两险一证"，守住安全底线。

（二）突出常态长效，撬动社会资金"源头水"

一是畅通"五个一点"筹资渠道。推行"个人出一点、政府补一点、基金捐一点、志愿帮一点、经营筹一点"运营模式。规范个人收费，出台全市指导价，按照年龄实施梯次收费标准。强化政府支撑，统筹5000万居家养老专项经费，给予一次性建设和运营奖补经费。组建志愿队伍、集成爱心资源，帮助减轻运行压力。"爱心食堂"自身探索市场经营模式，创收增收，同时利用村级关爱基金作为兜底保障。二是发挥"爱心力量"集聚效应。发展爱心厨师、爱心送餐员等志愿队伍参与食堂运营。创设爱心菜地、爱心鱼塘等载体，有效减少采购成本。如枫桥镇杜黄新村开设爱心菜篮、"红色米仓"，接收农户捐赠的蔬菜、大米等。三是创新"1+X"经营模式。在保障老人用餐这"1"个固定服务的基础上，利用资源、产业、社群等优势，推出游客餐、特色餐等市场化服务，增强自我造血能力。

（三）突出化人育人，打造文明高地"风景线"

一是公益力量融合，以"小志愿"传递"大温暖"。创新"共享五福"助老服务，集成市镇村三级志愿力量。市级主动下沉开展健康义诊、光影点心等"专家式"送福，镇村邻里互助开展便民服务、传统节庆、集体生日等"走亲式"送福，如餐饮协会百余位大厨每季为老人奉上诸暨老味道，摄影家协会为千余位老人留下幸福光影。深化智慧助老，在浙里办暖老"E"家人应用上线"共享五福"功能，线上发布各类团队招募、需求征集、活动组织等信息。二是文明实践融合，以"小阵地"培育"大文明"。在爱心食堂增设医疗室、阅览室、健身室等场所，打造集文化、娱乐、便民于一体的文明实践点。坚持价值引领、思想引导，开展

"一起学习"等理论宣讲,推动党的创新理论"飞入寻常百姓家"。聚焦"浙江有礼"文明新实践,开设"有礼讲堂",开展"垃圾不落地、聚餐用公筷"等有礼实践活动,推动文明好习惯成为日常。三是基层治理融合,以"小切口"实现"大牵引"。聚焦"建管用育"全过程,把爱心食堂与基层党建、文明实践、居家养老等工作相互联动、相互促进,积极回应群众关切,化解村民矛盾,解决实际问题。目前,全市利用爱心食堂推动村民参与村级议事协商108起,减办红白酒席150余场,化解群众矛盾纠纷82起。

在爱心食堂与基层治理融合方面,比较典型的是诸暨市东和乡创新"干部陪送餐"制度助力精准服务群众。诸暨市东和乡坚持基层治理和民生服务相融合,建立爱心食堂"干部陪送餐"制度,进一步增进干群交流,收集民情民需,协调化解矛盾纠纷,补齐治理短板。

一是走近群众领取诉求。创新访民情、听民意渠道,以"爱心食堂"为主阵地,制定村社两委干部、机关干部"爱心食堂"网格责任图,定时定点对网格内高龄、空巢、独居老人等特殊群体开展"上门送餐""食堂陪餐"服务,同时收集"民情收集、民生诉求、监督巡查、安全生产"四个方面信息,填写"陪送餐"日记,做到问题"颗粒归仓"。截至2023年5月,已开展陪送餐52次,服务群众280余人次,收集民情诉求150余条,发现并解决安全生产问题56个。

二是下沉网格解决问题。发挥网格作用,落实矛盾化解、问题解决,对通过"陪送餐"收集到的信息、问题,统一反馈到"干部陪送餐"专项工作领导小组,再由领导小组下派到相应网格,督促网格内网格长、专职网格员、兼职网格员、驻村指导员、调解员等力量各司其职,形成工作合力,齐抓共管协调解决。截至目前,已化解矛盾纠纷19件,整改落实问题15个,群众满意度达96%。

三是督查考核提升实效。强化监督分析,"干部陪送餐"专项工作领导小组定期召开专题调研分析会,及时查补工作短板,通过抽查"陪送餐"日记记录情况、询问陪送餐对象体验感受等方式,定期督查"干部陪送餐"制度落实情况。截至2023年5月,已召开专题调研分析会3次,开展专项督查3次,查纠问题14个,整理挖掘优秀食堂版"民情日记"8篇。强化考核问效,将"干部陪送餐"制度纳入机关干部日常考核,建立常督常考机制，推动"陪送餐"工作常态长效。

案例 2：诸暨市教体局落实"三件事"提升基层教育环境

诸暨市教体局坚持问题导向，聚焦教育发展堵点"领题"，对症群众需求"破题"，立足"三件实事"全力"解题"，不断提高人民群众对教育事业的满意度和获得感。

一是做好校内课后服务，解决家长后顾之忧。完善课后服务制度，引导优质资源进校园，遴选准入资质齐全、质量高、信誉度好的机构提供课后服务，已选聘艺术、体育、科技等非学科类优质师资 237 人，开设拓展性课程 250 余门，受益中小学生超 3 万人。建立校外资源评估退出机制，成立课后服务督查小组，不定期开展数据核查、实地调研、推门听课、走访座谈，发现并督促整改问题 15 个，调整机构 4 家师资 7 人，课后服务家长总体满意率达 98.64%。

二是做好校外培训治理，持续优化教育生态。拓展"枫桥经验"网格化管理，将校外培训机构治理纳入"基层四平台"，整合 1537 名学校网格员纳入 23 个镇乡（街道）515 个村社辖区，实现监督触角直抵校外培训治理"神经末梢"。加大对学科类违规培训整治力度，联合综合行政执法、市场监管等部门制定《校外培训监管行政执法工作实施方案》，强化执法协同，推进综合执法，确保问题及时移送、有效查处。截至目前，已开展联合执法 12 次，查处违规培训案件 20 起，公开曝光违规开展学科类培训行为 18 起。

三是做好外来学子就学，持续促进教育公平。全面落实外来建设者随迁子女教育"两纳入、两为主"政策要求，制定了《2023 年诸暨市义务教育学校招生入学工作实施方案》（诸教体〔2023〕45 号），明确"落实以居住证为主要依据的外来建设者随迁子女义务教育入学同城化待遇，确保合法持有居住证的外来建设者随迁子女应入尽入"，降低入学门槛、简化入学手续，依法保障符合条件的随迁子女 100% 在公办学校就读。同时，对高层次人才子女教育实行优先保障，制定了《关于提升教育服务优化营商环境的若干意见》（诸教体〔2023〕82 号），对义务教育随迁子女、规（限）上企业就业的员工子女、招商引资企业高管子女、政策性安置对象子女入学条件作了优化明确，开辟人才子女入学"绿色通道"，切实提升人才服务质效，为留住人才优化营商环境提供动力。截至目前，外来建设者随迁子女就读人数达 26654 人。

三　乡村振兴领域决策实践：放大直播经济和"村 BA"的虹吸效应

乡村振兴是一项国家战略，诸暨秉承习近平总书记所倡导的"千万工程"以及"绿水青山就是金山银山"的绿色发展理念，改善农村生态环境，发展农村经济，提高农民生活质量，走出了独具特色的乡村振兴之路。诸暨乡村振兴的决策目标指向有两个方面：一方面，扎实推进以县城为重要载体的城镇化建设试点，深化推进 86 个和美乡村和 8 个省级未来乡村创建，做到串点成线、连线成片，形成美美与共、宜居宜业的美丽风景；另一方面，以"全域共富"为目标，把共同富裕作为融合推进新时代"枫桥经验"与"千万工程"的首要目标，更加突出以城带乡、城乡联动、共建共享，建立健全促进城乡融合发展体制机制和政策体系，努力实现乡村产业提档、集体经济扩容。

案例 1：诸暨市山下湖镇以直播创造小珍珠大产业

从 1972 年投下第一个珠蚌，山下湖珍珠已熠熠生辉了 51 年。这个人口不足 3 万人的小镇，现在是中国最大的淡水珍珠养殖、加工、交易、研发基地，其淡水珍珠年交易量占全国的 80%，占全球的 70%，被国务院发展研究中心命名为"中国珍珠之都"。

在互联网大潮中，新时代的诸暨珠商们站在互联网的风口上，推开新世界的大门，创造着令人瞠目的财富神话。可以说，"珠光宝气"的山下湖正在开启一个全新的数字时代。

珍珠经营者的转型得益于政府助推。为顺应新经济、新业态、新模式的发展导向，山下湖镇政府大力发展网红直播、跨境电商等销售新模式，致力于打造全国最大数字珠宝交易平台基地。截至目前，山下湖镇华东国际珠宝城已与淘宝、抖音、快手、阿里拍卖、拼多多 5 个平台正式建立深入合作，总入驻商家数超过 3000 家，与微拍堂、腾讯直播等也有着合作关系。山下湖镇利用签约平台方的资源优势，帮助商家从直播场地、货品供应、流量扶持、专业培训等多方面赋能，助推珍珠产业的数字化转型升级。

目前，山下湖的网红直播销售已形成电商销售、产品检测、物流配送等一体化全链条服务模式，以华东国际珠宝城内的抖音 live 直播基地为例，该基地入驻商家达2000余家，为规范直播带货、保持良性竞争，基地引入了包括国检和省检在内的多家权威性检测机构。目前，基地日均检测量达5万件以上，日均发货量达5万件以上。如今，小小的集镇上拥有两个抖音直播基地，主播人数超过3000人，珍珠行业从业人数更是超过25000名。

2022年度，山下湖珍珠逆势而上，产销额超400亿元，其中直播销售额为250多亿元，产销年增量达15%。2023年珍珠线上销售稳步提升。其中，珠宝城直播基地单日最高销售额达5000万元，单月最高销售额突破1.5亿元；通过和网红合作直播带货，最高单场销售额突破3000万元。2023年1—5月，诸暨珍珠线上总销售额达107.2亿元，同比增长28.3%。

此外，珍珠产业还搭上了新时代数字化快车，近年来诸暨市相继出台《加快推进珍珠养殖转型升级实施方案》《诸暨市珍珠产业数字化转型专项行动计划（2019—2021年）》，涉及珍珠养殖、珍珠服务、珍珠销售方方面面，从珠到宝从此开启了华丽崭新的篇章。

案例2：诸暨市"村BA"凝聚力量促发展

诸暨人爱篮球、懂篮球，早就名声在外。篮球，已然成为诸暨的全民运动，备受追捧。早在20世纪初，诸暨一些学校就开始推广篮球运动，到了50年代，篮球运动已经在这个江南水乡普及开来，乡村篮球赛事成为不少村节日里不可缺少的活动。2000年，诸暨市被命名为首批全国篮球城市。2011年，诸暨便以拥有2232个标准篮球场，被上海基尼斯认定为全国"拥有标准篮球场最多的县级市"。在诸暨，"村BA"不仅是一项备受村民热爱的体育赛事，更凝聚着全村人的力量。

市融媒体中心（传媒集团）承办的2023诸暨"农商银行杯"首届和美乡村篮球联赛（以下简称诸暨"村BA"），是诸暨历史上赛期最长、场次最多、辐射最广、影响最深远的一次全民篮球赛事。这次"村BA"是在700多场乡村篮球比赛基础上进行的，展现出各镇街、行政村文体生活风采和乡镇篮球竞技水平，助力美丽浙江和健康浙江建设，展示了诸暨人民精神富有的成果。可以说，诸暨市"村BA"不只是一场带动全民狂欢的篮球赛，还折射出了地域特色产业发展，打开了社会治理新格局，反映了乡村振兴新面貌，打响了篮球城市品牌，对地方经济社会发展产生了积极深远的影响。主要表现为以下三点。

一是推动了产业发展。诸暨"村BA"成了推动产业发展、乡村振兴的新引擎。2023年5月1日起，同安华镇悦朗新天地广场篮球场上比赛一样热闹的是安华镇夜经济消费。据统计，比赛期间，安华镇营业至凌晨两点之后的夜宵店超150家，带动创业就业3000人。平时日均客流近3万人次，户均收入达35万元以上，"村BA"比赛期间实现了翻倍增长。同山镇同山烧销量也出现了大幅增长。东白湖镇几家平时晚上不经营夜宵的饭店，球赛期间也灯火璀璨。

二是助推社会治理。篮球团结力量，村民之间、村社之间、干群之间因打球而更加融洽，乡情更加浓郁。球员们有从杭州驱车赶来的，也有从广东等外省乘机赶来的。参赛球队总共超过1000名大学生，带着"为村争光"的使命上场。通过这次篮球赛，邻里之间的交往交流大大增加了，大唐杭金七村一村民与另一村民因矛盾已有十多年不讲话，这次球场相遇，不仅化了心结，又成了朋友，该村还准备全村筹资新建室内篮球场。诸暨电网特高压建设项目的顺利进行，就与国网诸暨供电公司和道林山村的一场篮球友谊赛有着很大关系。项目在前期准备过程中面临巨大难题，根据规划，建设变电所需要迁移该片土地内的多座坟墓，对村民来说，这是大事，许多人不答应。但一场球赛过后，大家便都是兄弟，有困难就一句话的事，难题解了，这项大工程顺利推进。从此，双方的篮球友谊赛成了一项固定赛事。

三是深化了文明实践。在赛事承办方的策划推动下，应店街镇"村BA"冠军大马坞村队把镇里奖励的3万元无偿捐给了村关爱基金。牌头镇新升村代表队将奖励冠军的5万元奖金捐给爱心食堂。大唐街道杭金七村、陶朱街道城山社区等球队都将奖金用于公益事业，同山镇边村30余位乡贤将自发组织认捐"500斤冠军酒"的10万元汇入村关爱基金；诸暨"村BA"总决赛14万元门票全数捐赠市文明实践基金。据不完全统计，整个比赛期间总捐赠额50多万元，为诸暨文明篮球播下了种子。

"村BA"不仅是一场篮球赛，更是一个窗口。《人民日报》、新华社、中央电视台、中新社、《中国日报》、《体坛报》、《浙江日报》、浙江卫视、浙江之声等十多家省级及中央媒体都关注诸暨"村BA"，《浙江日报》潮新闻客户端记者甚至蹲点诸暨，连续推出了26篇报道。潮新闻客户端、中国蓝新闻客户端和浙江短视频联盟中的 48 家省内县级融媒体中心客户端对总决赛进行了联动直播,中央电视台总台记者从北京赶来报道赛事。国际传播方面,《中国日报》推出英文通讯报道"Harmony through hoops",潮新闻推送的《乡土篮球,这是你所不知道的"村 BA"!》等多篇报道被《美国侨报》、《欧洲时报》、澳大利亚华厦传媒等海外媒体、新媒体平台转载。从开幕战姚明发来祝福视频引爆网络,到总决赛期间,赵继伟、赵睿、朱俊龙、杜峰等十几位 CBA 著名球员相继发来视频助威,充分发挥了诸暨与 CBA 联系紧密的独特优势,起到了很好的引流作用,也显示了诸暨"村 BA"的与众不同。"村 BA"的出圈,也让更多人走进乡村,进一步推动乡村经济社会发展。当前在诸暨,"多一个球场,少一张麻将桌;多看名角,少些口角"业已成为日常。正如"村 BA"的全称——"和美乡村篮球联赛",篮球促"和美",体育也成为诸暨乡村基层治理的一种新型润滑剂。

应该说,诸暨篮球的不断发展,凝聚了农民力量、激活了村庄经营、唤醒了沉睡资源、重塑了乡村功能。这是诸暨村民"物质富裕＋精神富有"的一个生活侧面,更是"千万工程"打造万千美丽乡村的一幅生动图景。"村 BA"展现的是村民对美好生活的向往,也是乡村振兴这盘大棋的走向。

四 民生保障领域决策实践:打造劳动关系和谐地

诸暨坚持"一切发展依靠人民,一切发展为了人民",以习近平新时代中国特色社会主义思想为指导,以满足人民日益增长的美好生活需要为根本目的,聚焦"改革引领、服务发展、保障民生"工作主线,更加注重服务经济转型升级,更加注重增进民生福祉,更加注重促进社会和谐,更加注重促进人的全面发展,全力打造诸暨民生保障事业发展新优势,争做全面开启社会主义现代化建设新征程的排头兵,在民生保障工作中体现诸暨担当、贡献诸暨样本、展现诸暨风采。

诸暨民生保障决策的目标指向是:到 2025 年推进诸暨市民生保障事业现代化,将诸暨打造成为社会保障体系建设示范地、劳动关系和谐地、数字化改革创新先行地。

在促进劳动关系和谐方面,诸暨充分发挥"枫桥经验"的创新发展成果，注重源头预防，加强社会治理，维护社会稳定。发展路径有以下三种：一是构筑劳动关系新格局，营造良好用工环境，加大劳动关系领域普法力度，重点提高农民工劳动合同签订率和履行质量，抓好欠薪重点领域治理；二是建设企业—工会—职工劳动关系治理共同体，积极推进工资集体协商；三是强化基层劳动人事争议调解组织建设，加强劳动保障监察机构队伍建设和执法规范化建设。

依托"枫桥经验"，打造劳动关系和谐地的具体决策措施有以下三个。

（一）打造"根治欠薪"示范市

一是深化巩固"无欠薪"城市创建成果，积极创建"根治欠薪"示范区，形成防治欠薪长效机制，建立规范有序、公正合理、互利共赢、和谐稳定的劳动关系；二是健全劳动关系三方协调机制，充分发挥政府、工会和企业代表组织共同研究解决有关劳动关系重大问题的重要作用，加强劳动关系形势分析和监测预警，完善集体协调和应急处置机制；三是推动行业性协调劳动关系三方组织建设，指导工业园区、镇乡（街道）建立三方机制，加快形成构建和谐劳动关系的工作合力；四是紧盯建设工程、低小散企业等欠薪重点领域，探索工资纠纷维权新机制，全力推进全链条治理。

重点举措有：一是对照省根治欠薪办提出的"敞开门、随便查"标准，健全完善在建工程项目动态数据库，实现在建工程项目规范执行"六项制度"全覆盖，共同治理建筑工程领域欠薪顽疾。二是以《保障农民工工资支付条例》实施为契机，聚焦工程建设领域治欠保支工作，全面排查在建工程项目工资发放情况，横向联合住建、交通、水利等部门开展专项执法检查，纵向推进市、镇乡两级劳动保障监察机构联动执法，坚决遏制欠薪多发态势，保障农民工工资按时足额支付。三是从源头预防和化解欠薪问题，全面构建劳动保障诚信体系。强化信用监管，定期向社会公布重大劳动保障违法行为，将严重拖欠农民工工资的企业列入"黑名单"，实施多部门联合惩戒，进一步警示和震慑企业劳动用工违法行为，形成一处违法、处处受限的格局，深化根治欠薪长效机制。

（二）探索智慧仲裁"一件事"

一是健全劳动人事争议多元处理机制，持续发挥基层劳动人事争议调解中心化解纠纷作用；二是充分发挥案件质量信息化监测作用，开展仲裁案件质量评查活动；三是进一步加强镇街调解组织规范化建设；四是高效有序运行劳动人事争议速裁庭，上线网络仲裁庭，指导店口、枫桥创建第二批省级示范仲裁庭，配合多元调解机制体系，全面构建"零距离、零障碍"的维权通道；五是探索"护薪通渠"数字化改革项目，开展工资维权案件受理端、转办端、执行端、闭合端四端建设，通过全链条无缝对接、全流程贯穿调解、全过程形成闭环，将"护薪通渠"打造成全链式纠纷化解样板。

（三）实施信访维稳和应急处置全覆盖

一是依法开展劳动保障监察执法；二是组织开展重点领域、重点群体、重点问题、重点人员信访矛盾攻坚化解，着力把矛盾解决在基层、稳控在属地；三是优化信访事项办理工作机制，推进法定途径分类处理信访诉求标准化建设；四是健全应急指挥、联动处置、舆论引导一体化应急处置机制，做好防范化解重大风险工作；五是加强与公安、司法、交通、银行等部门的联系，及时交换信息，坚决处理一批触碰红线的企业，打击一批恶意讨薪的行为，努力让劳动者无后顾之忧，让企业主无纠纷之扰。

五 廉洁文化领域决策实践：传承与创新廉洁文化

治理必治权，治权必监督，要传承发扬新时代"枫桥经验"，必须把监督融入基层治理全过程、抓实基层纪检监察工作，破解小微权力监督乏力、监督执纪方式单一、基层政治生态难以精准评估等痼疾，做到监督于信访问题未发之时、监督于基层矛盾微末之处。清廉既是干部的生命线，某种程度上来讲也是发展的基准线。新时代"枫桥经验"中廉洁文化决策体现了党基层组织自我革命的魄力，也是推进基层治理体系与治理能力现代化的重要保障。

诸暨廉洁文化决策指向是涵养"清廉诸暨"，提升自我革新力，以永远在路上的政治自觉纵深推进全面从严治党，着力打造基层清廉建设示范区。

近年来，诸暨认真贯彻落实习近平总书记关于廉洁文化建设的重要论述精神，深入挖掘当地"不要人夸颜色好，只留清气满乾坤"的清廉传统文化底蕴，一体推进廉洁文化建设机制变革，创新廉洁文化教育宣传模式，打造了一条传承与创新并重、治理与预防兼顾、线上与线下融合的新时代清风廉路，推动清廉建设根基不断坚实、"防"的堤坝持续巩固、共富成果日益显现。主要决策举措有以下三个方面。

（一）坚持传承与创新并重，打造廉洁文化活化通道

从优化廉洁文化产品和服务供给出发，深度挖掘本地历史、人文及山水资源中的廉洁元素，推动互融互通、走深走实。主要方法有：一是创新"廉思想"提炼模式。深入挖掘市域内五泄、白塔湖等自然景观蕴含的廉洁要素，全新打造新时代清风廉路教育基地，加强对勾践、王冕等历代先贤，张秋人、俞秀松等革命先烈和金岳霖、冯契等哲学大家廉洁踪迹探寻，总结提炼本土人文资源中的"廉思想"，系统展陈古圣先贤、清官廉吏的嘉言懿行。此外，还通过在枫桥学院（市委党校）建立"新时代清风廉路实践教育中心"，在枫桥陈列馆打造"哲学中国·诸暨高地"展示馆等来进一步宣扬"廉思想"。二是集成"廉要素"特色路线。近年来，在诸暨市纪委监委、市委宣传部的统一部署和统筹推进下，全市23个镇街立足本地优秀人文资源，打造了44个廉洁教育点位。在此基础上，紧扣红色文化、清官典范、人文哲学等核心要素，以枫桥学院为中心，集成红馆、廉馆、哲学馆等5大平台，将全市44个廉洁教育点位打造成了秀松长青、胆剑精神、浣江清流、哲源绵长4条专线，形成覆盖全域、主题鲜明的新时代清风廉路。三是构建"廉文化"共建格局。将廉洁文化建设作为评价各级党委履行全面从严治党主体责任的重要依据，督促市级各职能部门、乡镇（街道）、村（社区）党组织三级联动齐抓共建，引导社会力量参与，构建共建共享的清廉建设大格局。比如，组建廉洁文化建设智库，汇聚28位文史专家和清廉建设顾问团成员，共同参与本土廉洁文化资源挖掘和廉洁文化活动组织工作。例如，璜山镇党委在智库成员的协助下，结合金萧支队的故事，创作了全新的小品在全镇巡演。

（二）坚持治理与预防兼顾，构建廉洁教育立体矩阵

从理想信念、工作作风、为民情怀、道德操守等不同维度，创新轻量化、个性化的廉洁教育方式，筑牢党员干部崇廉守廉思想根基。主要举措有：一是健全常态化理论教育机制。将习近平总书记关于党风廉政建设、廉洁文化建设的重要论述列入市级机关部门和乡镇（街道）党委（党组）理论学习中心组年度学习计划，纳入市委党校教育培训重要内容，并综合考量全市红廉展馆，择优吸取不同主题的点位作为各主体班次"第二课堂"，以沉浸式、体验式等创新方式，活化教育供给类型，提升教育实际效果。与此同时，充分吸收本土优秀文化进行廉洁元素的融入，比如将清廉与非遗结合，推出西路乱弹清廉曲目，打造"一镇一品"廉旅研学线路，在丰富廉洁文化教育形式的同时，也激活了一方文旅资源。二是创新针对性警示教育机制。推进廉洁教育精准化、轻量化，从群体性普适教育向个体性针对教育转变，从一般性泛泛而谈向特定岗位预警提醒转变，进一步筑牢党员干部防腐拒变防线。例如，2022年，诸暨市纪委监委在智库成员的大力支持下，创作了"漫画说纪"。为提升警示教育的针对性，分层级选取了典型案例，针对权重部门工作人员重点警示权力任性带来的后果，制作了"靠权力发财 进监狱活该"的漫画；针对基层站所部门重点警示推诿扯皮必受处理等情况，制作了"尸位素餐 饭碗难端"的漫画，着力纠治多做多错、少做少错、不做不错的"三错观念"。三是完善多领域崇廉教育机制。积极铲除"笑贫不笑贪""有关系好办事"等腐败亚文化滋生土壤，通过纪检干部警示教育宣讲、微信公众号定期推送以案说纪典型案例等形式，推动廉洁文化进机关、进企业、进学校、进医院、进村居、进家庭、进景区。建立正向信息共享联络机制，联合多个职能部门常态化收集推选各领域清廉先进典型事迹，打造"清廉百哲联盟"，引导全社会树立自觉抵制歪风邪气、人人崇廉向善的正能量氛围，共同推动形成扶正祛邪、激浊扬清的强大声势。在本地主流媒体和网络平台开辟"天天向上"视频专栏，征集发生在群众身边的见义勇为、助人为乐、敬业奉献等好人好事，累计推送短视频26期、深度报道6期，其中"93岁金萧老战士不改赤诚之心，捐资20万元反哺诸暨革命老区"的短视频被新华网等主流媒体转载，点击量超过3000万。在扩大教育覆盖面的同时，也注重教育方式的区分，如面向党员干部家庭朋友圈以适时家访、定期谈话、节点提醒等方式实施助廉崇廉教育；面向村社则开展群众接受度高的清廉剧目下乡巡演等活动；面向企业界全新创设"亲清企业联盟促进会"，制定"亲清企业联盟公约"，有效规范政企交往界限；面向青年群体组织开展清廉主题微视频创作大赛等活动，根据真实案例拍摄《最好的孝顺》教育片，全方位营造崇廉拒腐浓厚氛围和向上向善社会环境。

（三）坚持线上与线下融合，畅通廉洁资源转化机制

借力数字化改革对资源推广的有效推动，2022年，诸暨创新打造了

"新时代清风廉路"应用场景,着力破解廉洁文化资源利用率不高、廉洁活动缺乏系统性等问题,有力促进"廉、文、旅"深度融合,探索出了一条廉洁文化助推共同富裕新路径。

2022年8月29日,"浙里办"微信小程序正式上线,该程序一经上线就得到市内外党员干部和群众的高度关注,运行半年多时间,注册用户量就超过16万,点击量超57万。2022年12月22日,"新时代清风廉路诸暨篇"应用发布会暨"走廉路·助共富"推广活动在东和乡举行,包括新华社、新华网、中新网等央级媒体在内的50多家媒体对活动进行了报道,得到了上级领导、有关社会团体代表的一致认可。

目前,该应用已实现三个目标:一是全场景集成展示。整合廉洁文商旅资源,上线诸暨清风廉路云地图,全面展示四条主题廉路、44个廉洁教育点位,并提供搜索及智能推荐廉学线路功能,支持参观者一键分享、一键导航、一键打卡。集成"走廉路""看廉馆""观廉戏""赏廉文""品廉文"等教育服务,开发场点介绍、观戏预约、打卡评论等功能,推动实现以学促游、以游促业的良性循环。二是全贯通以廉促富。打通线上积分、线下消费渠道,参观者可线上参与党纪法规学习、廉洁知识问答、廉戏观看、廉文阅读、廉诗品鉴,线下扫码签到、拍照分享、评价推介,获取相应积分并兑换为消费优惠券后,可在全市餐饮、民宿、农产品等超百家的"清风联盟"定点商家消费。应用上线以来,清风廉路拉动餐饮、住宿、特色农产品消费1600余万元,成为助推共同富裕、乡村振兴的重要载体。三是全闭环问题整改。开辟廉洁体验互动评价与意见反馈通道,全天候采集分析清风廉路场馆信息,受理参观者评价、建议及投诉,并实时派单处置投诉问题,督促责任单位针对性开展优化提升,打造"采集—派单—处置—反馈"闭环。截至目前,已收集意见建议85条,已落实整改点位布局不够合理、廉洁元素不够浓厚、表现形式不够生动等9个反映集中的问题。

第五章

健全工作体系，提升联动协同力

静态制度在实践中有效运作并转化为治理效能离不开各种配套工作机制，保障主体机制的贯彻落实以推进工作的长期发展。此外，工作机制的落实能够解决基层治理中的挑战和问题，健全完善基层治理制度体系。当权利义务或者责任出现交叉的时候，协调机制主要解决部门之间的协作协同问题，比如，社区党建、企业化共建等群众路线工作机制将党员力量统筹起来并发挥作用。坚持和发展新时代"枫桥经验"，需要进一步深化工作理念、拓展工作领域、创新工作方式、完善工作机制，通过健全现有领导机制、协调机制、督查机制和问责机制，推动形成上下贯通、部门协同、执行有力、高效运转的工作体系。

第一节 新时代"枫桥经验"工作体系的理论内涵

新时代"枫桥经验"工作体系的理论内涵体现在政治性、人民性、实践性以及时代性四个方面，具体就是要充分发挥党的政治优势，坚持人民的立场、主体地位和首创精神，坚持工作体系的实践性探索和创造性发展，不断创新工作体系和方式方法。

一 充分发挥党的政治优势

作为中国式现代化的领导核心，中国共产党具有强大的组织整合能力，通过政治吸纳将多元治理要素整合进特定的治理场域，从而推动联动共治。① 新时代"枫桥经验"核心内涵是党的全面领导，在贯彻党的路线、方针、政策的过程中不断创新制度机制，所以，"枫桥经验"的政治性是制度机制创新的保证。新时代"枫桥经验"充分发挥了基层党组织的政治功能和组织优势，全面整合各部门资源和社会力量，以组织引领实现有效治理的强大合力，解决了基层社会治理的职能分割、力量分散、动力不足的问题。"枫桥经验"在实践过程中，就是建立了"党委抓总、部门协同、镇村联动"的工作体系，落实了党政干部责任制、党员下乡担任工作指导员、党建进企业、干部驻工厂、创新产业行业党建形式等一系列行之有效的工作机制和办法，② 确保了党员在乡镇农村治理中始终发挥核心骨干作用。

二 坚持人民的立场、主体地位和首创精神

坚持和发展"枫桥经验"需要根据时代的发展和变化，创新群众工作方法。从之前的社会管制阶段到社会管理阶段再到如今的社会治理阶段，"枫桥经验"都是党组织在坚持群众路线的过程中协调各种因素来解决基层实际问题的工作机制。20 世纪 60 年代，枫桥人民在将"四类分子"改造为社会主义新人的过程中充分运用民主说理和民主监督的方式。改革开放时期，枫桥人民通过民主管理社区事务、自发组织治安小组的方式实现社区的和谐稳定。由于不断适应社会不同发展阶段的需求，在实践中尊重和维护民众的实际利益并发挥人民群众的首创精神，"枫桥经验"始终保持活力并逐渐发展创新为新时代"枫桥经验"，其理论内涵不断丰富。基层社会在不断发展的同时也面临各种错综复杂的问题和挑战，"枫桥经验"的许多"从人民意愿出发"的新做法依然值得借鉴和学习。因而，坚持和发展新时代"枫桥经验"需要积极回应民众的需求和期望，为群众广泛有序地参与基层社会治理提供制度化渠道，及时在基层化解各类矛盾问题，确保基层社会秩序稳定，为乡村振兴和社会治理现代化等目

---

① 唐文玉：《政党整合治理：当代中国基层治理的模式诠释——兼论与总体性治理和多中心治理的比较》，《浙江社会科学》2020 年第 3 期。

② 卢芳霞：《中国农村社会管理创新之路径与模式初探——以"枫桥经验"为例》，《中共杭州市委党校学报》2011 年第 5 期。

标的实现奠定基础。诸暨在实践中充分尊重普遍规律的同时体现各个镇街和部门的特色，使得群众路线工作机制以及与群众间的互信机制得以在最大程度上发挥实效。

习近平总书记在党的二十大报告中指出："人民性是马克思主义的本质属性，党的理论是来自人民、为了人民、造福人民的理论，人民的创造性实践是理论创新的不竭源泉。一切脱离人民的理论都是苍白无力的，一切不为人民造福的理论都是没有生命力的。"[1] "枫桥经验"就是来自人民、为了人民、造福人民的理论，在社会治理实践中坚持人民的立场、主体地位和首创精神。坚持和发展新时代"枫桥经验"，推进基层社会治理现代化，要培育主体精神，通过制定多元主体参与治理权责清单、完善市场主体履行社会责任激励约束机制等方式，充分调动多元主体全方位、全过程参与基层社会治理的积极性和主动性，最终促成多元主体成长为"社会治理共同体"。工作机制的运转过程中始终把人民群众的利益放在首位，最大程度上运用民众的智慧，让基层治理效能更为彰显。

三 工作体系的实践性探索和创造性发展

"总之，改革开放以来中国农村改革有着'摸着石头过河'的实践性特点，其制度变迁并非按照固定的规则或路径有序开展，而是在国家和乡村的不断试验、调整和改进的互动反馈中进行的。"[2] "枫桥经验"作为实践性治理活动，充分发挥基层党组织的组织整合优势，带领广大人民群众在基层矛盾调解、民主监督等领域不断创新治理理念、路径、方式和手段。在工作机制的实践性探索中使各方面力量共同行动起来，形成齐抓共管的新格局。

"从社会分工理论的视角来看，现代化的国家治理体系和治理能力是能够适应和促进社会分工不断深化的一整套制度安排和技术手段。中国国家治理体系和治理能力现代化，实质上是要顺应社会分工不断深化的需

---

[1] 习近平：《高举中国特色社会主义伟大旗帜　为全面建设社会主义现代化国家而团结奋斗》，《人民日报》2022年10月26日。

[2] 艾云、周雪光：《国家治理逻辑与民众抗争形式：一个制度主义视角的分析》，《社会学评论》2017年第4期。

要,从碎片化的一元治理模式逐渐转变为网络型多元治理模式。"① 与过去不同,当代更为复杂的社会关系要求国家适应社会的变化进行社会治理政策的调整和治理主体的培育。在基层社会治理场域中,"即使行动者以个体的人的形式出现,但其行动也是在分工—协作结构中所进行的共同行动"②。更细微的层面就是恰当定位各职能部门的工作范围,健全工作体系,提升市镇村三级联动治理实效。诸暨立足实际,通过部门之间、部门和乡镇、政府和群众的贯通协同,建立完善信息互通、协作配合工作机制。此外,"枫桥经验"的应用也绝非"悬空"的,需要嵌入具体治理实际并指导实践,从而促成自身的"落地"和见到实效,即根据不同场域的特点,在治理的过程中有的放矢地采取相应的策略。

四 不断创新工作体系和方式方法

"枫桥经验"具有鲜明的"时代性",体现为基本内涵的与时俱进、工作方法的与时俱进、应用范围的与时俱进。在枫桥经验的发源地枫桥镇,"枫桥经验"顺应时代发展不断充实完善原有内涵,这离不开各地对"枫桥经验"的积极实践和有效落实,使得"枫桥经验"始终保持活力。体现在工作机制方面,各类工作机制一方面是对"枫桥经验"的落实,另一方面是以一种灵活的方式不断创新和发展"枫桥经验"。

整体性治理理论认为"政府机构组织间通过充分沟通与合作,达成有效协调与整合,彼此的政策目标连续一致,政策执行手段相互强化,达到合作无间的目标的治理行动"③,即新时代的政府应当突破各部门独立行动之状态,通过制度化来落实政府各机构部门协调合作,从而提高政府行政效率,并从根本上解决各类行政问题。制度机制的不断完善,有效打通了省市、各部门间的信息壁垒,对整体提升基层社会治理效能意义重大。比如,基层矛盾的化解需要公、检、法联合其他政府部门形成合力,多元化调解机制作为我国社会治理的创造性实践成果,极大地丰富了社会

---

① 宣晓伟:《国家治理体系和治理能力现代化的制度安排:从社会分工理论观瞻》,《改革》2014年第4期。
② 张康之、张乾友:《共同体的进化》,中国社会科学出版社2012年版,第357页。
③ 叶璇:《整体性治理国内外研究综述》,《当代经济》2012年第6期。

治理的实践并不断发展完善。

第二节　工作机制的关键抓手

公共事务跨域化和复杂化所要求的多元治理主体和权力的整合，实质在于强化顶层设计，形成整体治理局面，进而打破不同治理主体之间的壁垒，实现多主体的有机协作与协同，超越"九龙治水"的集体行动困境。① 坚持发展新时代"枫桥经验"需要党委、政府、社会、人民群众互联互通、优势互补，打造共建共治共享的治理格局。本节重点立足实际，探讨如何实现部门之间、部门和乡镇、政府和群众的贯通协同，建立完善信息互通、协作配合的工作机制。

一　党建引领：党组织协调各方

在基层治理实践中坚持和发展新时代"枫桥经验"需要充分发挥各级党组织的政治优势。基层矛盾牵涉面广、涉及部门多、协调难度大的特点，决定了必须紧紧依靠党委政府，充分发挥政治优势、制度优势，统筹力量、整合资源。② 在新的历史时期，坚持和发展新时代"枫桥经验"的过程实质上是党群关系不断重塑的过程，也是不断考验党建引领提升基层社会治理能力的过程，更是一个巩固社会治理民心基础的过程。

牢固树立"大抓基层"的鲜明导向，推动治理触角延伸到"最后一公里"。一是强化党建引领。把加强党的领导作为贯穿基层社会治理的主线，开发运行全国首个社会组织党建云平台，职工30人以上两新组织实现党建组织和工作全覆盖。二是全面推行"支部建在小区上"。城市小区是基层"末梢"，信息化时代的便利加剧了陌生人社会的特征，小区成为治理的"洼地"。特别是顺应治理阵地向城市覆盖的新趋势，以小区党支部引领业委会、物业企业实行"三方协同"治理，党支部已覆盖全市所有小区，通过三方协同治理，社区居民各类投诉率同比下降48.5%。

---

① 常轶军、元帅：《"空间嵌入"与地方政府治理现代化》，《中国行政管理》2018年第9期。

② 李占国：《诉源治理的理论、实践及发展方向》，《法律适用》2022年第10期。

习近平总书记曾就绍兴市社区党建"契约化"共建制度作出重要指示批示,为深入贯彻习近平总书记重要指示批示精神,传承弘扬社区党建"契约化"共建制度,诸暨结合实际进一步建强社区党组织核心,明确部门单位结对、辖区组织共建、社区居民参与等"契约化"共建方式,统筹整合社区各类资源,促进组织体系融合、工作机制融合、共建共享文化融合。截至2020年9月,全市11366名机关干部、医生、教师等在职党员与所在社区党组织签订了党建共建协议,认领各自的服务任务和目标并参与社区治理,实现了由"组织结对"到"人人契约"的跨越。

一是构建社区党建"共建联盟"。深化大党委制,实现基层党建工作由互相独立到融为一体,构建"党建工作共做、党建资源共享、精神文明共建、服务难题共解、公益事业共办、生活环境共管"的社区党建共同体。党组织负责人担任社区党组织兼职委员并参与重大事项协商,且频次每年不少于2次。如卫生健康局党委副书记担任暨阳街道江新社区兼职委员,统筹医疗卫生资源,每周四为社区举办一场健康讲座或义诊。试点开展"1+1+N"网格化党建机制构建,通过专职社工管网格、小区党员进网格、志愿服务驻网格等途径,在网格中发现群众需求,并通过整合资源实现问题的解决。

二是打造契约化"共建超市"。梳理社区和共建单位党组织活动场地、公益资源、医疗卫生等服务资源,建立需求、资源、项目以及个性等各类清单,列出具体民生需求,对照清单双向认领、双向服务。如暨阳街道朱公湖社区与市委统战部、工商联、台办等6家单位签订契约化共建项目,深化以"蒲公英"党建品牌为引领的"和美家园"建设;民政局结合社区主管部门的职能,与30个社区建立共建关系,30名党员干部一人结对一个社区,每人重点解决一件社区无法解决的事情。

三是双岗服务打响"亮旗"行动。深化在职党员"两地报到、双岗服务",创设"先锋微家"微信小程序,方便在职党员通过这一平台开展社区志愿服务活动。按照"居民点单、社区下单、党员接单"的模式,在社区服务、管理以及决策中起到带头作用。每项行动分别对应1面至数面红旗,每位党员年度至少需要亮挂5面红旗,并建立在职党员"社区贡献档案"。"先锋微家"亮旗行动,有效解决了机关党组织服务资源如何整合下沉社区的难题,助力社区共建共治共享格局的形成。"契约化"

共建发挥党员的先锋模范作用，有助于党员常态化服务群众，同时整合相关单位的资源，发挥共建单位的职能优势，在服务群众时发挥合力作用。

二 部门联动：贯通协同凝聚合力

2003年，为纪念毛泽东同志批示"枫桥经验"40周年，诸暨市枫桥镇、余杭区乔司镇率先在全国创立乡镇综治工作中心，把综治办、司法所、信访办、调解委、警务室、流动人口管理办等多个部门集合在一起办公，整合资源、协调指挥。随后，全省逐步推广乡镇街道综治工作中心，综治中心成为浙江创新发展"枫桥经验"和加强社会管理的重要载体。

2004年前后，诸暨建立了市社会稳定工作联席会议制度，建立起领导牵头、部门联动、责任明确、配合密切的县市级维稳工作体系和运作机制，并建立相应的责任考核机制。2020年4月，执行"一件事"改革在诸暨法院全省率先"试水"，在绍兴中院谋划下不断扩容增效，执行"一件事"横向联通20余个协助部门，纵向贯通市、县、乡、村各个层级，将原先分散的70多个高频协助事项全部集成到一个平台集约办理，一键完成多项业务在线办理。随着经济社会的发展，风险和矛盾的复杂化对提高政府部门间的协作提出了要求。从宏观统筹到微观设计，从制度改革到机制创新，从体制建设到职责调整，从组织领导到贯彻落实，都不可能依靠一个系统和少数部门所能完成。[①] 接下来具体探讨反腐败、人民调解等领域的部门协作机制。

2023年2月，《中国共产党诸暨市第十七届纪律检查委员会第二次全体会议上的工作报告》指出："深化反腐败协调与信访工作联席会议的协作联动，进一步推动与政法、审计等各个议事协调机构的贯通协同，建立完善信息互通、协作配合、线索移送、问责追责工作机制。"为此，诸暨从强化党委政府议事协调机构的统筹协调功能上破题，充分发挥反腐败协调小组作用，一方面，突出加强全市反腐败工作"指挥中心"和"协调枢纽"作用，将信息资源、人力资源和职能资源有效组织起来，加强对全市重大案件、重要问题线索查处以及各成员单位提请协调事项的协调指

[①] 马庆钰、贾西津：《中国社会组织的发展方向与未来趋势》，《国家行政学院学报》2015年第4期。

导力度，协助解决疑难复杂问题，及时研究解决工作中遇到的疑难复杂或共性问题，重点围绕监察执法和刑事司法有机衔接，在线索移送、措施使用、移送审查起诉、审理审判等方面强化沟通协作，提高案件查办工作整体水平。2023年1—6月，全市主动向纪检监察机关投案和交代30人，同比增长400%，职务犯罪案件立案7件，同比增长40%，实施监察留置4人、移送司法机关4人。另一方面，充分释放协调联动综合效应，加强反腐败协调小组与信访、政法、审计等议事协调机构在打击诬告陷害、开展重点领域专项治理等工作的联动协作，定期开展分析研判和协调会商，深化拓展群众身边不正之风和腐败问题整治工作，推动正风肃纪反腐与深化改革、完善制度、促进治理一体贯通。截至目前，累计召开涉嫌诬告线索会商10次，打击诬告陷害5起7人，为26名党员干部、1个党组织澄清正名，澄清率达89.67%；协调招投标领域突出问题专项治理和医药领域腐败问题集中整治，分别推动成立工作专班，明确成员单位职责分工，分析研判问题线索，积极查处相关案件，截至目前，累计立案18件，实施监察留置5人。

诸暨人民调解在多年的实践探索中逐渐形成了系列联合联动工作运行机制，助力化解社会矛盾纠纷。联合排查预警机制是在诸暨实行村（居、企）级矛盾纠纷网格化管理，并对排查出来的矛盾纠纷信息第一时间上报和预警，对可能导致矛盾纠纷的潜在因素采取有针对性的防范措施，并认真分析研究已出现的矛盾纠纷，商讨解决方案，落实调解人员；镇村联动机制是在镇与村两级调解组织之间所建立的纠纷快接、快调和移送制度，形成上下联动、逐级化解矛盾纠纷、共保社会稳定的格局；多调衔接联动机制指为及时有效化解社会矛盾纠纷，诸暨自2012年起开始推进社会矛盾纠纷的大调解体系建设，建立了人民调解与行政调解、司法调解、仲裁调解、信访调解等多种调解相互配合的多调衔接联动机制。新时代"枫桥经验"是在以往实践经验和基础上，升级发展的多部门联动、多主体参与、多方式开展的纠纷解决模式。

为提升各职能部门在基层社会治理中的协同战斗力，诸暨在开展"五查五提升"专项行动中，紧盯机制建立和责任落实，重点开展工作机制大审查，推动形成权责明晰、协调联动、齐抓共管的工作格局。一是严格责任落实。围绕市委市政府重大决策部署，聚焦数字经济、营商环境、地瓜经济三个"一号工程",对标深化"四责协同"落实"五张责任清单"和"一图一表"权责清单,主动认领工作任务,及时制定落实清单,层层压实责任,形成落实闭环,确保工作有人抓、问题有人管、责任有人担。二是健全协作联动。针对部门落实清单中存在的职能交叉事项,加强横向联动,强化牵头责任,压实联动职责,严防责任悬空、措施虚化,推动部门间既各司其职,又密切配合,合力解决执行中遇到的难点堵点。三是强化督查问责。对照干部执行力标准,加强对市委市政府重大决策部署等重点工作、刚性任务落实情况的监督检查,紧盯牵头责任、协同责任,对不执行、慢执行、乱执行导致工作推进不力、成效不明显的,严肃追究相关单位和相关人员责任。

三　社会协同：多元主体协同参与

在治理现代化的意义指向中,国家与社会不再扮演着管理者、被管理者之间无条件服从的"牵线木偶"游戏,而是积极开展平等对话,通过协商合作的联动方式达成社会治理目标,不失时机地促成共同利益的最大化。[①] 新时代"枫桥经验"的内涵之一就是发动群众,吸纳各方力量参与基层治理,实现优势互补、无缝协作,新时代"枫桥经验"在治理实践中逐步总结出的"党建+社会协作"有助于构建全民共建共享的社会治理格局。此外,积极动员社会力量,充分调动和激发社会性组织的积极性和创造力,与正式部门一起,共同参与基层矛盾化解,提高矛盾纠纷多元预防调处化解综合机制的社会化和专业化水平,充分展现了"整体联动性、和谐性、多元社会规范并举、主体多元性"等具有现代社会治理理念的特征。[②]

新时代"枫桥经验"建构了法治与自治协作的双重基层治理体系。一是注重完善乡规民约等国家法规之外的民间法,借助习俗等"软法"所具有的道德优势,增强人民群众对纠纷解决结果的认可度。二是更加突

[①] 曾哲：《多元主体联动合作的社会共治——以"枫桥经验"之基层治理实践为切入点》,《求实》2018年第5期。

[②] 任建通、冯景：《纠纷解决与基层社会治理——以"枫桥经验"为例》,《社会科学论坛》2016年第1期。

出社会组织协同,培育专门化的社会组织,引导公民和社会组织参与基层治理工作,解决民众纠纷等具体的基层治理问题。

聚力变"自上而下"的线性治理为"整体协同"的网状治理,以开放性架构吸纳各方力量参与社会治理,扶持发展公益事业类、专业调处类、综治维稳类社会组织,构建形成"定向孵化、购买服务、流程监管、绩效评估"市场化运行闭环,实现专业人做专业事、志愿者做自愿事。三是发挥"新乡贤"作为社会自治多主体联结的中介和纽带作用,在党和政府的指引下,动员和凝聚人民群众自觉参与社会治理。

新时代"枫桥经验"强调群众路线,与人民群众保持良好的沟通和协作关系,形成良性互动,如在诸暨警务实践中,通过打造"枫桥式公安派出所"增进警民联系,既能实现警情同步跟进甚至预判,也能通过提高社会对公安的认同感,从而改善公安工作生存环境,弥补警力不足的问题。警务共同体是合作治理理论现实化的路径之一,是一种现代警务"善治链"模式,通过一体联动、多元参与,力争治理过程高效协同,形成"人人有责、人人尽责"的基层治理责任机制。枫桥派出所坚持以民意为导向,将"警务围着民意转、民警围着百姓转"两个理念转化为警务机制,全面实施"五民工程"①,建立健全六项机制②,创建"平安红细胞""红枫义警"等项目,定期开展"五议一创"平安议事活动,③使民众得以充分提出意见,在便利警民间联系的同时切实提升公安机关服务民众的水平。在创建"枫桥式公安派出所"的过程中,诸暨公安进行了丰富的探索和实践,比如坐实"新五小工程"④、建立侵财案件发破案日报制度、公安服务事项通过"一站式办理"村级便民服务示范平台实现就地受理和远程办结、开通"警企直通车"⑤。诸暨市公安局建立经常性的警民联系制度、全面实行局领导、中层干部和基层民警三级定向联系制

---

① 具体指"破民案、办民事、解民忧、帮民忙、惠民利"。

② 具体指"全方位服务群众、常态化警民沟通、立体化治安防控、深层次警民协作、多元化矛盾化解、精细化科学考核"。

③ "五议一创"平安议事活动以议安全防范、议矛盾调处、议案件办理、议法治宣传、议警务监督、创平安社区为主题。

④ 具体指"破小案、办小事、解小忧、帮小忙、惠小利"。

⑤ 升级打造护企、驻企、云企、亲企、联企、清企六列直通车,以驻企警务工作站、联络室为窗口,提供靠前、精准服务。

度以及常态化的警营开放制度三项常态化工作机制，构建和谐警民关系，推动新时代公安工作高质量发展。

第三节　工作体系的实践应用

2019年10月31日，中国共产党第十九届四中全会《决定》中指出："完善正确处理新形势下人民内部矛盾有效机制。坚持和发展新时代'枫桥经验'，畅通和规范群众诉求表达、利益协调、权益保障通道，完善信访制度，完善人民调解、行政调解、司法调解联动工作体系，健全社会心理服务体系和危机干预机制，完善社会矛盾纠纷多元预防调处化解综合机制，努力将矛盾化解在基层。"具体而言，就是要完善群众路线工作机制，走好新时代群众路线；创新民主协商工作机制，切实推进协商民主广泛多层制度化发展；加强人民调解工作，完善正确处理新形势下人民内部矛盾有效机制；构建完善信访监督工作体系，建设一支对党忠诚可靠、恪守为民之责、善做群众工作的高素质信访工作队伍。新时代"枫桥经验"在以上四个方面进行了系列探索，有着丰富的经验做法，值得进一步总结和推广。

一　驻村指导员记录民情日记制度

诸暨坚持和发展民情日记串百家门、知百家情、解百家难、连百家心、办百家事、致百家富的"六百精神"，全面推行驻村（社）指导员、驻企服务员记录民（企）情日记制度，常态化开展民众服务活动。

驻村（社）指导员、驻企服务员记录民（企）情日记制度安排已成为市镇两级党委和政府与村社之间联系的桥梁和纽带，有助于推动落实解决涉及民众切身利益的问题，在解决基层治理中的各种复杂性问题中发挥重要作用。驻村指导员通过深入走访，认真倾听，实现"群众上访"到"干部下访"的转变，能够在第一时间、第一线发现并化解民忧。这一制度安排是贯彻群众路线的生动体现，不断提升基层民众的自我管理能力，夯实基层社会治理的根基。市级层面，从镇乡（街道）的联系部门选派副科级领导干部、优秀年轻干部到换届选情复杂村、党组织软弱落后村、信访矛盾突出村和集体经济薄弱村等重点村担任驻村指导员，每人驻村至少1年。镇级层面,根据行政村规模大小、复杂程度,兜底选派农村工作经验丰富的老干部、实践经历单一或具有成长潜力的年轻干部担任驻村指导员,确保每个行政村都有1名以上驻村指导员,镇级选派的驻村指导员每人驻村时间一般为3年。

把派驻制度从农村向社区延伸,压实机关干部常态化联系服务基层责任,变"多走访"为"常驻扎"。一是一个社区配齐一名指导员。每个机关企事业单位结对1个社区,每个社区至少有1名市级机关驻社指导员。驻社指导员驻社时间一般为3年,每周在社区至少工作2天,主动熟悉了解并参与解决社区各类情况。二是一名指导员演绎五种身份。即全力指导所驻社区以党建为引领,深化推进"五星达标、和美家园"创建的"党建指导员";宣传党的路线方针,解读党委政府重大决策部署和政策措施的"政策宣讲员";走访熟悉驻社区单位,了解居民急难愁盼的"社情调研员";解决社区、群众反映问题的"问题协调员";指导社区探索基层治理创新,打造社区治理和服务品牌的"项目培育员"。三是五种身份挂钩评先评优。对市级驻社指导员实行双向评价年度考核,其中,镇乡(街道)意见是重要参考依据。在干部评优、提拔和晋升中将驻社工作表现作为重要依据,而在日常评价中,驻社指导员助力"契约化"项目落地、在职党员"亮旗""微治理"项目推进是重要参考。

传承弘扬民情日记制度。诸暨全面推行记录"民情日记"制度,驻村(社)指导员和社区共建干部常态化走访记录社区群众诉求,完善诉求解决渠道,推动记录的问题快速流转、分类施策、有效解决,实现"民情日记越记越厚,问题困难越销越少。"一是开展民情走访。专职驻村指导员日常在村办公,每天下村走访不少于1次,市级选派和兼职的驻村指导员每周驻村不少于2天。市级驻村指导员每年要走遍村内常住户,镇级驻村指导员每半年要走遍村内全部农户,确保农户对驻村指导员的知晓率、熟悉度达到90%以上。二是民情有访必有记。驻村指导员重点记录走访服务中群众反映的诉求需求、各项中心工作推进中遇到的困难问题等。驻社指导员担任社区兼职网格员,定期走访并每周记录民情日记。重点记录社区单位、业主委员会、物业公司、两新组织、社区居民等对象反映的诉求需求和社区共建中遇到的困难问题,其中,需要镇级以上层面协调解决的问题通过"三服务"小管家系统电子化记录上传。三是日记有记必有领。通过健全基层一线"三服务"问题解决流程，推动"民情日记"发现记录的问题和困难快速流转、分级认领。落实驻社指导员、社区共建干部首问责任，督促社区当场解决发现的问题。镇乡（街道）建立每周民情分析制度，主动认领、协商解决涉及镇街层面的问题。镇街层面无法解决的统一上传小管家系统，由市级部门认领。涉及多个部门多个层级，协调解决有难度的报请市领导牵头认领。四是问题有领必有解。按照"件件有着落、事事有回音"的服务目标，分级分线，及时对认领问题进行解决处理，形成民情日记"记—领—解—销"的服务闭环。特别是社区一级无法解决的问题，镇街层面发挥驻社指导中心作用，综合分析，协调解决；市级部门发挥职能优势，支持帮助本部门派驻指导员、社区共建干部合力解决；各方面多次协调难以解决的"硬骨头"则由市领导推动解决，全面形成"小事社区一线解决、大事镇街（部门）协商解决、难事领导认领解决"的"三服务"机制。

二 民主协商工作机制

"枫桥经验"始终焕发生机活力，其背后的原因在于其根据不同社会发展阶段的需求，激发群众的主动性和能动性，通过民主协商或者自我沟通协调去解决问题。改革开放后，随着"枫桥经验"成为处理人民内部矛盾的重要方式，通过协商达成共识的过程机制不断运用于基层治理实践中，丰富了协商的方式并增强了其理论内涵。"协商民主已经俨然成为当前从源头预防社会矛盾和创新基层社会体制的重要方向"[①]，即通过群体间协调或协商共同达成社会治理目标，涌现了温岭"民主恳谈"、武义村务监督制度等典型做法。党的二十大报告强调，完善协商民主体系，统筹推进政党协商、人大协商、政府协商、政协协商、人民团体协商、基层协商以及社会组织协商，健全各种制度化协商平台，推进协商民主广泛多层制度化发展。新时期以来，在充分实践和运行柔性协商民主模式的背景下，诸暨探索出一批可借鉴、可推广的协商模式、协商成果，形成多元主体共同协商治理的基层治理格局。大力推进基层民主议事协商制度化规范

---

① 卢芳霞：《协商民主化解基层社会矛盾的功能与实现路径——基于浙江基层协商民主经验的研究》，《中共浙江省委党校学报》（社会科学版）2017年第4期。

化建设，推行"定期问事、开放议事、规范办事、民主评事"四事工作法，配套建立581个实体协商阵地、1616个线上议事平台，形成"决策群众参与、过程群众监督、效果群众评判"的协商闭环，年均协商解决问题超过2.7万个。

（一）"三事分议"民主议事协商机制

针对村（社区）因重大事项议事决策不规范、日常琐事回应不到位、突发事件处置不及时而引发矛盾纠纷的问题，诸暨在总结该市枫桥镇枫源村连续18年"零上访、零刑事案件、零干部违纪违法"案例的基础上，坚持发展新时代"枫桥经验"，切实贯彻落实党的群众路线，创新推行村社重大事务、日常事务、应急事务"三事分议"基层民主议事协商制度，运用自治方式落实村事公开，推动民事民议、民事民办、民事民管，扩大群众有序参与预防化解矛盾，确保"小事不出村、大事不出镇、矛盾不上交"。

"三事分议"是指重大事项"三上三下"、日常事务"问议办评"、应急事务"即时即议"。针对村集体经济发展、村庄规划建设等8类涉及群众利益的重大事项，实行"三上三下三公开"机制，即收集议题环节群众意见上、干部征求下，酝酿方案环节初步方案上、民主恳谈下，审议决策环节党员审议上、代表决策下，并做到表决结果、实施方案、测评情况"三公开"；针对涉及人数较少、程序较简的日常事务，采用"定期问事、开放议事、规范办事、民主评事"四事工作法，每月固定召开村两委干部和网格员联席会议，共商共议身边事，将不稳定因素遏制于未发、解决于萌芽；针对自然灾害、事故灾难、公共卫生事件等突发事件，创新探索"政务110"镇村联动机制，村社两委第一时间向属地镇街报备后，及时组织村监委会成员、村民代表、在村党员商议，做到议、决、处"三即时"，处置结果向全体村民公开。"三事分议"机制变"关起门来议事"为"群众当家主事"，因事定则、分事运作，确保议得准、议得透、议得好，充分保障了村民的知情权、参与权、表达权和监督权，该机制入围全国村级议事协商创新实验试点，相关做法先后在《浙里改》《浙江民政信息》等刊发，并作为"枫桥式"工作法推荐上报中央政法委。

村规民约的制定建立在民主协商的基础上，是对"三事分议"决策机制的有效运用，从而成为化解群众纠纷矛盾的可操作的合乎法律规范的工作方法。新时代"枫桥经验"通过村规民约这一具有约束力的机制方法，着力把矛盾纠纷防范在源头、化解在萌芽状态，推进了基层民主和基层自治，通过既定规则有效规范村民的行为。枫桥式《村规民约》的修订做法，已成为浙江省《村规民约制修订工作规范》地方标准，并入选为浙江省城乡社区工作五大标志性成果之一。

（二）"请你来协商"协商对话平台

"请你来协商"是建言资政、聚智献策的平台，也是协商对话、引领民意的平台。平台运行以来，市政协始终紧紧围绕改革发展的要事、民生优享的实事、社会治理的难事"三件事"，"开门"协商，提出了一系列有见地、能落实、高质量的良策和实招，切实为经济社会高质量发展赋能助力。

搭建平台。采取"固定＋移动""集中＋分散"模式，构建"1＋N"协商平台体系。[①] 根据浙江省委、省政协的统一部署，以"请你来协商""民生议事堂""委员会客厅"为主体，拓展延伸至23个镇街工委、10个界别活动组、3个提案承办重点单位（建设局、交通局、教体局），通过线上线下联动的方式，形成了覆盖全市的协商平台体系。统筹推进"民生议事堂"、委员工作室、社情民意信息联系点"三位一体"建设，常态化开展界别服务月活动，是新时代"枫桥经验"的生动体现。其中，"民生议事堂"（"协商驿站"）是政治协商向基层延伸的重要渠道，为解决基层治理难题，社区提出了让相关职能部门共同参与的协商议事机制，安排政协委员定期与群众面对面、零距离交谈。针对性邀请契合协商主题的政协委员和相关部门人员、专业人士参与协商，引导委员进行更深入的调研、更理性的思考、更精准的表达，发挥出更专业的履职水平；将地域文化、产业特色、文旅资源等元素嫁接融入"民生议事堂"（"协商驿站"）平台建设、协商议事、成果转化等各个环节，形成"一镇一品"的特色亮点。

确立协商议题与协商频次。首先，围绕市委、市政府中心工作人事、

[①] "1"，即高标准搭建1个市级总平台，举行全市层面的协商议政活动。"N"，即高质量设立若干分平台，依托政协界别、专委会、镇乡（街道）工委，利用界别议事厅、政协工作站、委员工作室等阵地，组织开展形式多样的微协商、微互动，积极推动"请你来协商"向基层延伸、向群众延伸。

改革发展要事、民生改善实事、社会治理难事，注重选择切点小、关联广、与群众切身利益密切相关的议题开展协商。协商议题的选择可以采用委员荐题、党政点题或向社会公开征集等方式，经由市政协主席会议审议，报经市委审定后，纳入年度协商计划。其次，采取"6+X"模式规范协商频次。"6"指市政协除例会协商（全体会议协商、专题议政性常委会议协商）外，一般每年举办6次协商活动，其中市委、市政府主要负责同志原则上各参加1次协商活动，其他协商活动由市委、市政府分管负责同志参加；"X"指政协参加单位、专委会、界别、镇乡（街道）工委等发挥各自优势，灵活经常地组织开展专题协商、对口协商、界别协商、提案办理协商等。

报送并落实协商成果。会后及时汇总整理协商意见建议，以协商纪要或其他形式向市委、市政府报送协商成果，推动协商成果转化为党委政府决策、民生实事项目或者改进社会治理等方面的内容。重要协商议题形成的协商成果由政协主席会议研究审议后报送。注重协商程序向成果转化，不断充实协商内容、增加协商频次，开展各类协商，各方利益和观点得以在平台充分表达并融通。一是建立协商建议办理反馈机制。对报送的协商意见，市委、市政府专题研究，或经市委、市政府主要领导、分管领导阅批，提出办理意见，交相关部门、镇乡（街道）办理。党政机关部门、镇乡（街道）要高度重视协商意见建议办理工作，健全意见建议办理机制，并在两个月内以书面或会议形式向市政协反馈协商意见办理、采纳情况。二是建立持续跟踪问效机制。党政督查部门督查协商意见建议的采纳情况，并把办理答复的落实情况纳入政府年度绩效考评，市政协通过组织委员开展民主监督、调研视察、民主评议等形式跟踪办理情况。

（三）乡贤组织参与村务决策

协商民主意味群众在关系到切身利益的决策中享有决策权和话语权，并采取商量和讨论的方式达成共识。中国古代国家治理中除了中央集权的专制体制外，还通过乡绅进行治理，是官方统治的有效辅助。诸暨积极引导乡贤等体制外资源参与乡村治理，乡贤参事会等乡贤组织在村级事务决策中出谋划策，增强了基层协商的功能。

诸暨枫桥在社会治理实践中充分发挥乡贤的作用，是对传统乡贤文化的延续。比如，制定相应的政策文件来培育和发展乡贤。2015年，诸暨专门下发《关于培育和发展乡贤参事会的指导意见》，在全市普遍建立乡贤参事会。在诸暨枫桥镇党委的积极部署和支持下，具有一定声望和实力的乡贤在农村基层的制度性通道内直接参与村级事务管理。一方面，他们充分运用各自的优势，为乡村发展振兴、社会治理和平安建设提供建议和资金支持，推动乡村事务的开展，实现民众服务的持续化。另一方面，在发挥乡贤作用的同时有效改变了基层治理力量单薄的现状。此外，除了"乡贤参事会"外，还成立"乡贤调解团""乡贤协会""乡贤帮忙团"等，由老党员、法律顾问、退休干部、志愿者、外来流动人员等群体组成以贡献各自的力量，为乡村的发展出谋划策。其中，枫桥镇枫源村是发挥乡贤优势和力量的典型，在基层社会治理中取得显著成效。除此之外，五泄镇西皇村依托乡贤参事会建立"村两委＋乡贤会"的共治模式，有效提升了村民自治的能力，其经验做法在全镇推广。西皇村人口不到3000人，但在外工作的乡贤超过120名。2018年以来，西皇村探索乡贤参与村庄建设的新方法新路子，创新"乡贤参事会＋村两委会"社会治理模式，充分利用人文自然资源丰富的优势，打造"宜居、宜业、宜游"的美丽乡村。自2018年6月"和美西皇、共建共享"乡贤助力乡村振兴凤凰计划启动以来，乡贤们主动认领共建项目，他们积极响应"五星达标，3A争创"创建工作，纷纷出资与村集体共建13个经济发展和民生实事项目，包括"和美西皇"主题公园、"三乡"农创园、栖墅精品民宿、千佳岭生态农业园等。通过乡贤参与村庄建设的新方法新路子，既能通过乡贤作用有效解决项目推进过程中碰到的各类问题，又激发了广大乡贤参与基层社会治理、乡村振兴的积极性、主动性，形成良性正向的工作合力。

三 人民调解工作机制

改革开放以来，枫桥镇在调解社会矛盾中充分依靠群众力量，及时发现并解决矛盾。在20世纪90年代，枫桥的"人民调解"经验不断升华，其适用范围更广，成为解决民间纠纷的利器。总的来说，经过60年的发展，内涵经验不断升华的枫桥经验不仅成为全国政法战线的旗帜，也是人民调解工作的航标。2019年10月31日《中共中央关于坚持和完善中国特色社会主义制度、推进国家治理体系和治理能力现代化若干重大问题的决定》中指出，完善社会矛盾纠纷多元预防调处化解综合机制，努力将矛盾化解在基层。习近平总书记一直高度重视调解工作，2020年在考察浙江时指出："要完善社会矛盾纠纷多元预防调处化解综合机制，把群众矛盾纠纷调处化解工作规范起来，让老百姓遇到问题能有地方'找个说法'"①，这为做好新时代调解工作提供了根本遵循和行动指南。加强社会矛盾调解的规范化、制度化、标准化建设，是平安诸暨、法治诸暨建设的基础工程。其中，在化解矛盾维护社会秩序中，人民调解是"第一道防线"，主要指在人民调解委员会的主持下，以国家法律法规和有关政策为依据，采用说服和规劝的方式解决当事人间的矛盾纠纷，是群众自治活动。②发源于中国本土的人民调解工作机制在党和政府联系人民群众过程中发挥重要的桥梁和纽带作用，而且，相比于费钱费时费力的官司，在实际工作中，大多数人遇到矛盾纠纷时更希望通过人民调解化解矛盾，因而要重点建设人民调解制度。随着时代的发展，人民调解的制度和机制不断发展和完善，内容和形式不断创新，并向司法、仲裁、行政等领域拓展。

新时代"枫桥经验"构建多元调解组织，充分发挥专业化社会组织的作用，构建以人民调解为基础，专业性、行业性调解为依托的调解工作格局，形成纵横交错的多层次立体化的人民调解网络，从而有助于解决多样化和复杂化的新时代矛盾纠纷。目前，诸暨基本上实现了在各个领域的调解组织全覆盖，比如机关、学校、厂矿、社区等，并根据纠纷问题的性质进行分类调解，如"专业矛盾专家调"。当然，人民调解制度在实践运用中同样存在局限和不足，必须确保人民调解始终保持内在活力并不断适应外部环境，最大程度上发挥人民调解的功效。

（一）行业性和专业性人民调解组织

诸暨重视发展行业性、专业性人民调解组织，已建立起环保纠纷、物业纠纷、医患纠纷、劳资纠纷、交通事故、消费维权等方面的专业性调解委员会，并在珍珠、五金机电、纺织服装、袜业产业组织和协会建立了行业纠纷调解室。2014年成立了诸暨总商会人民调解委员会，积极预防和化解各类矛盾纠纷，保障和促进诸暨市非公有制经济的健康发展，同时鼓

---

① 《习近平在浙江考察时强调 统筹推进疫情防控和经济社会发展工作奋力实现今年经济社会发展目标任务》，央广网，http://china.cnr.cn/news/20200402/t20200402_525039015.shtml.

② 余定猛、丁正国：《公安行政调解》，中国人民公安大学出版社2014年版，第11页。

励在民间商会内建立调解组织,如江西商会人民调解委员会,在调解工作中充分运用老乡间信任度高的独特优势。此外,诸暨供电公司联合市司法局成立电力纠纷人民调解委员会,依托司法、调解志愿者联合会等第三方力量,并选聘群众信任、业务过硬、经验丰富的供电所一线员工担任"电力老娘舅",合力化解各类涉电矛盾纠纷,维护社会和谐稳定。

人民调解工作室是一种新的调解组织,主要通过发挥调解员个人影响力来开展调解工作,从而达到减少社会矛盾和维护社会稳定的作用。例如,由专家能手牵头的品牌调解室为民众提供贴心高效的调解服务。2010年退休民警杨警官与几位退休干部成立了"老杨调解中心",12 年里中心共调解矛盾纠纷 3100 余起,调解成功率达 97% 以上。[1]

(二) 志愿类调解组织

除了培养高素质的专职调解员队伍外,诸暨在所有镇乡街道都建立了调解志愿者队伍,社会组织成员也积极参与到人民调解工作中。枫桥镇广泛动员党员、专家学者、村民代表、热心群众参与到社会矛盾治理中来,建立人民调解志愿者队伍,如枫桥调解志愿者联合会。诸暨枫桥镇调解志愿者联合会成立于 2015 年 12 月,主要由各村(社)、各界志愿人士自愿组成,每年调解各类矛盾纠纷 300 余起,包括交通事故、工伤事故、邻里纠纷、赡养纠纷、劳资纠纷、损害赔偿纠纷等,调处成功率达 98% 以上。此外,在运用专家力量参与调解工作方面,诸暨还建立了医学、法律、道路交通事故、建筑等专家库,有的还直接参与调解过程,为调解工作提供咨询论证服务。

新乡贤调解组织。"乡贤调解是创新'枫桥经验'及基层社会治理体系和能力现代化的传统文化资源"[2]。诸暨有丰富的乡贤文化,在新时代社会治理中,诸暨借鉴乡贤文化中的调解功用,比如成立调解小组等志愿者队伍,充分发挥乡贤调解的作用。乡贤调解是人民调解的有效补充,两者在价值追求、生存土壤、调解主体和操作方式上有高度重合的地方,在

---

[1] 《在"枫桥经验"发源地 探寻基层治理的新实践》,浙江在线,https://zjnews.zjol.com.cn/yc/qmt/202209/t20220916_24809712.shtml。

[2] 王斌通:《乡贤调解:创新"枫桥经验"的传统文化资源》,《山东科技大学学报》(社会科学版) 2018 年第 2 期。

建立多元纠纷化解机制的过程中,应将乡贤充分纳入。同时,两者也存在一定的差异。比如,在人员范围上,乡贤理事会要远大于人民调解委员会,乡贤理事会的组织机构吸收了村委会的主要成员;调解员的产生有严格的选举程序,而乡贤的产生程序则相对宽松。除了乡贤参事会外,还有专门性的新乡贤调解组织。诸暨牌头法庭与镇政府密切配合,在浙江省法院系统率先组建"乡贤调解会"。另外,诸暨各公益组织、其他镇村也纷纷成立"老娘舅帮忙团""孝娘舅服务团"等新乡贤志愿者队伍,主要调解邻里矛盾、损害赔偿等问题。由于运用情理法相结合的调解方法,新乡贤参与调解不仅使当事人间的矛盾纠纷得以解决,而且修复了当事人间的人际关系,这一调解方式不仅解决问题,而且接地气,因而获得群众的普遍信任和支持。

(三)"一站式"调处化解群众矛盾纠纷

一段时期以来,基层群众性组织在行使人民调解职能时,存在与国家法律法规相悖的情形,出现规范性问题。诸暨出台《关于加强社会化调解体系建设的实施意见》,在全国率先成立了首个县市级调解总会,并且在市镇两级都组建成立联合调解中心。"诸暨市枫桥镇联合调解中心"以枫桥镇司法所(人民调解室)为主要成员,由镇司法所出面,协调指导基层群众性自治组织的人民调解职能。在具体职责方面,联合调解中心培养人民调解员,发挥调解员的专业才能,使人民调解工作符合法律规范,确保基层群众性自治组织依法有序运转。除了整合枫桥镇内枫桥检察室和枫桥司法所等政法部门,还充分协调枫桥调解志愿者联合会等社会组织,提高了人民调解的影响力与权威性。

在市级层面,诸暨坚持把非讼机制挺在前面,健全落实预防性法律制度,推动人民调解、行政调解、司法调解衔接联动,落实领导干部定期接访,把矛盾纠纷调解实现在基层。坚持把依法行政融入日常,扎实推进基层执法规范化建设,实现基层重大行政决策合法性审查全覆盖,确保行政诉讼案件逐年递减;纵深推进"大综合一体化"行政执法改革,确保执法力量下沉基层。坚持把法律服务沉到基层,优化市镇村三级公共法律服务体系,实现"一村社一法律顾问",共享法庭实现基层全覆盖,真正打造群众用得上、离不开的法治。成立于2019年的诸暨社会治理中心通过集聚政府部门、调解组织、社会组织等多个机构,综合调处化解群众矛盾纠纷，减少民众跑腿次数。据了解，该中心目前共有公安局、司法局、卫生健康局、建设局、民政局、法院、工商联等派驻人员132名。中心坚持调解为先、科学分流、诉讼断后，让矛盾纠纷联合调解、非诉讼化解机制走在前面，依法分类处理信访诉求，实现"全科受理"和"多部门协同办理"。市社会治理中心设置一个窗口无差别受理各类矛盾纠纷、信访诉求和投诉事项，把多元化解贯穿处理群众诉求的始终。

（四）依托"互联网＋大数据"创新信息化调解机制

随着科学技术的发展，科技手段也运用于人民调解工作中，例如，诸暨司法局在人民调解工作中运用"互联网＋大数据"技术，积极创新信息化调解机制。一是依托微信群，提供实时咨询服务。组建市、镇、村三级微信群，同时入驻司法员、调解员、法律顾问等，分类分层处置矛盾纠纷，对普通矛盾纠纷提供实时咨询、即时调处，对重大疑难复杂问题提供24小时法律服务，及时上报易激化的矛盾纠纷。二是依托大数据库，探索判例型调解模式。依托人民调解大数据管理平台，对调解纠纷案件进行评定和分析。同时，依托"12348法网"，提供矛盾纠纷网上智能咨询、自助申请功能，并及时发布最新调解指导案例，促进矛盾纠纷自行化解。

为减少民众跑腿的次数，提高解决问题的效率，诸暨打造"脚板＋鼠标""面对面＋键对键"的人民调解新模式。诸暨建立基层治理综合信息系统和综合信息指挥室，通过微信、手机App将全市调解员联系起来以采集全面的信息，便利矛盾纠纷的预警排查。同时，依托在线平台，开展"一站式"网上调解。以诸暨人民法院为例，其在人民调解工作中开通"在线法院调解"平台，民众不用去现场，在网上就实现了纠纷调解，有助于方便快捷地解决问题。镇乡（街道）调委会、专业性调委会、律师调解等调解组织、调解员均已入驻平台，平台入驻率和使用率在全省领先。自2013年起，诸暨在法院、法庭建立了"法官指导调解QQ群"，为网上视频调解搭建指导平台，打造三级视频指导调解网络，通过这些安排为民众提供"面对面"的法律业务指导。此外，各专业调解组织、辖区部门站所、村级调解室被邀请进法庭QQ群和微信群中，通过信息互通和方案研讨，实现纠纷在当地的快速解决。

四 信访监督工作机制

党的二十大报告指出，"加强和改进人民信访工作，畅通和规范群众诉求表达、利益协调、权益保障通道，完善网格化管理、精细化服务、信息化支撑的基层治理平台，健全城乡社区治理体系，及时把矛盾纠纷化解在基层、化解在萌芽状态"[1]。坚持和发展新时代"枫桥经验"，既要在全面依法治国战略部署下推动实现良法善治，更要从建设更高水平的平安中国、以新安全格局保障新发展格局的角度，实现高质量发展与高水平安全良性互动，夯实国家安全和社会稳定基础，为全面建设社会主义现代化国家、以中国式现代化全面推进中华民族伟大复兴创造安全稳定的政治社会环境。诸暨市委立足实际，加快推进制度重塑。县乡两级党委政府结合各地实际，在信访治理方面进行了系列探索，创新和发展了新的工作机制。

（一）信访代办制

诸暨推行的信访代办制方便群众反映诉求，切实保障群众合法权益，将信访服务送进企业、送进基层、送到群众家门口，有助于推动信访"最多跑一次"改革，是坚持发展新时代"枫桥经验"的生动体现。

首先，建立群众信件代办制。各镇乡（街道）要在行政审批服务中心、社会组织等设立2—3个群众信件代办点，充分发挥专业人士、社会组织的作用，为群众提供代写信访诉求的免费服务，把代写过程转变为理的过程、疏的过程、办的过程。其次，实行网上代办制。依托诸暨发布平台，开通"小方代跑"端口，搭建信访网上代办工作平台，各镇乡（街道）要积极做好推广应用工作，为群众提供便捷的网络服务。最后，完善"12345"政务热线。强化群众来电考核体系，打造快速高效的电话信访办理平台，打通线上线下信访服务资源，确保服务"全覆盖"。

在具体工作要求方面，以群众满意为工作导向，建立符合实际的工作机制。推行信访代办制与进一步推动落实工作责任、转变工作作风紧密结合，特别是要充分落实镇村干部工作责任。各镇乡（街道）成立信访代办制工作领导小组，落实"一把手"责任，有效整合资源，强化经费保

---

[1] 习近平：《高举中国特色社会主义伟大旗帜 为全面建设社会主义现代化国家而团结奋斗——在中国共产党第二十次全国代表大会上的报告》，人民出版社2022年版，第19页。

障，确保各项工作落到实处。

（二）信访接待制度

为进一步落实信访工作责任，充分发挥信访工作在了解民情、集中民智、维护民利、凝聚民心中的重要作用，健全和完善群众来访接待制度，构建党委领导、政府主导、部门联动、各方参与的信访工作格局。诸暨按照中央和省委、省政府关于做好信访工作的决策部署，坚持贯彻以人民为中心的发展思想，以维护群众合法权益为根本点，以解决问题为落脚点，进一步创新和发展"枫桥经验"，着力提升信访问题源头治理水平，控制和减少越级上访，努力实现信访"最多跑一次"。

市级领导接访制度。领导干部带头接访，针对信访突出问题，开展主动接访、带案下访、包案约访。市委书记、市长每月至少安排1天接访；市级责任领导每月15日到责任镇乡（街道）开展接待群众活动。重大活动维稳安保期间，每日安排1名市级领导到市信访局值班接访。对赴省50人以上集体上访、去京集体访、一年内3次以上去京上访人员、5次赴省上访人员，由市级党政主要领导处理接待。市级党政领导每月安排1天时间牵头召集相关部门专题研究分管线信访工作，对疑难复杂信访事项综合协调、督促落实。市领导批示信访件，事权单位要在15日内将办理情况予以书面汇报；对一时难以解决到位的，要定期向相关市领导汇报工作进展情况。

镇街和部门接访。各镇乡（街道）和部门要设立固定的来访接待场所，在每个工作日上午，安排一名班子成员，轮流到固定接待场所带班接访。其中，每周一上午原则上由党政主要领导带班接访，领导接访安排向社会公布。班子成员对接待的信访事项实行"谁接待、谁跟踪、谁协调"。落实首问、首办责任制，做到有访必接，来访必登，来访事项填写《群众来访登记凭单》，录入浙江省统一政务咨询投诉举报平台，认真执行七日办结制，及时规范办理。

市社会治理中心。由信访局牵头，建立"1+10+X"模式的市社会治理中心，民政、人力社保、自然资源和规划、生态环境、建设、农业农村、卫生健康、综合执法、市场监管等10个部门落实专人进驻。纪委、公安、法院、检察院等单位柔性入驻社会治理中心，对涉纪、涉法涉诉类事项进行一次性分流接待。进驻部门实行轮流分班接待，每天安排2—3

个部门工作人员参与联合接访,并向社会公布进驻部门接访计划。进驻部门采用"进退制",根据来访情况视情进行轮班调整。对其他特殊诉求类信访事项,视情及时通知相关局办到社会治理中心予以接访。这一工作模式实现多家联合一次分流的"一站式接待"。

强化社会力量参与接访。采取政府购买服务方式,吸收律师、心理咨询师等专业人士参与接访服务。由司法局指派专职律师,每周一、周三到社会治理中心坐班,每月参与领导下访接待群众活动,提供法律咨询,引导信访人通过法律途径维护自身合法权益。同时,在下访接访活动中,积极组织"两代表一委员"参与信访接待协调,充分利用社会力量,化解信访矛盾。诸暨调动群众参与信访矛盾化解,妥善处理民众的实际问题,在实践中成效显著。一方面,健全信访矛盾联调联动机制,充分发挥多元主体在矛盾化解中的作用,如村干部、公安、检察院、法院、司法局、人力资源和社会保障局、调解志愿者联合会、调解室等。另一方面,大力鼓励和支持社会组织参与社会治理,使乡贤在乡村治理中发挥引领作用,比如,诸暨采取公开听证的方式解决重复访、无理访等信访难点问题,在工作实践中取得较好实效。

(三)信访办理责任机制

诸暨推行初信初访首办责任制,以责任领导为首办责任人,职能科室干部、驻村干部、村干部为经办责任人,并在规定期限内办结信访案件。要求在规定时间内以电话、面访等形式回访,掌握信访人的思想动态,以初信初访数量、办结率、满意率为标准,进行考核排位,督促初信初访案件化解。

诸暨全面推行初信初访"七日办结制"。首先,将信访问题在七日内办结作为原则和要求,而未能办结就会被当作例外情况,这有效提高了办结效率。其次,强化考核通报,将初信初访办理工作列入年度岗位目标责任制考核指标,对信访办理不规范、不到位的,追究相关责任。最后,促进问题解决。严格落实"首问"与"首办"责任制,实行分管领导和主要领导"双审核",在办理之前运用调解的方式以提高群众满意度,减少重复访和越级访等问题的出现。

在新的时代,诸暨通过建立"零上访村""零上访镇"的竞争机制,通过村镇间的互比来激发各级就地化解矛盾的主动性,传承和发展"枫桥经验"。"与统治相比,治理是一种内涵更为丰富的现象。它既包括政府机制,同时也包括非正式、非政府的机制,随着治理范围的扩大,各色人等和各类组织得以借助这些机制满足各自的需要并实现各自的愿望。"[①]这一做法,符合"多中心、多层次、协同合作"的现代治理理念。

总之,通过上文对新时代"枫桥经验"工作体系的理论内涵、协调机制以及具体实践应用的梳理可以发现,在新时代"枫桥经验"长期的实践中,党建统领贯穿于全主体、全过程、全领域,始终以充分的组织优势和强大的执政本领发挥着政治领导、利益协调、力量整合和服务保障等功能,在此基础上,积极协调政府、社会等多边力量,建立各方协调机制,实现了在党的领导下各个基层治理主体的协同、协作,把工作方式由"独唱"转为"合唱",最大限度凝聚基层治理力量,形成解决基层具体社会问题的工作机制。未来,在坚持上述基本理念的前提下,"枫桥经验"需要创新工作体系、方式方法,以助力国家治理现代化目标的实现。

---

① [美]詹姆斯 N. 罗西瑙:《没有政府的治理》,江西人民出版社 2001 年版,第 5 页。

第 六 章

重塑评估体系,提升正向驱动力

从"枫桥经验"到新时期"枫桥经验"再到新时代"枫桥经验",半个多世纪以来,在浙江诸暨诞生的"枫桥经验"历经了产生、发展和创新三个阶段,成为具有中国特色的社会治理方案之一。[1] 作为新时代"枫桥经验"重要组成部分的评估体系,充分体现了枫桥经验的时代特性。一般说来,新时代"枫桥经验"的评估体系坚持党建引领为本质特征、评价方法论的群众路线、工作成效的群众获得感、全面从严治党是根本保证这四项原则。在上述四大原则的基础上,新时代"枫桥经验"的评估体系从权责清单框定权责平衡和社会多元评价提升治理实效两个实践层面,充分保障诸暨考核评估机制在推进工作、服务基层等方面的实际成效。[2]

第一节 重塑评估体系的时代要求

一 重塑评估体系的必要性

党的十八大以来,以习近平同志为核心的党中央在新的历史条件下针对党建领域出现的新情况、新问题、新挑战,深刻总结历史上党通过自我革命保持先进性和纯洁性并领导各项事业胜利前进的宝贵经验,作出了全面从严治党的重大部署。党的二十大报告指出"全面从严治党永远在路

---

[1] 金伯中:《新思想孕育新经验——对新时代"枫桥经验"的一点认识》,《公安学刊》(浙江警察学院学报)2018 年第 1 期。

[2] 李海裕:《务实拓展新时代"枫桥经验"理论视域的实践与思考》,《中国社会科学报》2023 年 5 月 9 日。

上"和"健全全面从严治党体系"的新论断。① 建立一套科学合理的评估考核体系是健全全面从严治党体系的重要一环。一套科学合理的评估考核体系一方面可以将部门、干部的政治表现、工作实绩转化成直观的指标数据,为全面从严治党提供相对客观的参照依据;另一方面也发挥着鞭策导向的规范性作用,能够引导被评估考核的部门、干部树立和践行正确的政绩观和发展观。

基层社会治理领域作为联结国家和社会桥梁,关乎着人民群众切身利益和社会长远发展,也直接牵涉党和政府的形象。当前,伴随着经济社会结构的快速变迁,人口流动日益频繁,公共服务需求持续增长,群众权利意识不断增强,社会矛盾日渐突出,② 社会治理的难度和任务都成倍增长,基层社会更是成为一个愈加复杂的治理场域。③ 这使得基层社会治理的重要性更加突出。因此中央也提出了要将社会治理重心不断下移的要求,并随之作出管理重心下移、管理服务职责下落、人财物和权责利对称下沉到基层的部署。在这一背景下,建立健全一套体现政治性、人民性、实践性、时代性的基层社会治理评估体系,规范基层权力运行、保障基层治理实效显得更加重要。

健全基层社会治理评估体系要强调政治性。伴随着全面从严治党向基层延展纵深,加强对规范基层领导干部队伍政治性的评估尤显重要。要从政治立场、政治方向、政治能力、政治作风等方面对基层领导干部队伍进行全面监督与评估,营造风清气正的基层治理环境。

基层社会治理评估体系要关注人民性。习近平总书记强调,创新社会治理,要以最广大人民根本利益为根本坐标,从人民群众最关心最直接最现实的利益问题入手。④ 健全基层社会治理评估体系,要真正做到以人民为中心,要让人民做评价基层社会治理成效的"裁判员",要以是否解决

---

① 习近平:《高举中国特色社会主义伟大旗帜 为全面建设社会主义现代化国家而团结奋斗》,《人民日报》2022年10月26日。
② 刘凤、傅利平、孙兆辉:《重心下移如何提升治理效能?——基于城市基层治理结构调适的多案例研究》,《公共管理学报》2019年第4期。
③ 容志:《推动城市治理重心下移:历史逻辑、辩证关系与实施路径》,《上海行政学院学报》2018年第4期。
④ 《习近平新时代中国特色社会主义思想专题摘编》,中央文献出版社、党建读物出版社2023年版,第428页。

人民群众的"急难愁盼"、是否有益于提升人民群众的福祉、维护人民群众的利益为评估治理成效的重要标尺。

基层社会治理评估体系要具备实践性。评估体系的实践性一方面在于评估指标要立足于现实需求，要综合考虑基层社会治理中各单位、各部门的实际情况，要让评估体系真正发挥提升基层社会治理水平的"指挥棒"作用；另一方面，也要保证评估体系切实可行，要具备可操作性和可执行性，要避免指标过于烦琐复杂、华而不实和评估过程中的形式主义、浮于表面。

基层社会治理评估体系还要具备时代性。评估体系要顺应时代发展和社会变迁，在内容上要切合时代所需，要紧密结合当前基层社会治理的工作实际，不断调整评估的侧重点和各类指标的参数设置；在形式上也要与时俱进，应用大数据、人工智能、物联网等智能技术以提升评估的时效性、准确性，提高评估工作的水平和效果。

二 新时代"枫桥经验"评估体系的基本情况

诸暨深入贯彻落实习近平新时代中国特色社会主义思想，健全完善干部考核评价机制，通过综合运用领导干部考察、考核等相关制度成果，全面客观准确评价领导干部政治表现及德、能、勤、廉的表现，突出实干担当导向，进一步拓宽领导干部"能上能下"渠道，努力为推进诸暨"两个高水平"建设提供坚强的组织保证。

（一）镇乡（街道）和市级机关工作目标责任制考核

镇乡（街道）和市级机关工作目标责任制考核涵盖了目标考核、综合测评两个主要维度。

目标考核部分主要围绕发展和稳定主题，聚焦上级对诸暨考核目标、市委市政府中心工作，突出高质量发展、社会稳定及当年度重点工作任务。按照基础工作、高质量发展指标、重点工作、其他工作、工作清单、奖励分项目、倒扣分项目等基本框架，对各镇乡（街道）、市级机关各部门的工作进行量化考核。目标考核的结果能够充分衡量各单位年度工作目标完成情况，同时考核结果与年末奖金挂钩，充分调动了各级各部门工作人员的积极性。

综合测评部分主要按照领导评价、社会各界评价、部门和镇街互评三个维度进行考核，从不同层面对镇乡（街道）、市级机关在工作落实、作风建设、服务基层等方面进行综合性评价打分。其中社会各界评价由市委组织部牵头实施，主要由"两代表一委员"对部分单位进行评价打分，侧重于各界群众对相关单位的定性分析和感观度评价；领导评价、部门和镇街互评由市考核办牵头组织实施，侧重于市领导、部门、镇街在相对熟悉情况的前提下，对评价对象进行综合分析和整体性评价，进一步提高考核评价的准确性。

（二）市管领导班子和领导干部年度考核机制

领导班子年度考核主要考核整体运行情况和综合绩效，重点考核加强党的建设、贯彻新发展理念、推动高质量发展等方面情况，包括政治建设、领导能力、担当作为、党风廉政建设、队伍建设等方面的实际成效。同时，对党委（党组）领导作用不够明显、民主集中制执行不够到位、组织为干部担当不够有力、形式主义和官僚主义突出、机关党建和基层组织建设不够重视等内容实行反向考核。领导干部年度考核主要考核履行岗位职责的情况，包括政治素质、担当尽责、工作实绩、专业素养、廉洁自律、法治建设等方面的现实表现。同时，对"两个维护"不够坚决、宗旨意识不够牢固、斗争本领不足、纪律规矩不够严明、计较名利得失等内容实行反向考核。

一是总结述职。领导班子和领导干部根据年度考核内容及有关要求，进行年度工作总结，分别形成领导班子年度总结报告和领导干部述职述德述廉述法报告。召开会议，单位党委（党组）主要负责人代表领导班子总结报告全年工作，党政正职进行个人报告，其他班子成员一般进行书面报告。领导班子年度总结报告和个人述职述德述廉述法报告提前3天在单位内部进行公示。二是民主测评（评议）。参加民主测评（评议）的人员范围，按照知情度、关联度、代表性原则，结合实际确定。其中，市级部门（单位）一般为全体机关干部、下属单位主要负责人，镇乡（街道）一般为全体机关干部、站所主要负责人。三是个别谈话。考核组在一定范围内进行个别谈话，了解领导班子运行情况和领导干部履职情况，听取对领导班子和干部队伍建设的建议意见。四是了解核实。对反映领导班子和领导干部的重要情况和问题，采取谈话印证、书面说明、实地核查、查阅资料等方式，运用干部大监督工作机制，进一步调研核实清楚。

(三)"三比三晒三评"活动

近年来，诸暨以习近平新时代中国特色社会主义思想为指导，组织全市机关党组织和党员开展"支部书记比履职、晒项目，评党务达人；机关党员比担当、晒服务，评先锋达人；入党申请人员比工作、晒实绩，评奋进达人"为内容的"三比三晒三评"活动，主动对标对表担当作为，勇于笃定前行争先创优，以机关党建高质量建设助推诸暨高质量发展。

该活动主要内容有两项：一是支部书记比履职、晒项目，评"党务达人"。聚焦岗位职责，突出比规范、比落实、比实效，强化实绩导向，深化改革创新，围绕单位特色，搭建全市机关党支部书记及党务干部"互看互学互比"平台，评选百名"党务达人"。二是机关党员比担当、晒服务，评"先锋达人"。聚焦担当作为，突出比效能、比实绩、比服务，以岗位职责为核心，服务中心工作，参与志愿服务，搭建机关党员"互看互学互比"平台，评选百名"先锋达人"。三是入党申请人员比工作、晒实绩，评"奋进达人"。

(四)清廉建设百分制综合评价

近年来，大数据广泛运用于各行业各领域，成为推进社会治理体系和治理能力现代化的重要工具。作为"枫桥经验"发源地的诸暨，探索"枫桥式"基层治理监督工作体系，通过动态预警、监督、处置、评价基层小微权力运行轨迹，深挖细查背后党性作风问题，监督推动镇街、村社、基层站所及其党员干部、公职人员履职尽责，切实提升基层监督治理质效。

大量的数据信息和精准的处理模型，是提升基层监督质效的保障。新时代"枫桥经验"清廉建设综合监督平台把乡镇、村社和基层站所的权力运行通过数字化的方式来抓取，通过数字化改革来监督和规范权力。平台以横向协同12个职能部门、纵向贯通24个信息平台的省市县三级95万多条数据作为支撑，聚焦镇街、村社、基层站所及其党员干部、公职人员权力行使具体行为，实时抓取行权数据，动态构建违规审批、违规采购、违规支付等预警模型，智能监测小微权力运行轨迹，深度分析背后党性作风问题。按照问题性质设置红黄两级预警，明确预警触发及分级规则，其中黄色预警侧重具体业务问题，红色预警侧重党性作风问题。

在推动基层监督质效提升之外，平台还探索推行镇街政治生态评价新模式，助力精准研判政治生态。平台"清廉体检"模块设置隐患、信访、履责等六大清廉指数，细化 74 个量化指标，实施清廉建设百分制综合评价，构建清廉建设综合得分月度排行榜，实现镇街清廉建设指数自动打分、排位动态公布，一体形成"量化评估、实时反馈、直观展示"的评价体系，实现分析评估具体化、常态化、长效化。截至 2022 年年底，已全景式展示全市 23 个乡镇的清廉建设"体检"成效。

（五）党员日常表现量化管理

为促进党员依法依规履行义务，诸暨依据考核结果来惩戒违反国家法律和党内法规的党员。2014 年 11 月，诸暨市委组织部印发了《农村党员日常表现量化管理办法》，规定党员日常表现量化管理初始基础分为 60 分，对认定情形实行季度累计加分扣分制，即上季度得分为下季度基础分。村党员先锋指数管理工作小组负责每季度 1 次，将每名党员的加扣分情况记入《年度党员日常表现量化管理得分情况汇总表》，第三季度得分即为该党员当年度日常表现量化管理得分。以枫桥镇为例，枫桥镇科学设置不合格党员退出机制，以更好发挥党员的先锋模范作用，从而更好地应对社会转型期面临的问题与挑战。具体做法是：每年的年底由农民对党员联系人进行考核打分，80 分以上为合格，不合格党员将列为"警示党员"，党组织关系从村里迁移到镇里的"警示党员支部"，通过一年的学习考核，获得"合格"的评定才能回到原来所在党支部，若仍旧不合格，根据《党章》第九条规定，将劝其退党或清除退党。

（六）村两委干部"四不"公开承诺

如何规范村干部履职，如何对不作为、乱作为和违法行为进行责任追究，关键是要建立制度规范，增强支部责任意识、守纪意识、廉洁意识，切断村干部违规参与竞争深层次的"利益链"。诸暨全市村两委会干部中推行"四不公开承诺"，即在任职期间不承包承建或变相承包承建本村的公共项目及涉及征用本村土地的所有项目，不违规干预和插手本村工程建设，不违规发展党员，不履职就辞职。"四不公开承诺"内容具体如下。

第一，不承包承建或变相承包承建本村的公共项目及涉及征用本村土地的所有项目。本人及亲属（配偶、父母、子女及其配偶）不以承包承建、投资入股、设备租赁等方式参与由政府或村集体出资或部分出资，或以村集体名义发包其涉及的征用本村土地的所有项目工程建设和招投标工作。

第二，不干预和插手本村工程建设。本人不违反法律法规和议事规则，利用职权或职务上的影响，向有关人员以暗示、授意、打招呼、强令等方式，影响本村工程在招投标、建设施工、审核验收等方面工作的正常开展。

第三，不违规发展党员。本人在党员发展工作中，不违反《诸暨市进一步规范和加强发展党员工作的若干规定》的要求，影响党员发展工作的先进性和纯洁性。

第四，不履职就辞职。本人在任职期间存在下列情形之一的，即主动辞去现任村干部职务：不贯彻执行党委、政府决策部署；不执行本级党组织的决定，或村民代表会议的合法决定、决议，造成严重不良影响或后果；无正当理由，村干部创业承诺事项不能按时兑现，或在年度考核中，综合评定被确定为不称职等次；涉及搭建违法建筑、违法占用耕地、违法开采矿山、违法轧（洗）砂等行为；煽动、组织或参与集体上访、无理上访；参与赌博、嫖娼、打架闹事等违法活动，造成恶劣影响；因涉嫌犯罪被立案侦查，6个月以上未撤案的；因刑事犯罪被判处刑罚；违反国土城建有关政策，造成恶劣影响；患重病6个月以上或长期外出，严重影响工作和其他不正确履行岗位职责，情节严重造成恶劣影响。

通过承诺公开、监测督查，定性与定量相结合，诸暨对村干部履行"四不"公开承诺情况进行年度考评，考评结果与基本报酬发放、评先评优、公务员考录和党组织选举候选人提名等挂钩，并加强违诺追究，对涉嫌违纪违法的，依法移交纪检监察机关处理；对承诺践行不力的，进行诫勉谈话、限期整转，若整改不力则暂停行使职务；对符合辞职情形且经多次劝导拒不辞职的，启动村干部辞职承诺工作程序。在村干部队伍中推行"四不"公开承诺监督机制，有效遏制和震慑了村干部插手工程谋取不当利益等现象，治愈了长期以来影响党群干群关系的"痼疾"，提升了村干部队伍形象，减少了农村不和谐因素，优化了农村社会风气。

第二节 重塑评估体系的指导原则

一 党建引领评估体系总框架构建

党的二十大报告指出，各级党组织要坚持大抓基层的鲜明导向，推进以党建引领基层治理，持续整顿软弱涣散基层党组织，把基层党组织建设成为有效实现党的领导的坚强战斗堡垒。① 习近平总书记多次强调基层社会治理要以基层党建为抓手，充分发挥党建引领作用。新时代"枫桥经验"作为在基层创新实践中不断发展成型的中国式基层社会治理模式，其本质特征是党建引领。② 通过党建引领，发挥党组织统筹协调作用，厘清各主体间权责、协调利益矛盾、凝聚治理合力，保障基层社会治理的有序开展；③ 同时通过坚持党的领导，保证党中央和上级党组织的方针政策得到准确有效贯彻，保证基层治理的人民性不走偏。作为新时代"枫桥经验"的重要组成部分，其评估体系同样要坚持党建引领，并将这一原则置于顶层设计的高度加以彰显。坚持党建引领，首先要在党的领导下进行评估体系的设计，要发扬民主集中制的优良传统，一方面要让被评估的各级党组织和党员参与到评估体系设计中来，充分听取其意见建议，保证评价指标的民主性和可操作性；另一方面，作为评估主体的党组织要在评估体系的设计中掌握最终决策权，以保障评估体系的方向符合党中央和上级党组织的精神，保证评估体系能起到激励评估对象认真履行职能、完成考核目标的"指挥棒"作用，避免评估对象在设计过程中自我偏袒的情况发生。坚持党建引领，还要将党建引领的原则转化为具体的指标纳入评估体系之中。这一方面要求评估指标要和党中央及上级党政部门的战略目标、重大决策相契合，要和自身的中心工作、重点工作相衔接；另一方面要求评估指标中应当具体包含党组织建设、全面从严治党、意识形态领导等与党建引领相关的内容。

二　坚持群众路线与调查研究

党的二十大报告指出，全面建设社会主义现代化国家，必须充分发挥亿万人民的创造伟力，要坚持全心全意为人民服务的根本宗旨，树牢群众

---

① 习近平：《高举中国特色社会主义伟大旗帜　为全面建设社会主义现代化国家而团结奋斗》，《人民日报》2022 年 10 月 26 日。

② 杨平、王馨曼：《新时代"枫桥经验"向社会治理效能的转化》，《江汉大学学报》（社会科学版）2021 年第 2 期。

③ 黄晓春：《党建引领下的当代中国社会治理创新》，《中国社会科学》2021 年第 6 期。

观点，贯彻群众路线。① 中共中央办公厅印发《关于在全党大兴调查研究的工作方案》，号召在全党大兴调查研究之风，从群众中来、到群众中去，真诚倾听群众呼声、真实反映群众愿望、真情关心群众疾苦。② 群众既是基层社会治理的参与者，也是基层社会治理的受益者，新时代"枫桥经验"作为基层社会治理的典型实践样本，③ 要始终围绕其诞生之初就内含的"发动和依靠群众"这一重要特质，④ 坚持群众路线这一党的根本工作路线，充分调动群众参与的积极性，充分发挥群众在基层社会治理中的主体作用。同样，新时代"枫桥经验"的评估体系作为一套基层社会治理的评价机制，其评价方法论也要坚持群众路线。习近平总书记曾提到："党员、干部身上的问题，群众看得最清楚、最有发言权。要坚持开门搞活动，一开始就扎下去听取群众意见和建议，每个环节都组织群众有序参与，让群众监督和评议。"坚持评价方法论的群众路线，就是要在基层社会治理的评价过程中深入基层、沉到一线，充分发扬全过程人民民主，广泛密切联系群众，大兴调查研究之风，听取群众的意见建议，将企业群众纳入监督和评议环节之中。这要求在政绩考核评估中，将群众评议纳入其中作为考核评估的必要环节，把为企业群众办实事、解难题作为重要的考核内容，将群众参与度和满意度作为重要的考核指标；这同时也要求政府要持续推进信息公开，保障群众知情权和监督权；还要注重评议结果的及时反馈和合理利用，⑤ 切实让群众评议的结果成为促使基层社会治理效能提升的"指向标"。

三 以群众获得感为衡量标准

一切为民者，则民向往之。在《习近平谈治国理政》第四卷收入的《坚持人民至上》重要讲话中，习近平总书记把人民至上的发展理念简单

---

① 习近平：《高举中国特色社会主义伟大旗帜　为全面建设社会主义现代化国家而团结奋斗》，《人民日报》2022年10月26日。
② 中共中央办公厅：《关于在全党大兴调查研究的工作方案》，《人民日报》2023年3月20日。
③ 汪世荣：《"枫桥经验"视野下的基层社会治理制度供给研究》，《中国法学》2018年第6期。
④ 李振贤：《"枫桥经验"与当代中国基层治理模式》，《云南社会科学》2019年第2期。
⑤ 刘帮成：《用好群众评议激发干部作为》，《人民论坛》2021年第9期。

有力地概括为一句话："我们党团结带领人民进行革命、建设、改革，根本目的就是为了人民过上好日子。"不管面对什么样的挑战与险阻，党始终把人民群众放在首位，坚持人民至上。人民获得感是基于广大人民群众利益获得的满足，亦是以广大人民群众为衡量对象，具有广泛的人民性。从这个意义上讲，人民获得感是党的人民至上理念在新时代的政治性延伸。

党的二十大报告指出要完善社会治理体系，健全共建共治共享的社会治理制度，提升社会治理效能。① 将国家治理各方面的制度优势更好地转化为切实的治理效能是实现国家治理现代化的一项总体要求。② 在基层社会治理领域，群众的获得感是治理效能的重要体现。正所谓"人民群众满意不满意、高兴不高兴、答应不答应、赞成不赞成是衡量党和国家一切工作的根本标准"，学习和推广新时代"枫桥经验"，关键在于将这一基层社会治理实践中形成的有益经验提炼上升为成熟稳定的制度机制并投入新的实践之中，进而转化为以群众获得感为重要价值目标的基层社会治理实际效能。建立健全新时代"枫桥经验"的评估体系，其落脚点同样在于提升治理效能及取得工作成效的群众获得感。要健全和实施新时代"枫桥经验"的评估体系，就是要将上级的战略目标和重大决策、自身的中心工作和重点工作以及人民群众的诉求和需要转化为具体的工作目标和考核指标，引导激励各地各部门围绕中心大局和群众需求扎实开展工作，形成你追我赶、干事担当、奋勇争先的良好氛围。在这一过程中，充分发挥评估体系的"指挥棒""风向标"作用，以评促改、以评促建、以评促发展，使得上级意图得到贯彻、工作推进见到实效、民生需求得到满足，进而全面提升基层社会治理的整体效能。

四 以全面从严治党为抓手

党的二十大报告在全面从严治党方面作出新的论述，指出"要落实

---

① 习近平：《高举中国特色社会主义伟大旗帜　为全面建设社会主义现代化国家而团结奋斗》，《人民日报》2022年10月26日。

② 丁志刚、李天云：《制度优势转化为治理效能：深层逻辑与核心机制》，《中共福建省委党校（福建行政学院）学报》2021年第2期。

新时代党的建设总要求,健全全面从严治党体系,全面推进党的自我净化、自我完善、自我革新、自我提高,使我们党坚守初心使命,始终成为中国特色社会主义事业的坚强领导核心"①。全面从严治党永远在路上,党的自我革命永远在路上。全面从严治党,离不开一套规范化、有序化、常态化的考核评估机制作为保障。② 建立健全新时代"枫桥经验"的评估体系有助于将全面从严治党向基层社会治理领域延展纵深。

建立完善新时代"枫桥经验"的评估体系,一方面要将党的政治建设、思想建设、组织建设、作风建设、纪律建设、制度建设等维度有机合理纳入考核评估之中,在考核内容上保证全面从严治党在基层社会治理中落地落实;另一方面要将基层社会治理中的各部门、各层级、各领域全面接入评估体系之中,在评估对象方面保证全面从严治党在基层全覆盖。通过将全面从严治党融入新时代"枫桥经验"的评估体系之中,一方面构建清单明责、平台督责、交办问责"三位一体"责任落实体系,有助于规范基层社会治理领域的权力运行,另一方面建立对基层社会治理各部门、各层级、各领域领导班子的总体运行、干部干事、个人履职情况的考察评估机制,有助于提升基层社会治理工作者尤其是基层干部的整体形象,真正保证全面从严治党体系在基层社会治理领域的无死角全覆盖。③

第三节 重塑评估体系的具体路径

一 以权责清单规范权力运行边界

基层政府各项督查检查考核工作也建立在权力授予的基础上,权力赋予了考核的生命力,考评目标的达成自然离不开对督考权的正确规定和使用。④

---

① 习近平:《高举中国特色社会主义伟大旗帜 为全面建设社会主义现代化国家而团结奋斗》,《人民日报》2022年10月26日。
② 仲伟通:《落实全面从严治党责任制度:意蕴、困境与出路》,《理论导刊》2021年第4期。
③ 马丽:《激发基层干部干事创业积极性》,《中国党政干部论坛》2022年第2期。
④ 盛明科、陈廷栋:《基层考核"口袋效应"的形成、风险与规制——基于督考权扩张的分析》,《江苏行政学院学报》2023年第2期。

近年来党中央反复要求党委政府和职能部门权力运行制度化、程序化、规范化，主要目的在于保障权力为人民服务，这也是权力设置的初衷。基层社会是最贴近人民群众的地方，是党和政府联系和服务人民群众的最前沿地带。习近平总书记也反复强调"基层强则国家强，基层安则天下安，必须抓好基层治理现代化这项基础性工作"。基层权力作为公权力末梢，看似微小分散，但实际上量大面广，是连接国家和社会的桥梁，实际关乎人民群众切身利益和基层社会长远发展，也直接牵涉到党和政府的形象。[1] 近年来，在推动社会治理重心向基层下移的背景下，一系列涉及放权赋能的改革实践正在基层不断开展，越来越多的治理权限和治理资源正在下放基层。例如《中共中央国务院关于加强基层治理体系和治理能力现代化建设的意见》指出，"依法赋予乡镇（街道）综合管理权、统筹协调权和应急处置权，强化其对涉及本区域重大决策、重大规划、重大项目的参与权和建议权"[2]。事权、财权的不断下沉必然要求全面从严治党进一步纵深推进，要在基层社会治理中加强对公权力的监督，要将权力置于制度和程序的框架内、群众的监督下运行，这有助于减少基层权力运行的主观性和随意性，有效遏制基层社会治理中干部不担当、不作为、乱作为、假作为的乱象，让基层干部勇于承担责任，规范行使权力，提升基层治理的专业化和科学化水平，提高工作效率和治理效能；有助于群众的意见要求得到充分的听取和回应，群众的利益得到充分的考量，保障基层治理决策的民主化，更好保障人民群众的合法权益；也有助于防范基层"只讲权力不讲责任"的权力滥用现象和腐败问题，避免权力随意行使造成损害群众利益甚至引发社会不稳定的风险；也有助于明确基层部门的具体权力和职责边界，避免压力制体制下基层部门和干部的"有限权力"和"无限责任"倾向，切实为基层增能减负，让基层社会治理更好地聚焦为人民服务的主业上；[3] 同时，权力的规范化运行也有助于让基层干部更加关注基层实际情况，从实际出发探索更加符合自身特点的基层治理模

---

[1] 钱再见：《基层治理中小微权力规范运行的深层逻辑》，《国家治理》2020年第24期。
[2] 《中共中央国务院关于加强基层治理体系和治理能力现代化建设的意见》，《人民日报》2021年7月12日。
[3] 傅荣校：《警惕基层治理"节点"上的权责失衡——关于上级"甩锅"现象的思考》，《人民论坛》2018年第17期。

式，推动基层治理创新发展。

新时代"枫桥经验"的评估体系作为评价基层社会治理的评估工具，对基层社会治理主体的行为具有激励导向的作用，因此要发挥好评估体系的"指挥棒"作用，将规范权力运行的要求嵌入到评估体系之中，确定权力规范运行的目标和标准，建立权力规范运行的评估机制、考核办法、奖惩机制，引导各级部门和广大干部坚持正确的权力观，依纪依规用权，公平公正用权，真正做到"情为民所系，权为民所用，利为民所谋"[1]。新时代"枫桥经验"的评估体系助力权力制度化、程序化、规范化用权主要是通过权责清单实现的。2013年，党的十八届三中全会正式提出了推行各级地方政府部门权力清单制度的要求，引起了理论界和实务界对于基层社会治理权责清单的关注与探索。[2] 基层社会治理的权责清单在基层部门对自身工作相关的权力责任的系统梳理的基础上，将部门的职权目录、职权事项、法规依据、办事流程等内容清单化，并基于清单行使自身职权、接受监督部门和公众的监督。[3] 通过建立权责清单，一方面有助于明确各部门的职责，有助于解决职责交叉、相互推诿的现象；也有助于基层聚焦职权范围内的工作，防止责任扩大化导致权责不平衡继而影响正常工作开展；此外，建立权责清单也有助于规范工作流程，提高工作效率，防范和减少工作风险。另一方面，权责清单的建立有助于明确基层部门的权力边界，规范执法行为，避免公权力无序扩张；也为公众监督评价政府提供客观依据，有助于督促基层政府部门切实履行职责，保障公民合法权利。

诸暨在实践中积极推动将权力运行机制体制改革与基层社会治理相衔接，建立了以权责清单为基本依据的行事逻辑，并将这套逻辑有机融入评估体系之中，为新时代"枫桥经验"评估体系增添新的实践经验。诸暨出台深化"四责协同"落实"五张责任清单"工作机制。通过编制"一图一表"权责清单，配套全面从严治党问责办法，构建明责、督责、追

---

[1] 蒋文龄：《高质量发展考核评价体系的构建与实施》，《中国领导科学》2020年第1期。
[2] 朱光磊、赵志远：《政府职责体系视角下的权责清单制度构建逻辑》，《南开学报》（哲学社会科学版）2020年第3期。
[3] 赵守东、高洪贵：《地方政府权责清单制度的治理进路——以有为政府为分析框架》，《行政论坛》2021年第2期。

责"三位一体"责任落实体系。

具体而言，诸暨以四责协同为抓手，根据每年的工作任务，建立了党委书记第一责任人责任清单、党委主体责任清单、班子其他成员责任清单、纪委专责监督责任清单、组织部门职能监督责任清单"五张清单"。完善职能部门的权力清单和权力运行图，把党委主体责任、党委书记第一责任和班子成员"一岗双责"、纪委监督责任、组织部门职能监督责任的横向协同协作与纵向压力传导结合起来，构建主体明晰、有机协同、层层传导、问责有力的管党治党责任落实机制。同步重塑报告评议机制，对照分类明确"一把手"和领导班子130项责任清单，由市纪委、市委办公室、市委组织部常态化开展合评联评，既评议主体责任落实情况，也评议监督责任和面上重点工作落实情况。抓细抓实市级部门和乡镇"权责清单"，积极推动形成"部门服务基层、基层服务企业"的共识。靶向整治层层加码、责任转嫁、不担当不作为和督查检查过频、台账报表过多、"指尖上的形式主义"等问题，让基层干部轻装上阵、放手干事。

诸暨的评估考核体系将"问题清单"整改情况、党员干部违纪违规违法情况等纳入考核项目中，通过这一方式实现激励机制与监督机制的有机融合。与此同时，诸暨还在基层社会治理领域切实开展重大决策和行政规范文件合法性审查工作，由市司法局牵头在镇乡（街道）层面持续推进合法性审查标准化建设，建立以党政办为合法性审查机构、司法所和法律顾问为支撑的"三位一体"审查队伍，编制审查目录清单，将镇乡（街道）党的规范性文件、行政规范性文件、重大行政决策、行政机关合同纳入审查范围；编制审查流程清单，规范审查流程机制；设置监督检查清单，开展专项督查，确保合法性审查工作落到实处。通过合法性审查，保障基层社会治理过程中的重大决策和规范性文件合法合规，为权力的规范行使提供基础。

总的来说，通过建立以权责清单为主要内容的评估体系，诸暨在赋权增能背景下在市域范围内建立了较为规范的权力运行网，保证了权力的规范透明运行，有助于规范政府行为，规制部门自我无序扩权，防范了权力腐败，减轻企业群众不必要负担；通过权责清单，明确了基层的权力范围和责任事项，有助于减轻基层工作负担，使基层得以将主要资源和精力聚焦在为企业群众服务的主业上，提升基层社会治理的整体效能。

二 以人民为主体的社会多元评价提升治理实效

习近平总书记指出,"基层是党的执政之基、力量之源"。基层治理是国家治理的基石。① 持续推进基层社会治理,对于实现国家治理体系和治理能力现代化具有重大意义。而建立一套科学、有效的评估体系,是推动基层社会高效能治理、高质量发展的重要保障。从实际来看,为了更好地贯彻落实中央和上级的各项决策、完成本单位各项工作任务、维护人民群众切身利益,充分调动各级各部门及其工作人员的工作积极性和创造性,许多地方都在基层社会治理实践中开展建立绩效评估体系的探索,在适应各地方特点的前提下形成了相对制度化、科学化、标准化,具备纠错和自净能力的评估体系。② 这些评估体系通过全面评估政府在履行自身职能、行使公共权力、完成工作目标的过程和结果,有力保证了政策的落实和效能的提升,为推动各地高质量发展和促进国家治理体系和治理能力现代化做出了较为重要的贡献。但观察许多地方的评估体系,大多存在"绩效至上、指标至上"和"政府本位、单向孤立"的特点。"绩效至上、指标至上"指的是基层社会治理评估体系,往往遵循"压力型体制"的逻辑,强调将政府在基层社会治理中的各项职能、任务量化为一系列指标并按照科层、条块的逻辑进行分解,最终将责任落实到各部门及其工作人员上。这一逻辑可以帮助政府各部门及其工作人员明确自身的工作目标和任务,帮助评估主体更加清晰了解相关工作的进展,也为公众了解政府工作提供相对清楚的视野,有助于形成激励机制提升政府效率和服务水平。但"绩效至上、指标至上"的导向也存在一定问题,一方面对绩效和指标的强调,可能会驱动政府官员树立错误的政绩观,为了实现绩效和指标任务,在治理过程中完全以指标为导向开展工作,忽视了对治理实际效果的关注;③ 为了追求任期内政绩而急功近利,忽视了本部门本区域的长远发展。另一方面,指标和绩效具有不可避免的滞后性,完全按照预设的指

---

① 《中共中央国务院关于加强基层治理体系和治理能力现代化建设的意见》,《人民日报》2021年7月12日。

② 高小平、盛明科、刘杰:《中国绩效管理的实践与理论》,《中国社会科学》2011年第6期。

③ 刘建军、耶旭妍:《新时代政绩观的理论阐释》,《理论视野》2022年第8期。

标和绩效开展工作，无法灵活适应基层社会的复杂性、变化性，会导致基层社会治理的僵化和刻板，也不利于基层社会治理创新发展。"政府本位、单一向度"是指在当前绝大多数地区基层社会治理评估实践中，相应的评估体系往往是由被评估对象的上级政府主导建立的，评估的指标参数由上级政府制定，实施评估的人员是政府内的公务人员，这种评估是"'管理理性'下以推动工作落实为导向的任务型评估"[1]，社会和公众参与较少；同时评估过程往往是自上而下的，向度单一，基层部门和基层干部群众很少作为主体直接纳入评估体系之中，他们的需求和意见难以通过制度化的方式获得评估体系的传导和回应。"政府本位、单一向度"的评估体系更多关注政府活动的投入和"直接"产出，而忽视了投入和产出所产生的社会效果，[2]而基层社会治理是和百姓生活息息相关的，"政府本位、单一向度"的评价体系存在评估指标难以准确反映基层实际需求和问题的可能，进而影响基层社会治理的质量和效果。

因此，构建新时代"枫桥经验"的评估体系应当立足于当前基层社会治理的现实需求，针对当前基层社会治理评估体系"绩效至上、指标至上"和"政府本位、单一向度"的问题，一方面要改进当前绩效化、指标化的评价体系，首先要在评判标准上把群众获得感置于重要地位，将考核的重点放在共同富裕、乡村振兴、营商环境、民生领域等事关企业群众切身利益各项工作的实际成效上，让评估体系成为保障基层社会治理始终以人民为中心的"指向标"；其次，在划定指标时，要从实际出发，应当充分调查评估对象的实际情况，征询基层部门和群众的意见，要依据不同地区实际情况分配任务、安排指标，保障评估体系的灵活性、实用性，避免评估对象因指标要求不切实际而采取不适当方式卸责应付。另一方面要坚持群众路线的评价方法论，改变完全由政府单方面主导、缺乏多元互动的评估体系。首先要扩大评估体系的参与主体，既要在政府主导的评估体系中，引入下级政府及其部门、基层自治组织、群众、企业、社会组织

---

[1] 尚虎平：《激励与问责并重的政府考核之路——改革开放四十年来我国政府绩效评估的回顾与反思》，《中国行政管理》2018 年第 8 期。

[2] 刘朋朋：《推进地方政府绩效评估创新发展》，《中国社会科学报》2020 年 12 月 23 日第 8 版。

等利益相关主体和以专家为代表的专业人员参与到评估体系的设计、实施和改进中来,还要支持、鼓励社会力量建立相对独立的、具有专业性和权威性的第三方评估机制,作为政府主导的评估体系的有益补充,增强评估的专业性和客观性;① 同时还要探索建立多元互动的评价体系,将自上而下的单向考核模式转变为以自上而下为主、双向评价共存的多维评价机制,实现"部门考核基层、基层评价部门、企业群众评价机关"的多元互评,有效调动和组织政府、市场、社会多方力量参与基层治理。②

在探索新时代"枫桥经验"的诸暨实践时,诸暨高度重视评估体系在促进基层社会治理现代化方面的重要意义,在健全完善一套更加关注基层现实、鼓励多元主体参与并互动的基层社会治理评估体系方面积极探索,制定形成了以《镇乡(街道)工作目标责任制考核办法》《市级机关工作目标责任制考核办法》等为代表的一系列考核评估制度。相对于传统的以政府绩效为中心的单一维度评估体系,这套评估体系更具群众关怀、更加切合基层治理实际。在群众关怀上,该体系设置了许多事关群众生活方方面面的评估指标,一方面通过在一般公共预算收入、居民人均可支配收入、乡村振兴、平安建设和社会治理现代化、安全生产、食药安全、教育工作等涉及百姓日常生活尤其是急难愁盼的领域合理设置指标,推动基层政府部门将更多精力和资源投入其中,切实保障人民群众安居乐业;另一方面还通过在考核指标中设置有关产业结构、共同富裕、生态环保、科技创新、人才工作、碳达峰碳中和等事关区域长远发展的指标,有益于促进区域可持续发展,为人民群众未来长远利益做出考量。在切合基层实际方面,诸暨在制定相应考核评估体系时,根据不同层级、不同部门在基层社会治理中的角色不同,通过分类管理的方式制定了不同的评估指标体系。同时在《镇乡(街道)工作目标责任制考核办法》和《市级机关工作目标责任制考核办法》等考核办法中,根据各镇乡(街道)的发展情况不同、各机关部门的服务基层社会治理的职能各异的实际情况,进

---

① 伏创宇:《我国法治政府建设评估主体建构的范式转换》,《中共福建省委党校(福建行政学院)学报》2021年第6期。
② 彭勃、杜力:《从科层逻辑到圈层逻辑:城市基层治理的新样态及其影响》,《新视野》2023年第2期。

一步对考核对象进行分组考核，一定程度上保障了考核对象之间的可比性，让不同治理主体在不同赛道上进行评估，有助于更好发挥评估体系的激励作用，充分调动各层级、各部门工作积极性。[1]

诸暨在探索建立新时代"枫桥经验"评估体系时，还积极探索建立多元互动的评价体系。在以《镇乡（街道）工作目标责任制考核办法》和《市级机关工作目标责任制考核办法》为主要代表的考核评估体系之中，一方面重视多元主体参与，在考核办法中设置综合测评的环节，并划分了领导评价、社会各界评价、部门和镇街互评三个维度，从不同层面对镇乡（街道）、市级机关在工作落实、作风建设、服务基层等方面进行综合性评价打分，在领导评价、部门和镇街评价的基础上，纳入以党代表、人大代表和政协委员为主的社会力量评价，有助于基层社会治理的各方面主体充分表达利益诉求，保障评价的客观性、科学性。与此同时，诸暨还提出了继续完善社会各界评价办法的要求，明确充分运用社会化评价成果的评估体系发展方向，通过进一步扩大评估参与主体的方式，引入企业、群众等主体参与到考核评价之中，让评估更加全面。[2] 当前，诸暨已在与企业发展、群众利益较密切的市级部门科室及基层站所开展综合评价排位，将企业、群众代表直接纳入评价主体之中，并建立了"企业评部门""群众评行风""基层评站所"等机制。[3] 值得一提的是，在优化营商环境背景下，诸暨支持指导市内企业家及相关社会人士成立了浣江亲清企业联盟促进会，负责下沉企业收集营商环境有关意见建议、干部党性作风问题，并通过与纪检监察机关建立沟通协调机制，将企业对党政部门的相关意见、问题直接反馈到纪检监察机关，形成问题收集、协调解决、及时反馈的工作闭环；还将"浣江亲清企业联盟促进会"直接纳入"企业评部门"活动中，并提升其在部门履职评价中的"话语权"[4]。另一方面，诸

---

[1] 张红春：《政府绩效生成的复杂性与绩效评估因应》，《求实》2021年第6期。
[2] 邢振江、刘太刚、王敏：《法治导向下地方政府绩效评估主体研究》，《领导科学》2015年第2期。
[3] 顾洁丽、闵敏、王月英：《诸暨：守好"枫桥经验"传家宝 绘制"平安诸暨"新蓝图》，《浙江法治报》2023年3月30日。
[4] 《绍兴市国民经济和社会发展第十四个五年规划和二〇三五年远景目标纲要》，《绍兴日报》2021年2月9日。

暨在构建评估体系过程中还在部门和镇街层面创新引入了互评机制，改变了过去单纯由部门考核镇街的模式，有助于部门和镇街在相互评价的交互之中加强沟通、换位思考、增进理解，有助于部门和镇街提升能力水平，更好的服务基层社会治理大局。

第 七 章

变革智治体系，提升系统集成力

随着新一轮科技革命和产业革命的持续推进，以互联网、大数据、云计算、人工智能、区块链和元宇宙等为代表的新的数字技术不断涌现，并深刻影响甚至重构着人类生活的基本形态。从"互联网+"时代、大数据时代、智能时代再到数字时代，中国特色社会主义新时代的发展前景与中国式现代化的未来图景正在不断获得新的可能性。习近平总书记高度重视坚持和发展"枫桥经验"在加快推进社会治理现代化中的作用，强调指出基层强则国家强，基层安则国家安，必须抓好基层社会治理现代化这项基础性工作。因此，在新时代坚持和发展"枫桥经验"和推进基层社会治理现代化的过程中，必然要充分回应新技术所带来的兼具"挑战"与"赋能"的多重效应，高度重视调动包括新技术应用在内的一切积极因素，探索符合中国基层实际和有助于治理效能提升的技术治理路径，在新时代"枫桥经验"指引下努力打造基层社会治理数字化、智能化和智慧化的智治体系。

第一节 技术支撑

以习近平同志为核心的党中央对于基层社会治理的数字化、智能化和智慧化发展具有清晰的战略认知并作出了重要的战略部署。早在2016年，习近平总书记就作出重要指示："要更加注重联动融合、开放共治，更加注重民主法治、科技创新，提高社会治理社会化、法治化、智能化、专业化水平。"① 由此，社会治理的智能化便成为一项重要的课题。2017年，"提高社会治理的社会化、法治化、智能化、专业化水平"被写入了党的十九大报告，成为新时代推进社会治理现代化的重要指导思路。2021年，习近平总书记在考察杭州城市大脑运营指挥中心时指出："运用大数据、云计算、区块链、人工智能等前沿技术推动城市管理手段、管理模式、管理理念创新，从数字化到智能化再到智慧化，让城市更聪明一些，更智慧一些，是推动城市治理体系和治理能力现代化的必由之路，前景广阔。"显然，这种"从数字化到智能化再到智慧化"的广阔发展前景，同样也是基层社会治理现代化的必由之路。党的二十大报告在论述"在社会基层坚持和发展新时代'枫桥经验'"时，也强调了要"完善网格化管理、精细化服务、信息化支撑的基层治理平台"。由此可知，以大数据、云计算、区块链、人工智能等为代表的前沿技术，能够成为基层社会治理现代化的重要技术支撑。

在这种情况下，坚持和发展新时代"枫桥经验"就必然需要深耕"智治"内涵、构建"智治"体系、深化"智治"实践，充分运用新技术的积极效应来推进基层社会的数字治理并不断提升数字效能。总体而言，在数字技术不断发展和深度应用的基础上，新时代"枫桥经验"与基层社会治理现代化面临着如下三种层层递进的基本发展逻辑。

一 转场：线下与线上治理技术的融合化

新时代"枫桥经验"的应用领域不仅包括传统的基层城乡社会，同时还要拓展至围绕基层社会所形成的更为广阔的网络空间和虚拟社会之中。实际上，随着近年来互联网等基础信息技术在全社会的普遍应用，人们的社会生活方式发生了深刻变化，而基层社会的矛盾问题很容易通过网络进行大规模的传播，在这种情况下再实现"小事不出村，大事不出镇，矛盾不上交，就地解决"，就会面临很大的挑战。因此，近年来在"互联网+"的驱动甚至倒逼之下，我国社会治理已经基本完成了从线下到线上，再到线上线下相融合的发展和"转场"历程。就技术而言，互联网

---

① 《习近平就加强和创新社会治理作出重要指示 强调完善中国特色社会主义社会治理体系 努力建设更高水平的平安中国》，《人民日报》2016年10月13日。

技术是大数据和人工智能等技术应用的基础，特别是移动互联网技术普及以来，我国社会治理面临的具体问题往往都具有线下与线上的双重性质，或者很容易实现从线下到线上的转换；与之相应的，线上治理手段最终也需要回归到线下问题的解决。这一方面对基层社会治理的技术能力提出了更高层次的要求，另一方面也促进了基层治理主体更加重视根据治理对象和领域的变化拓展来优化信息化、智能化的社会治理手段与政策工具，不断促进线下与线上相结合的治理技术更新迭代。

二　增效：矛盾化解与治理服务的智能化

新时代"枫桥经验"的治理效能不仅体现在能够运用数字技术等手段将矛盾化解于基层和本地，同时还体现在针对基层群众的社会治理和政务服务实现更高效率的智能化升级。换言之，针对已经发生的矛盾纠纷，信息化、数字化和智能化技术的运用可以实现矛盾化解效率的大幅度提升。更为重要的是，针对还未发生的社会问题，就需要通过政府服务和治理环境的智能化升级来进行整体性的防范与消弭，一方面可以通过智能技术有效监测矛盾的苗头并进行及时防范与干预，将矛盾解决在萌芽状态、化解在基层，另一方面也可以通过更高效和更高质量的公共服务来减少矛盾产生的部分根源，让群众能更便捷地通过身边的渠道解决面临的问题。实际上，新时代的社会矛盾纠纷涉及更加多元的主体、更加多样的类型、更加多变的状态和更加多重的关系，而这必然要求更高效、更便捷的矛盾化解机制和更智能、更智慧的社会治理体系。因此，新的数字技术应用可以为基层社会治理与服务提供更加智能化的技术支撑，同时也有助于矛盾化解机制与政府服务平台等社会治理核心提质增效。

三　赋能：治理主体与治理体系的协同化

新时代"枫桥经验"的治理体系不仅要加强对既有治理制度、多元共治机制和各类治理主体的整合，同时还要积极将数字技术有机嵌入基层社会治理体系之中，推动数字赋能与社会治理效能的提升。换言之，与本书前述的组织体系、制度体系、决策体系、工作体系和评估体系相比，智治体系是基础性和支撑性的，需要与其他治理体系形成良性互动并促进其智能化升级,从而形成更为完善和更具协同性的智治体系。实际上,智治体系的基础在于数字技术的应用,而数字技术的基础则在于信息与数据的集成与共享。在这种情况下,不同治理主体或部门之间存在的数据分割与信息壁垒,则是造成智治体系难以有效形成的基础性原因。因此,人工智能和区块链等数字技术的赋能逻辑就在于可以先在特定主体、部门或体系中集成一定范围的数据信息和智能应用场景,进而推动不同主体、部门或体系之间根据治理问题而逐步推进各类信息的共享,即"先集成后共享",不断推进协同发展的智能化治理体系。进而言之,数字技术对于基层社会治理的赋能,并不只是简单的技术应用的过程,更是不同治理主体和治理体系通过积极互动形成多元共治格局的过程。就此而言,新时代"枫桥经验"的智治体系建构仍然面临着诸多挑战。

第二节 实践宗旨

在全面推进数字中国建设的背景之下,数字化改革既是新时代推进中国式现代化的必然要求,同时也是新时代"枫桥经验"与基层社会治理创新实践的必由之路。毋庸讳言,数字革命与数字化转型对于基层社会治理而言是一种最新的"后天禀赋",但这在很大程度上代表了新时代"枫桥经验"的最新实践要求。但是,正如前文所述,就新时代"枫桥经验"的"变"与"不变"而言,"变"的因素并不能动摇其最本质的"不变"因素,而是"不变"的最新拓展。因此,构建智治体系的根本宗旨,仍然万变不离其宗,需要回归到"枫桥经验"的本质属性,即政治性、群众性、实践性和时代性。

一 智治体系的政治本质:以人民为中心的技术变革

"枫桥经验"最突出的本质在于其鲜明的政治性,在于对党的领导和人民至上的辩证把握,在于对人民群众首创精神的根本尊重。党的二十大报告把"坚持以人民为中心的发展思想"作为前进道路上必须牢牢把握的五个重大原则之一,这既体现了党的光荣传统,同时也规定了新时代人民至上的政治宗旨。新时代"枫桥经验"的智治体系,并不是新的治理技术的简单运用,而是一种兼具政治性与技术性的系统性变革。首先,技术改变生活，治理亟待变革。互联网等新技术的发展已经深入人民的生活，其至深刻改变了人民的生活方式和交往形态，这就必然需要国家治理和社会治理在技术领域拓展新的实践。其次，人民向往美好，愿景催生创新。习近平总书记反复指出，人民对美好生活的向往，就是我们的奋斗目标。在互联网、人工智能等数字技术成为创造美好生活的最新技术条件的情况下，对于新的治理愿景的向往同样需要融入最佳的技术因素，形成更加有效的数字化治理实践。最后，技术必须稳妥，政治保障平安。从历史上看，几乎所有的技术变革都是"双刃剑"，甚至可能是"三棱刀"，会引发很多非意图的后果。切实保障数字治理技术在正确、合理、有序的范围内得到运用，不仅需要市场、社会和法治等多方因素的有效互动，更为重要的是要坚持党的领导，为基层社会治理的数字化转型提供根本的政治保障。

二　智治体系的群众路线：优化群众参与治理的渠道

由人民群众自发创造的"枫桥经验"，在历经60年的发展和创新实践之后，仍然坚持着鲜明的人民性。群众路线是党和政府处理同人民群众关系问题的根本态度、工作方法和思想认识路线。党的二十大报告强调，我们要"始终保持同人民群众的血肉联系，始终接受人民批评和监督，始终同人民同呼吸、共命运、心连心"。构建和发展新时代"枫桥经验"的智治体系，既是为了更好地推动基层社会治理现代化的实践创新，更是为了优化人民群众参与基层社会治理的渠道和有效方式，充分体现人民群众在数字治理中的主体性。目前，尽管数字技术在基层社会的普及程度仍然有待提升，但是广大人民群众已经日益适应或者更加乐于通过互联网和数字化、智能化的通信工具来获取公共信息、表达利益诉求、参与治理过程以及监督公共权力等。因此，主动顺应数字时代的要求，开发和创建适应群众数字化生活的治理新手段与新平台，开辟和优化群众便捷参与治理的数字化新渠道，进而开创和构建基层社会治理数字化转型的"智治"新局面，就成为新时代"枫桥经验"发展创新的应有之义。

三　智治体系的实践动力：推动基层工作机制的创新

实践是检验真理的唯一标准。"枫桥经验"既是从群众实践中提炼的工作理念，也具有鲜明的实践性。"枫桥经验"之所以能够历久弥新，关键就在于坚持实事求是，不断用基层的治理实践来检验和变革具体的工作理念、方法和手段。新时代"枫桥经验"智治体系的构建是一场崭新实践，其关键就在于运用数字化的思维与理念，真正推动基层社会治理工作机制的变革、创新与发展，从而彰显"枫桥经验"在数字时代中的强大生命力。因此，"智治体系"的建构需要准确把握"枫桥经验"中"抓早抓小抓基层"等核心内涵，通过智能化的监测预警、协商共治与社会服务等领域的基层工作机制创新，真正将智能化的治理手段用于基层问题的处理和群众困难的解决上。当前，"智治体系"的变革已经基本完成了线上线下相融合的"转场"过程，而更重要的是通过基层数字治理工作机制的创新来实现真正的"增效"与"赋能"，并由此推动数字技术与基层社会治理的实践互动：一方面，数字技术不断的更新迭代会推动基层社会治理的数字化、智能化发展，而另一方面，基层社会治理的技术应用与实践需求，也会反过来推动数字技术的良性发展与整体性创新。

四 智治体系的时代引领：持续提升治理体系的效能

自诞生以来，"枫桥经验"经历了社会主义建设、改革开放和中国特色社会主义新时代等前后相继的历史发展时期，并且始终保持着与时俱进的创新精神，呈现出鲜明的时代性。在这个过程中，基层社会治理经历了社会体制从集中到分散、社会结构从单一到多元、社会矛盾从简单到复杂的多维变化，特别是从熟人社会到陌生人社会的转变，都推动了"枫桥经验"及其工作机制的拓展和创新。当前，新科技革命引发的数字化发展成为新的时代特色，而主动因应这种时代特点的"枫桥经验"则将构建智治体系作为新的发展路径。智治体系的构建与变革，从根本上是为了促进基层社会治理体系和治理能力获得更高的效能，由此促进新时代"枫桥经验"进一步与时俱进与持续发展。同时，基层社会治理的智治体系也能够为新时代推进数字中国建设提供更为坚实的社会基础，推动数字应用场景在基层的多元化创新发展。进而言之，面对当今席卷世界的科技革命浪潮和诸多国家动荡不安的社会变局，新时代"枫桥经验"及其智治体系的探索实践，在数字技术层面上显然具有更广泛的共同语言和普遍意义，因此，也有助于凝聚中国基层社会治理智慧，并推动中国治理故事和智治经验的国际化时代化传播。

第三节 数字治理

作为"枫桥经验"发源地的浙江省，既是数字经济强省和网络大省，同时也是推进社会治理信息化和智能化的重要试点和先行探索者，在推动新时代"枫桥经验"和基层社会治理的数字化和智能化发展方面拥有得天独厚的基础条件。2016年，浙江省政府出台《浙江省"互联网＋"行动计划》，提出了"网上浙江"的口号，并就"互联网＋社会治理"进行了具体的部署。以此为指导，浙江省在继承发扬"枫桥经验"传统做法的基础上，树立联动融合、开放共治、数据驱动的理念，打造"枫桥经验"升级版，围绕矛盾化解、公共安全、执法司法、基层自治、诚信体系等重点领域，释放出"互联网＋"在基层社会治理领域的新效能。[1] 在上述实践的基础上，2018年年初，中央政法委首次明确提出了"网上枫桥经验"的概念："要总结推广'网上枫桥经验'，推动社情民意在网上了解、矛盾纠纷在网上解决，努力使社会治理从单向管理向双向互动、线下向线上线下融合、单纯部门监督向社会协同转变。""网上枫桥经验"的提出，也是将政法战线的"枫桥经验"运用到网络治理和基层社会治理之中的重要尝试，并且由于契合了推进"互联网＋"的社会需求，在全国范围内产生了非常广泛的影响。

严格而言，网络治理是数字治理的基础，但并不等同于数字治理，从"网络治理"到"数字治理"和"智能治理"乃是一种跨越式发展的过程。因此，在一定程度上，"网上枫桥经验"实际上体现了新时代"枫桥经验"探索建构"智治"体系的初期逻辑，即推动基层社会治理线下线上相融合的"转场"逻辑。在实践过程中，近年来所强调的"网上枫桥经验"不仅包括网络治理或"治网"经验，[2] 同时还囊括了基层社会治

---

[1] 中国法学会"枫桥经验"理论总结和经验提升课题组：《"枫桥经验"的理论构建》，法律出版社2018年版，第147—148页。

[2] 汪世荣、褚宸舸：《"枫桥经验"：基层社会治理体系和能力现代化实证研究》，法律出版社2018年版，第332页。

理、矛盾纠纷化解、智慧警务实践和风险防控等诸多与网络密切相关的治理领域，并且引领了新技术的社会治理应用。① 因此，在很大程度上，"网上枫桥经验"这一概念可以等同于新时代"枫桥经验"的"智治"体系。从"网上枫桥经验"和浙江省的智慧治理实践来看，具体的数字治理举措在很大程度上已经推动了从"转场"到"增效"再到"赋能"的整体发展。具体而言，浙江省在新时代"枫桥经验"的智治体系建构过程中已经充分探索了以下具体治理实践。

一 推动治理平台建设网络化

推动治理平台建设网络化，促进基层矛盾纠纷化解资源整合和线上线下统筹协调。这是智治体系建构的基础性实践。浙江省在"互联网+"网络治理的行动中，着力打造了网络化的公共服务体系、多元矛盾纠纷化解机制、社会风险防控体系和执法司法体系等。② 其中的典型案例便是浙江省自2016年以来推动的人民调解的网络化平台建设，即"在线矛盾纠纷多元化解平台"（Online Dispute Resolution，简称ODR平台）。该平台通过浙江省的先行试点建设，逐渐在不同地区进行推广，已经形成了较为成熟的平台化机制。该平台引入司法调解、人民调解、行业调解等多元化解纠纷资源，集咨询、评估、调解、仲裁、诉讼五大服务功能为一体，可以跨区域、跨时空、跨层级地化解基层矛盾纠纷，成为基层社会治理网络化的新模式。另外，基层社会治理往往涉及诸多领域和条块部门，常常存在多头治理和权责不清等结构性矛盾，例如镇街的管理职权与诸多繁重的工作任务之间不匹配，而且镇街的统筹协调与部门派驻机构之间因条块分割而难以形成工作合力。因此，浙江省于2015年首次提出"四个平台"概念，将基层镇街的社会治理职能统合为综治工作、市场监管、综合执法和便民服务四个平台，在分别承担相应职能的同时，通过网络平台的整合与网络技术等应用，有效地推动了基层社会治理不同部门之间的资源整

---

① 褚宸舸、史凯强：《"网上枫桥经验"浙江实践及其创新》，《浙江工业大学学报》（社会科学版）2019年第2期。

② 中国法学会"枫桥经验"理论总结和经验提升课题组：《"枫桥经验"的理论构建》，法律出版社2018年版，第148—154页。

合，打破了原有的"信息孤岛"，让基层群众能够切实感受到更加高效与适宜的治理体验。这些相对早期的"网上枫桥经验"实践，一方面注重通过网络手段将矛盾纠纷化解经验进行线上转移，另一方面也注重基层社会治理职能的平台化整合与信息资源网络化共享，由此为数字治理和智能治理的进一步发展奠定了坚实的技术基础。

二　加强治理技术应用智能化

加强治理技术应用智能化，提升基层政务管理与服务的便民化发展与一体化程度。这是智治体系建构的背景性实践。基层社会治理的技术来源并不完全来自自身，而在很大程度上来源于数字中国建设背景下的科技创新、数字经济和智慧城市等建设。同时，基层社会治理不仅仅需要有效的自治，同时还需要充分合理的行政管理作为支撑。因此，"一网通办"和"一网统管"的政府管理与政务服务发展趋势，同样也是基层社会治理智能化的重要基础。新时代浙江省积极推动"互联网＋政务服务"，于2016年在全国率先实施"最多跑一次"改革，即运用智慧治理的手段，让数据多"跑路"，让群众少跑腿甚至不跑腿。这场改革逐渐成为转变政府职能、改进服务方式、提升政务效能的整体性变革。其中，诸暨的"一证通办一生事"通过政府部门的信息共享和智能化整合，使市民凭身份证便能够办理生活中的绝大部分政务事项，而无须更烦琐的证明。2019年以来，浙江省又将这种改革理念运用到了矛盾纠纷化解的基层社会治理领域中，通过智慧化的治理手段，整合了矛盾纠纷化解的诸多相关中心或部门，打造县级"信访超市"，将"多部门、多窗口"变成"一部门、一窗口"，使得矛盾化解"最多跑一地"，从而确保"小事不出村，大事不出镇，信访不出县"[①]。各级政府和相关部门也更加重视政务App和社交媒体的平台作用，将线下业务通过线上方式进行更加高效的处理。同时，基层社会治理的参与者也更加适应运用社交媒体和线上交流平台来开展协商、调解和交流沟通，这些因素决定了数字技术的应用场景将会更加深入地嵌入基层社会治理的实践中。

---

① 卢芳霞等编著：《创新"枫桥经验"建设平安浙江》，浙江大学出版社2021年版，第161—180页。

三 鼓励治理部门实践数字化

鼓励治理部门实践数字化，打造基层社会治理不同主体的智治格局和协同化机制，这是智治体系建构的阶段性实践。人工智能、区块链等新兴技术的基础在于数据，而数据的规模与质量则决定了智能技术应用的效能。数据的积累与整合是一项长期的工作，因此，就基层社会治理而言，应当根据不同的发展阶段兼顾不同治理主体的小数据积累以及在此基础上的大数据整合，为智能技术的治理应用提供更为优质的数据基础。近年来，在互联网和数字技术的发展热潮中，浙江省积极鼓励不同部门开展网络化、数字化和智能化实践，根据各自的工作特点和治理领域探索基层数字治理的有效路径。例如，公安机关掌握着最为优质的公民个人信息和公共网络信息资源，在预防和打击违法犯罪领域可以充分推进智慧警务探索。宣传和网信部门则掌握着公共舆论和网络舆情的海量数据动态，因此在推动网络问政和基层舆情治理领域能够提升智能化监测水平。金融部门则可以利用数字和智能技术开展金融数据和风险的实时监测，切实把金融风险消除在萌芽阶段。诸暨市纪委则创新探索了新时代"枫桥经验"清廉建设综合监督平台，通过大数据和智能化的监测预警机制来及时发现问题和解决问题。这些不同部门的数字治理实践，虽然在一定阶段内存在各自为政和数据分割等问题，但是从长期来看，这些数字治理实践实际上可以为治理数据的协同与整合提供坚实的基础。因此，坚持和发展新时代"枫桥经验"，就应当在基层社会治理现代化的过程中根据具体的治理挑战和问题来进行部门数据的整合与协同，从而为基层社会治理的智能化提供更为优质的数据基础，同时也应当在此基础上加强社会治理事务相关智能化系统的开发与应用，真正实现数字技术对于基层社会治理的赋能。

第四节 场景应用

新时代"枫桥经验"作为一种经验化、理论化的治理观念，对于推进我国的基层社会治理现代化具有重要的指导意义。更为重要的是，新时代"枫桥经验"作为一种实践化、操作化的治理机制，则需要通过不同治理技术的运用来达到预期的治理目标。在新时代的条件下，"枫桥经验"与网络、数字和智能等技术相结合，可以实现更多更有效的场景应用，从而推动上述目标、观念和工作机制的完善与优化。作为"枫桥经验"的发源地，诸暨近年来系统推进了一系列数字场景应用的治理实践，具体而言，具有典型性的场景应用及其代表性的工作机制主要有以下若干重要案例。

一 "浙里直播共富"应用

"浙里直播共富"应用聚焦直播电商产业主体难监管、内容难监测、行业自治弱、运营不规范、发展较粗放等共性难题，坚持规范和发展并重，旨在构建公开透明的规则机制、高效协同的监管机制、公平竞争的执法机制、规范健康的发展机制，全面深化直播电商监管服务整体性、系统性、重塑性变革，形成"市场主导、政府协同、行业参与、社会监督"的多元共治格局，实现商圈共享、商家共赢、百姓共富。

应用于 2022 年 3 月上线，至 2023 年 8 月已将抖音、快手、淘宝、微拍堂等 6 个直播平台 5000 余个活跃直播间纳入监管范围，覆盖珍珠、袜业、香榧等特色产业，监测直播 69375 场，抓取有效违法线索 639 条，100%完成闭环处置，查处直播营销案件 64 起，入选省级、绍兴典型案例 7 起，全市直播违法违规行为发生率降低至 1.9%。该改革项目成功揭榜国家发改委、科技部 2023 年度全面创新改革揭榜任务、全国市场监管数字化试验区建设两个国家级试点，成为全国首个与国家市场监管总局"网络交易监测五级分发系统"互联互通的应用，获评商务部"诚信兴商"典型案例、省营商环境优化提升"最佳实践案例"、县乡法治政府建设省级"最佳实践"、省十大依法治网标志性成果等荣誉；入选浙江省"一地创新、全省共享"一本账 S_0，相关做法在金华、温州、杭州、上海等 10 地推广，向公安、烟草等领域复用，被国办职转办《全国优化营商环境简报》、中央网信办《网信动态》、国家市场监管总局《市场监督管理》等国家级刊物点赞刊发。

应用由市场监管局牵头，建立纵跨国家、省、市、县、乡五个层级，横跨市场监管、网信、人社等 12 个单位的立体式治理体系，形成"人才体系重塑—产品质量保障—公益直播推广—高效监管护航—精准政策助力"的业务流程闭环，重点打造五个子场景。

（一）"招主播"子场景

设置"招聘服务"和"主播培育"等模块，重点打通招聘应聘、培训考证、行为规范等环节堵点，完善网络主播职业化管理的工作体系。场景可精准推送招聘应聘信息，并提供《劳动合同》等合同标准文本和在线签约服务。针对职业资格评定难题，开发在线考试功能，通过考生线上实录、考官在线评分等环节，完成实操竞赛，实现等级证书线上发证。对于主播日常规范需要，开发直播脚本预检功能，自动抓取识别直播脚本或试播视频中的违规信息并提出针对性的修改建议，提前化解潜在风险。

（二）"选优品"子场景

设置"优品橱窗""放心保障""运营服务"等模块。依托"官宣"优品、"自荐"优品两种方式打造优品橱窗，对接"浙农优品""浙江质量在线"等应用，选择口碑好、获认证的品牌产品优先入驻，鼓励资质认证良好的供货商自行发布产品信息，并通过创建"放心直播间"、提供检测报告查询入口及检验机构检测服务等方式，保障直播产品质量。同时，聚焦产品销售过程中包装运营、视频制作、物流仓储等方面需求，入驻一批评价度高的上下游企业，畅通信息对接渠道，推进优质产品销售链条高效运转。

（三）"开直播"子场景

打通融媒体"西施眼"App，设置"公益直播""网红专场"等模块，开设公益直播间供政府部门、慈善机构、商家等群体"免流量""零成本"开展直播带货、带课、带游等活动，设置视频接入互动、产品信息导购、实时播发预审、数据统计等功能，畅通直播流程、保障直播安全，并入驻"诸暨农创客""庄园下乡"等本土流量直播品牌，为特色产品带播引流，并带动更多普通商户用手机直播、拍短视频。

（四）"管直播"子场景

设置"云眼监测""云端固证""云上处置"等模块，对活跃直播间进行全天候无感监测，通过视频采集切片、AI智能分析、人工复审等环节输出违法线索，并运用区块链存证云技术将违法线索固证存证，自动生成具有法律效力的规范固证文书。根据违法性质推送至职能部门处，并根据违法程度分别予以预警、指导、约谈和立案调查。根据监测、处置结果形成监测报告为后续监管服务，打造线索"发现—派发—处理—反馈—

研判"的处置闭环。

（五）"评直播"子场景

设置"直播画像""趋势分析""政策管理"等模块，自动采集违法违规、交易评价、投诉举报、销售情况等行为数据，设置四色分类、信用评价等认证指标，形成精准直播主体画像，根据地域分布构建"直播地图"，并按照信用等级予以量化预警。构建直播电商经营数据图谱，通过数据采集形成违法违规、投诉举报、直播电商销售额、产业电商发展四类走势图，并建立直播间、达人、产品、品牌四张榜单，协助政府进一步掌握发展态势，实施导向更为精准的扶持政策。

二、执行全流程数字协同场景应用

执行全流程数字协同场景以破解"执行难"核心难点为目标，按照"V"字改革模型，构建省三级贯通的市域一体化的执行工作机制。该应用于2021年5月上线，截至目前，已发起被执行人身份联审13589次，发现215个特殊主体被执行人，联合惩戒2221次，发起事项协助11156件，每年可减少承办人在途奔波4000—5000次。

该应用按照"急用先行"理念，全面衔接司法拍卖"一件事"改革，将"V"字"业务协同模型"和"数据共享模型"贯穿到场景建设的全过程，使场景建设重心落于高频需求等"优先级"事项上，确保以点带面快速推进。

（一）任务定义

执行全流程数字协同以针对性破解执行领域信息碎片化、惩戒粗放化、多跨协同差等问题为目标，通过梳理整合"信息联审""联合惩戒""事项协助"三大核心功能模块，打通数字壁垒，实现被执行人信息全面、高效、准确的交互，以更精准执行惩戒措施切中被执行人命门，切实提高执行威慑。同时，以"数据跑路"替代人员跑路，快速提高执行工作协同效率，综合完善信用体系建设，优化营商环境，提高群众满意度和获得感。

（二）体系架构

（按V字模型结构：任务梳理、明确协同关系，构建指标体系、业务数据综合集成）一是梳理核心业务，在"执行全领域数字协同"总任务下梳理出"信息联审""联合惩戒""事项协助"三个二级业务,逐步拆解出构建前端信息库、信息采集等11项三级任务,实现任务颗粒度最小化。二是明确责任分工,建立责任明确的工作体系,制定任务分解清单表,确定每项三级业务的牵头部门和协助部门。三是构建指标体系,根据梳理的场景、可量化指标、制度文件及任务协同建议,构建多个既独立又相关的指标,形成统一整体的指标体系,令执行工作协同规范度评价从定性判断向定量分析转变。四是凸显高效集成,确定数据来源和数源部门后,依托"智慧执行2.0",对原有的业务流程进行重构,找到最优路径,设计开发系统功能,接入统一的用户体系,搭建应用场景组织构架。

(三)推进模式

法院牵头、市委统领下组建数字协同改革领导小组,建立集统一决策、部门协调、专班攻坚于一体的高位推进机制,研究部署改革核心平台升级、机制流程再造工作。按照"总分总"原则,研究制定《诸暨市执行领域全流程数字改革实施意见》,并出台3个配套实施细则和意见方案,确保场景建设在纲领性文件保障下统筹推进、一体实施。完善以目标为导向的抓落实管理机制,建立红黄蓝"三色"督办等制度,集目标管理、监督检查、考核评估、决策分析为一体的抓落实管理机制,确保改革协同实施、结果共享。

三 县域网络安全"三清三不"智治体系

县域网络安全"三清三不"智治体系以新时代"枫桥经验"为引领,通过打造网络安全智治应用,实现政务网络用户信息"一网"归集、资产数据"一屏"掌控、风险隐患"一键"可溯、考核评价"一榜"晾晒。该应用于2021年12月上线"浙政钉",累计发现安全事件580起、安全隐患8.2万余个,处置率分别达100%、99.7%。相关经验做法获浙江省委肯定,并在全省数字化改革推进会作场景演示,被列入"一地创新、全省共享""一本账S_0",并入选2022年浙江省数字化改革网络安全十大优秀案例、浙江省数字化改革"最佳应用",夺得2022年浙江省改革突破奖银奖,并在绍兴、衢州、湖州、丽水等地以及重庆市江北区推广。该应用构建了县域网络安全工作"四梁八柱",建立了目标体系、工作体系、政策体系和评价体系,实现政务网络安全信息"一网"归集、网络资产数据"一屏"掌控、风险隐患处置"一榜"晾晒。

（一）探索网络安全"大脑"建设路径

汇聚浙江省和绍兴市网络安全信息，接入全市应用系统安全监测数据，集成机器学习、基线比对、行为画像等52种算法，构建风险威胁识别、异常行为分析等86个模型，融合"组织、人员、资产、隐患、事件、流程"六要素，开发"网络安全智治"应用，实时监管2.1万余个网络软硬件资产和1万余名使用人，智能监测处置"三高一弱"、未脱敏数据流转等隐患，实时发布应急预警、启动应急响应，强化第三方运维监管、用户服务、部门考评，有效提升网络安全可视化、精准化、智能化水平。

（二）重塑县域网络安全治理模式

坚持抓本治源、群防群控理念，构建网格管理、"四责联动"（网信办、公安局、保密局监管责任＋大数据中心主管责任＋接入单位主体责任＋个人使用责任）、闭环处置的工作机制，形成了网络安全职责清、人员清、资产清，防控不遗漏、风险不外溢、服务不缺位"三清三不"的网络智治模式，创新发展了新时代网上"枫桥经验"。

（三）创新网络安全标准制度体系

制定政务网络安全管理指导手册，出台《诸暨市电子政务外网基础设施安全管理指南》《诸暨市电子政务外网网络安全风险处置及通报管理规定》等15项制度，起草县域网络安全体系治理技术建设指南等地方标准，构建了分级分类、标准统一、流程规范、运行有效的网络安全制度体系，为网络安全治理提供制度支撑。

四 "浙里兴村治社"应用

"浙里兴村治社"应用是在浙江省委组织部统筹谋划和直接指导下，按照浙江省数字化改革"一本账S_1"中"浙里红色根脉强基工程应用"框架开发的应用场景，旨在提升村社干部推进现代化建设和共同富裕新能力，打造镇村联动、创先争优、多维评价的基层工作体系。该应用于2021年6月上线，截至2022年12月，全市5700余名镇村干部上线使用，用户日活跃率达90%以上，应用内派单流转事项3.9万余件，落地集体经济发展项目45个，整合各类涉村资金19.3亿元。

该应用由市委组织部门牵头,协同市纪委、民政局、农业农村局等64个部门,连通"基层治理四平台""浙里访""三驻三服务"小管家等12个业务系统,链接16个数据端口,构建高频热点分析、指数评价等25种算法模型,打造理事明责、议事决策、干事创业、督事守纪、评事定绩、以事识人6大子场景,形成覆盖全市的村社整体智治全链条场景。

(一)应用架构

探索"152"体系与"141"体系衔接路径,把村一级纳入党政整体智治体系,构建"3+6+X"体系构架,"3"即县乡村三级"浙里兴村治社"终端,"6"即理事明责、议事决策、干事创业、督事守纪、评事定绩、以事识人六大功能模块,X即共富榜单、事项预警、干部评价等一系列具体子功能,据此形成整体开发架构。

(二)任务指标

以"抓人促事"推动"兴村共富"为业务逻辑,着眼村干部干事创业全链条,形成任务管理、创业进度、揭榜挂帅等16项一级任务和10项二级任务,梳理出发展、美丽、平安、民生、文明5项共富一级指标和40项二级指标。比如发展共富包括村社集体经济收入、经营性收入、农村常住居民人均可支配收入、兴村富民项目等5项二级指标。将共富指标体系贯穿干事创业全流程,通过全周期跟踪涉村事项办理情况,形成村社党建统领共富榜。

(三)核心场景

按照六大功能模块,建立贯通县乡村三级的电脑和移动终端应用。一是"理事明责"子场景,明晰县乡村三级权责边界,在县乡两级事项过筛的基础上,将涉村事项按上级任务、镇级工作、村级上报三类进行标识,通过镇级整合研判,统一下派。二是"议事决策"子场景,将所有涉村事项按"五议两公开"、村务联席会议、直接派单三种方式执行流转,规范议事决策流程。三是"干事创业"子场景,对派发任务、创业承诺等完成进度进行排位,实行分档次进退位加扣分,实时呈现村干部干事创业进程。四是"督事守纪"子场景,协同"基层治理四平台"、基层公权力大数据监督等系统,建立人员实时预警、事项逾期预警、个人重大事项报告等功能,构建村干部全方位监督体系。五是"评事定绩"子场景,对进村事项先赋分后评分,综合村书记自评、村干部互评、分管领导点评，形成镇村一体的考评机制，汇总得分为个人先锋干部榜单和村党建统领共富榜单的排名依据。六是"以事识人"子场景，建立村社党组织书记"领雁指数"评价模型，综合荣誉表彰加分、民主测评得分、负面预警扣分等，全方位考察评价"一肩挑"书记，打造多维动态、立体精准的考核评价体系。

五 新时代"枫桥经验"清廉建设综合监督应用

新时代"枫桥经验"清廉建设综合监督平台是党建统领整体智治系统"公权力大数据监督"应用场景"一本账S_1"的重要内容，聚焦乡镇党委及其党员干部履职尽责，针对权力行使轨迹，实行动态预警、监督、处置、评估，深挖细查背后党性作风问题，推动实现主体责任和监督责任同频共振，党建统领和全面监督齐头并进，单位职能职责和干部履职尽责全程可溯。该应用于2022年7月上线"浙政钉"，截至2023年7月底，累计发出红黄预警960条，推动整改问题302个，处理党员干部和公职人员249人，留置红色预警对象2人。

该应用重点打通"民呼我为"系统、个人关联企业信息查询系统、金税三期平台、生产安全事故统计信息直报系统、政务服务平台、政民E线等23个省市县信息平台，调用有关业务数据120多万条，重点打造3个子场景。

（一）动态预警

围绕乡镇党委及其党员干部、公职人员履责行为，构建党员干部、公职人员违规经商办企业、违规接受管理服务对象请托等预警模型95个，通过实时抓取、数据碰撞，智能监测权力运行轨迹及其背后党性作风问题。根据问题性质和轻重程度，设置红、黄两级预警等级，其中，黄色预警侧重于督办具体业务问题，红色预警针对性查处背后党性作风问题。同时，按照预警问题占比量从高到低排列，生成月关注度最高的6类高频事项，一屏掌握高发、易发涉企涉民重点事项。

（二）监督处置

对预警问题实行分类处置、闭环管理。红黄预警待办问题自动转入"关注"，作为待分配交办事项；对交办的程序瑕疵类黄色预警，通过"了解"环节由联系纪检监察室予以面上知晓；对交办的违规业务类黄色预警,通过"督办"环节进行对账销号,督促乡镇党委抓好整改落实并按要求"线上"报结;对交办的党性作风类红色预警,通过"查处"环节落实责任追究,由纪检监察机关实行"一案三查",既查直接责任,又查领导责任,更查党建责任;"督办""查处"结果均在"办结"栏归档。同时,清单式展示问题查处数、干部问责数、建章立制数、挽回损失数和典型案例等成果,全方位呈现监督处置综合质效。

(三)清廉体检

设置"信访指数、隐患指数、问题指数、履责指数、监督指数、评价指数"六大评价指数,分层细化74个量化指标,实行百分制评价。建立清廉建设综合得分排行榜,按月呈现各乡镇清廉建设综合得分及动态排位情况;构建清廉建设3D感知地图,一键展示各乡镇动态预警、监督处置、结果应用、得分排名、失分事项等综合数据,全面体现各乡镇全面从严治党和政治生态建设总体情况。

第五节 数字效能

总体而言,在新时代"枫桥经验"的智治体系中,应当积极推动数字技术在基层社会治理中的多元场景应用,但是所有这些应用最终仍然要回归"枫桥经验"的基本理论内涵和实践要求。这就要求智治体系的建构和具体数字化应用场景的探索,都应当有机融入上述核心内涵,并以此来判断基层社会治理现代化的"数字效能"。具体而言,在推进新时代"枫桥经验"智治体系的构建与实践过程中,我们应当把握以下核心原则。

一 以党建引领的系统集成思路来统合数字化应用实践

党的领导是坚持和发展新时代"枫桥经验"的基本准则。党的领导既要体现在基层社会治理的线下实践中,同时也要融入线上治理与调解的全过程。例如,要积极推进基层党组织的数字化能力建设,通过组织体系的跨部门党建联建等机制来推进基层社会治理的基础数据整合与部门协同,推动数字治理应用场景的多元化发展。另如,在基层落实全面从严治党,就应当通过党建系统的整体协同,推动部门和干部的履职尽责,监督各乡镇、街道和部门、单位绘制"一图一表",使权力运行一览无余,让岗位责任一目了然，便于群众办事和监督，同时也便于履职效能的数字化呈现。要坚持在党的领导下推进资源整合、系统集成，突出管用好用、实战实效和融会贯通，实现跨部门、跨领域高效协同，打造基层智治系统综合集成样本。

二　以群众参与和人民监督为根本来提升数字治理效能

群众路线是"枫桥经验"的核心工作方法，任何基层社会治理模式的实践与运转，都需要群众的积极参与和民主监督。数字治理能够为群众广泛、多元、深度参与基层治理提供更加便利的技术条件，同时也有助于人民监督渠道和实践的不断拓展。从群众路线出发，基层党委和政府在推进社会治理现代化的过程中，应当将上级的决策部署转化为民生实事的落地，切实维护人民群众正当合法权益，努力提升人民群众的获得感、幸福感、安全感。就基层社会治理的数字化实践而言，人民满意不满意是评价的根本依据。因此，深化群众路线，关注民声民意，是新时代"枫桥经验"数字化应用的基本思路和成功保障。

三　以数字技术协调一切积极因素来建构数字应用场景

新时代"枫桥经验"面临更加多元复杂的社会环境，因此协调一切积极因素的需求更加迫切，且技术手段也更加坚实。数字技术的应用，有助于全面掌握基层社会治理中的实际问题和治理资源，将积极因素转化为有效的数字应用场景。从具体实践路径上看，要根据顶层设计来具体分析本地区本部门实际，先具体实践再总结反思，形成机制后再实践检验，切实可行后才转化成数字化应用场景。一切数字化改革，都强调实用、好用、管用原则，要做到具体问题具体分析，紧盯实际问题、挖掘问题症结、切实谋划对策、有效解决问题；进而要做到以点带面、全面整改，举一反三、深入治理，建章立制、形成成熟有效机制；最终则要做到线上线下的有机融合，打通数据壁垒，做到多跨协同，实现数字赋能，不断提升基层社会治理现代化的实际成效。

四　以解决社会基层矛盾和问题的效能来评判数字实践

数字效能的根本不在于"数字"，也不在于"炫技"，而是最终要落实到能够切实解决社会基层矛盾和化解基层群众纠纷的具体工作机制上，即回到"枫桥经验"的初心和使命上。因此，无论是"网上枫桥经验"还是智治体系的建构，都应当以社会基层矛盾和问题的解决作为基本评判标准，由此来审视不同的数字治理实践。同时，工作机制的完善也应当遵循智治体系发展的基本逻辑，积极促进跨部门的协同合作与数据信息整合，共同打造有效解决矛盾的网络交流平台和数字治理机制，真正实现智能技术对于基层社会治理现代化的提质增效与数字赋能。

上文对于新时代"枫桥经验"智治系统建设的基础技术的演进逻辑、数字治理的实践趋势、数字应用的典型场景和数字效能的根本旨归进行了整体论述和总结，大致勾勒出智治系统的基本面貌。就具体的智治系统的运行与优化而言，尽管此前数年中已经积累了"网上枫桥经验"的诸多实践经验，但是从数字中国建设和基层社会治理智能化的未来发展来看，当前的智治系统难免存在一些具体的问题和挑战，制约着数字治理效能的发挥：一是治理主体、部门与数据资源之间的协同程度还有待加强，打破壁垒的大数据中心建设和各种数据的分类集成依然有待进一步的整合；二是数字化和智能化的应用场景，同具体的基层社会治理实践需求之间存在着一定的距离，存在群众的参与程度参差不齐的现象；三是在某些基层部门或地区，数字化的应用与推广又可能会成为加重基层负担的诱因，即数字化并没有带来效率的提升，反而演变为"指尖上的形式主义"。

正如习近平总书记所指出的："人工智能技术发展和其他技术进步一样，也是一把'双刃剑'。……我们要未雨绸缪，加强战略研判，确保人工智能安全、可靠、可控。"① 因此，在构建新时代"枫桥经验"智治体系的过程中，应当兼顾新时代"枫桥经验"的理论内涵和基层社会治理现代化的实践需求，把握数字技术赋能社会治理和引发社会风险挑战的双刃剑效应，推动智治系统的变革及其与组织、制度、决策、工作和评估等系统的有机融合与协同发展，进而在中国式现代化的背景下打造新时代"枫桥经验"与基层治理现代化的最佳实践案例。

---

① 习近平总书记2018年10月31日在十九届中央政治局第九次集体学习时的讲话。

第八章

新时代"枫桥经验":中国式现代化基层社会治理的未来图景

第一节 回顾:"枫桥经验"启示录

一 坚持党的领导

"枫桥经验"是中国基层社会基于几十年的实践与探索而形成的一种基层治理的成功模式。这种模式独具中国特色,具有良好的可复制性,其最本质的特征就是坚持党的领导。从社会主义建设时期到中国特色社会主义新时代,党的领导贯穿"枫桥经验"发展的始终,为基层社会治理提供了坚实的政治保障。

(一)发挥党建引领作用

习近平总书记曾说过:"中国特色社会主义最本质的特征是中国共产党领导。"[1] 作为支撑国家与社会的强力支柱,党的领导决定中国式现代化的根本性质,并为中国式现代化注入不竭的动力源泉。[2] 正是在党的领导下,中国才不断取得举世瞩目的发展成就——国家能力不断提升、人民生活不断改善、社会治理井然有序。

新时代"枫桥经验"在长期的治理实践中始终把党的领导贯穿于工作的全过程,并逐步总结出"党建+N"的工作模式。其中,诸暨形成了"五大引领"工程,通过"党建+统筹协调、党建+社会协作、党建+队

---

[1]《习近平于2013年12月10日在中央经济工作会议上的讲话》,新华社,https://www.gov.cn/guowuyuan/2013-12/13/content_2591042.htm。
[2]《中国式现代化是中国共产党领导的社会主义现代化》,《人民日报》2023年6月1日。

伍协同"等方式，推动"党组织的服务管理触角延伸到社会治理末梢"[1]。此外，枫桥镇创建独有的"红枫"党建品牌，以"基层党组织全覆盖"为基本目标，推动社区、社会组织、社工"三社"联动，从而形成社会组织党建新领域。[2]

在中国式现代化的建设进程中，新时代基层社会治理应当坚持党对各事项、各领域、各方面、各环节的"全面、系统、整体"的领导，并且统筹谋划党建工作，以党建引领社会发展，确保基层各项工作始终依法有序开展，从而打好党稳固执政的大厦地基。

（二）推进基层党组织建设

新时代以来，我国社会主要矛盾已经转化为人民日益增长的美好生活需要和不平衡不充分的发展之间的矛盾。作为直面基层矛盾和维护社会稳定的第一道防线，基层党组织在化解矛盾纠纷中发挥着重要作用。

在"枫桥经验"的发源地，枫桥镇组建了社会组织党支部、功能型党支部等各类党支部，实现了党组织和党的工作全覆盖。枫桥镇基层党组织因此焕发出强大的组织力，不断推动资源整合和协调利益分配，从而减少或化解了人民内部的矛盾问题、实现社会共享发展成果。[3] 在城市社区层面，诸暨通过创立"街道党工委—社区大党委—小区党支部—楼道党小组"[4] 的组织架构，以小区党支部引领业委会、物业企业实行"三方协同"治理，有效构建了多主体协同的小区管理新形态。

"枫桥经验"在城市和乡村的有益实践启示基层治理要持续推进基层党组织建设。第一，充分发挥基层党组织"政治引领、组织引领、能力引领、发展引领和服务引领"[5] 五个方面的领导作用，通过建立以党组织为核心的信息网络，及时有效地收集各类矛盾纠纷、化解人民内部矛盾。

---

[1] 李海裕：《务实拓展新时代"枫桥经验"理论视域的实践与思考》，《中国社会科学报》2023年5月9日。

[2] 金伯中：《新思想孕育新经验——对新时代"枫桥经验"的一点认识》，《公安学刊》（浙江警察学院学报）2018年第1期。

[3] 张爱民：《新时代"枫桥经验"的理论逻辑及其示范性价值》，《新视野》2021年第4期。

[4] 周正君：《诸暨强化党建引领 打造城市版"枫桥经验"》，《中国组织人事报》2023年6月8日。

[5] 宗成峰、朱启臻：《"互联网＋党建"引领乡村治理机制创新——基于新时代"枫桥经验"的探讨》，《西北农林科技大学学报》（社会科学版）2020年第5期。

第二，优化基层党组织架构，探索建立"网格党小组"统领各事项的进程，从而实现基层党组织合理有效覆盖。第三，构建党建联席会议等沟通机制，密切各级党组织的互联互动，以制度化方式推进基层管理和服务有序化、规范化开展。

（三）坚持全面从严治党

全面从严治党是党中央作出的重大战略部署，也是新时代党的自我革命的伟大实践。党内的自我革命、自我肃清不仅使得党的先进性与纯洁性得以保持，还使得基层党组织的纪律得以严明、治理能力得以提升。

"枫桥经验"坚持以全面从严治党作为根本保证。诸暨作为"枫桥经验"的发源地，立足实际情况进行改革创新，构建了自我革命的内部监督体系和外部监督体系。从内部监督而言，诸暨创新提出"支部建在小区上、监督落到最小权力单元上"[1]的机制，并设置支部监督信息员三千余人，"将党内监督延伸到支部一级，有效增强基层社会管控力度"[2]。从外部监督而言，诸暨组建市镇村三级"清廉建设顾问团"和"浣江亲清企业联盟促进会"。其中，浣江亲清企业联盟促进会定期收集有关改进干部作风等方面的建议，并及时将部门镇街损害企业发展的行为反馈给市纪委监委党风政风监督室。此外，诸暨还充分拓展社会舆论、新闻媒体等监督方式。这些举措确保群众代表、企业家、乡贤等社会力量参与监督，实现了基层监督的人民性、多元性。

在"枫桥经验"的启示下，各基层党组织应准确把握"全面从严治党"这一要求，通过自我革命、自我监督推进基层社会治理能力的提升。在具体实践中，各基层党组织需不断探索各类手段方式，建立起监督全过程、监督多主体、监督全方位的长效机制，同时抓好党员干部的教育工作，不断增进党的先进性和纪律性。

二　巩固体系建设

党的工作最坚实的力量支撑在基层，健全完善基层治理体系是实现国

---

[1] 李海裕：《发展新时代"枫桥经验"提升基层监督治理实效》，《政策瞭望》2022年第9期。

[2] 李海裕：《务实拓展新时代"枫桥经验"理论视域的实践与思考》，《中国社会科学报》2023年5月9日。

家治理体系和治理能力现代化的基础工程，也是中国式现代化的重要基石。作为"枫桥经验"的诞生地，诸暨创造性发展运用新时代"枫桥经验"，通过六大体系建设提升基层办事效率、释放监督效能、激发社会活力，从而实现了经济发展和党内作风改良的双重目标，为中国式现代化县域实践提供了新样板。

（一）优化组织与决策体系，密切联系群众

随着科技的进步，现代社会人与人之间的空间距离在靠近，但心与心之间的距离在疏远。为贯彻"密切联系群众"的作风，真正地了解群众之所需所想，及时听取采纳群众意见，诸暨不断优化组织与决策体系，力图通过组织建设将触角延伸至广大群众。

在调研村社两委干部、党员、人民调解员、各类网格员在日常管理、职责履行、作用发挥等方面的情况后，诸暨对现有的组织体系进行调整优化，督促相关部门制定基层组织建设和相关人员发展、管理、考评以及清退等制度。同时，诸暨建立了干部直接联系群众制度，在重大事项上实行风险评估、听证会、票决制等，并充分发挥"乡贤参事会"的作用，拓展城乡协商民主的新途径。[①] 此外，诸暨构建起特有的决策体系，通过建立常态化的企业群众和基层组织的诉求收集机制，推动上级政策更好地与基层实际相结合。这些措施在制度化的层面加强了党组织与群众的密切联系、传递了人民的声音、表达了群众的意见，也在一定程度上提高了群众意见在党和政府决策中的重要性。

因此，在基层治理中，基层党组织与政府要坚持贯彻群众路线，从群众本位出发，把服务群众作为本职，切实当好基层治理的"服务员"。就具体举措而言，基层社会治理应不断优化组织体系和决策体系，并通过民主恳谈会、"领导下访解民忧"等活动拉近党组织与人民群众的距离、切实回应群众需求。此外，基层治理还应拓宽民意表达渠道、畅通党群沟通机制，充分征求群众的合理意见，从而夯实党的群众基础。

（二）完善制度与评估体系，规范权力运行

规范权力运行是推动党中央决策部署一贯到底的必然要求，也是健全完善基层治理体系的重要内容。新时代"枫桥经验"延续"源头治理、

---

① 陈婵、万泽明：《新时代枫桥经验在诸暨的实践》，江西高校出版社2021年版，第78页。

抓早抓小"的方法论，试图从源头上对公权力进行有效规范与监督。

例如，诸暨不断完善制度体系，出台深化"四责协同"落实"五张责任清单""干部执行力标准""党内追责问责"等工作机制。依托权责清单"一图一表"，实现了具体化、精准化、常态化监督。此外，诸暨积极重塑评估体系，一方面变自上而下的单向考核为自上而下为主、双向评价共存的多维评价机制，从而赋予群众话语权、参与权和评价权，另一方面严厉整治自我赋权、自我扩权行为，确保权力运行全流程"权责事"一致。

在新时代"枫桥经验"的启示下，基层治理要立足抓早抓小抓源头，将权力滥用消灭在萌芽状态。第一，不断完善制度体系和评估体系，从内部自我规范和自我约束的角度，将权力关进制度的笼子里。第二，发挥基层监督的保障性作用，从内外两个方面及多种监督形式上确保权力得到有效监督。

（三）健全工作与智治体系，提高治理效率

新时代"枫桥经验"始终坚持人民的主体性，以保护群众利益为工作准则，为人民群众解决难题、处理难事。因此，诸暨致力于健全工作与智治体系，力图通过解决部门之间协作协同问题和整合跨部门资源来提高社会治理和公共服务效率。

在工作体系上，诸暨通过健全不同层级、各个层面的领导机制、协调机制、督查机制和问责机制，形成上下贯通、部门协同、执行有力、高效运转的工作体系。在智治体系上，诸暨抓住数字化改革契机，通过资源整合、系统集成打造了跨部门、跨领域高效协同的基层智治系统综合集成样本。典型案例是诸暨开发建设了"浙里兴村治社""浙里人口全息管服""退休小管家""诸事帮"等一系列应用场景，[1] 以推进"互联网＋公共服务体系"的建设为抓手，力求提高办事效率、解决群众"来回跑"的问题，进而从源头上提升公共服务整体效能。[2]

---

[1] 干婧、王霞露：《诸暨提升数字效能 迈向"智治"时代》，《浙江日报》2022年11月21日。

[2] 冯卫国、苟震：《基层社会治理中的信息治理：以"枫桥经验"为视角》，《河北法学》2019年第11期。

互联网时代下发展"枫桥经验",一方面要健全工作和智治体系,运用数字技术等现代化手段,推动跨部门间的资源整合和协同合作,重塑业务机制,从而提高公共服务效率;另一方面要做好网上群众工作,[①] 通过建设各类网络渠道(如"微邻里"微信公众号)回应群众关心的问题,为群众办实事、解难题。

三 守正亦要创新

(一)回归历史启发

在"枫桥经验"发展的过程中,"法治"是源头、"群众就地化解矛盾纠纷"是不变内核、"以人民为中心"是根本价值指向。[②] 社会主义革命和建设时期,枫桥干部群众创造性地发展出"枫桥经验",初步形成了依靠人民群众解决内部矛盾、维护秩序的共识。改革开放和社会主义现代化建设新时期,枫桥镇干部总结出"社会治安综合治理、平安建设"的经验,以和平的手段和方式化解各类社会矛盾。2002年,枫桥镇率先展开"平安枫桥"建设,首创乡镇综合治理中心以处理基层社会矛盾,[③] 基本实现了"小事不出村、大事不出镇、矛盾不上交"[④] 的目标。

随着时代的发展,"枫桥经验"从公安战线、治安领域逐步拓展到其他治理领域,成为基层治理的一个样板和一面旗帜。但无论时代和问题怎样变化,"枫桥经验"始终坚持人民至上,运用多种方式化解社会矛盾。例如,为了充分发挥人民决策主体的作用,枫源村创新"三上三下"民主决策机制,通过从群众中收集议题、上门下访征求意见、召开民主恳谈会、审议决策、村民代表会议表决等一系列环节,[⑤] 实现"民主治村"。

[①] 孔祥涛:《坚持和发展新时代"枫桥经验"的三个向度》,《中国党政干部论坛》2019年第12期。

[②] 徐汉明、邵登辉:《新时代枫桥经验的历史地位与时代价值》,《法治研究》2019年第3期。

[③] 宋世明、黄振威:《在社会基层坚持和发展新时代"枫桥经验"》,《管理世界》2023年第1期。

[④] 李霞:《新时代"枫桥经验"的新实践:充分发挥法治在基层社会治理中的作用》,《法学杂志》2019年第1期。

[⑤] 汪世荣:《"枫桥经验"视野下的基层社会治理制度供给研究》,《中国法学》2018年第6期。

在化解矛盾纠纷上，枫桥镇不仅重视"法治"手段，将"小事依规、大事依法"作为纠纷调解的基本原则，还充分发挥"德治"作用，通过搭建乡贤联合会、三贤文化研究会等平台弘扬乡贤文化，[1]建设新时代文明实践中心，最大程度消解社会戾气。

由此可见，"枫桥经验"的治理实践和手段方式在历史长河中不断发展，但其精神内核始终不变。因此，坚持和发展新时代"枫桥经验"必须回归原型启发，坚持"以人民为中心"的价值指向，充分发挥人民在基层治理中的主体性地位，从而打造"中国之治"的基层治理实践。

（二）打破思维定式

不同于社会主义革命和改革开放时期，新时代基层社会问题的重点不再是群众纠纷和社会治安等表面问题，而是群众权利意识觉醒和干部权力惯性之间的矛盾。因此，全面从严治党、督促干部依法办事、避免干群矛盾应当成为基层社会治理关注的重点。

面对群众权利意识觉醒、基层信访举报频繁的情况，诸暨传承"枫桥经验"，在纪检监察信访工作中建立了"五就地"工作法——就地受理、研判、办理、化解、分析矛盾。同时，诸暨市纪委市监委制定信访举报工作规程，拟定调查结果退查标准，配套建立初信初访首办责任制和信访举报工作责任追究办法，实行信访报结五级审核把关，初次反馈不满二次反馈，后续处置全面"回头看"等制度。[2]此外，为满足群众和社会组织参与社会治理的需求，诸暨在"亲清企业联盟"的基础上成立了"浣江亲清企业联盟促进会"。作为沟通政府和企业的桥梁，促进会建立月度信息收集机制与季度座谈机制，定期走访会员单位、倾听会员心声，并及时将企业的意见建议和需求诉求反馈给党委政府。

随着时代发展和社会情境变化，新时代"枫桥经验"的基层社会治理实践必须打破思维定式，与时俱进，根据实际需求转变工作重心。具体而言，基层党组织和政府需要攻克信访工作薄弱环节、完善信访监督

---

[1] 王杰、曹兹纲：《乡村善治可持续的路径探索与理论启示：来自"枫桥经验"的思考》，《农业经济问题》2021年第1期。

[2] 《诸暨打造信访举报工作"枫桥经验"》，浙江省纪委省监委网，http：//sxlz.sx.gov.cn/art/2020/5/27/art_1483647_43551097.html。

工作机制，不断推进信访工作的制度化、规范化、法治化，"使信访案件发现得早、化解得了、控制得住、处理得好"。同时通过党建引领、党委带头、政策帮扶等方式，推动群众和社会组织参与到基层社会治理当中。

（三）紧跟时代精神

"时代精神应该是在一定的时代回应了时代问题且能够引领时代发展的最核心的思想观念、社会意识和价值理想。"[1] 当代中国的时代精神，不仅蕴含着以人民为中心的核心价值，[2] 还包括改革创新、奋勇前进的理想信念。诸暨在治理实践中紧跟时代精神，充分运用网络数字等技术创新手段，不断优化群众反馈循环机制和矛盾化解体系，着力解决人民最关心最迫切的问题。

在群众反馈方面，诸暨致力于优化功能架构，厘清基层社会治理的功能体系，系统整合公安、应急、法律服务等力量，融入市镇村三级社会治理中心，配套建立14个专业调解委员会，做到紧急情况30秒交办、一般问题3天之内解决，力求以最低的成本、最高的效率解决纠纷，做到群众反馈"最多跑一地"。在矛盾化解方面，诸暨积极运用线上调解方式，创建"在线矛盾纠纷多元化解平台"[3]，力图提升调解效率和改善调解效果。线上与线下方式结合带来的成果是显著的：近五年，枫桥镇各类矛盾纠纷调处成功率达98.3%，其中85%以上的矛盾在村级得到调处。[4]

坚持新时代"枫桥经验"必然需要紧跟时代精神，基层党组织和政府应加强体系建设、积极创新"智治"手段，以"资源整合、增进部门协作"为重要目标，以"满足人民需求"为价值指向，合理运用数字化技术提升治理水平和治理效率，从而"实现以人民为中心的智慧化治理模式"[5]。

---

[1] 韩震：《论新时代的中国时代精神》，《中国社会科学》2023年第1期。
[2] 徐海峰：《中国式现代化的建构机理、时代精神与实践要求》，《长白学刊》2023年第1期。
[3] 陈婵、万泽明：《新时代枫桥经验在诸暨的实践》，江西高校出版社2021年版，第141页。
[4] 郭星华、任建通：《基层纠纷社会治理的探索——从"枫桥经验"引发的思考》，《山东社会科学》2015年第1期。
[5] 王定安、姚奕涵：《"重要窗口"建设期浙江媒体的"智治"赋能——以"枫桥经验"为例》，《中国广播电视学刊》2021年第10期。

第二节　沉淀："枫桥经验"理论总结

一　概念界定

从历史脉络上看，"枫桥经验"源自60年前的浙江诸暨，源自公安战线，源自治安治理。作为历史性的概念，60年来，"枫桥经验"的核心要义从"依靠群众就地化解矛盾"，到"小事不出村、大事不出镇、矛盾不上交"，再到"矛盾不上交、平安不出事、服务不缺位"，是党的群众路线在基层社会治理中的生动实践。[1] 因此，从本质上，"枫桥经验"可以被界定为党组织深入贯彻群众路线、协调一切积极因素，解决基层社会矛盾和问题的一种工作机制。

（一）"枫桥经验"的核心内涵

从逻辑上说，一个概念的内涵指的是其所反映的对象的本质属性的总和，也即对事物特有属性的反映。"枫桥经验"作为历史的产物，经历了长时段的发展完善，其表现形式（表象）自然随时代变化而发生了许多变化，但其核心内涵应是稳定不变的，而这不变的部分正是"枫桥经验"之所以为"枫桥经验"的本质特征。

从定义上看，"枫桥经验"在本质上是一整套工作机制，更具体来说，是中国共产党领导人民群众共同解决社会矛盾和问题的工作机制。在这套机制中，政治性、人民性、实践性、时代性是"枫桥经验"的四个根本特征；坚持党的领导、坚持群众路线、坚持实事求是、坚持矛盾就地解决是工作的四个核心原则，也即支撑起这套机制的四大支柱。

党的十八大以来，有学者将新时代"枫桥经验"的核心要义提炼为五点，即以人民为中心的政治本质、发动和依靠群众就地解决矛盾的核心经验、共建共治共享一体化的基本原理、自治法治德治相结合的制度创新及平安和谐的根本价值。[2]

从近年来诸暨基层治理的实践看，新时代"枫桥经验"生动呈现"抓早抓小抓基层，法治德治促自治，共建共享奔共富"的时代内涵。

---

[1]　蒋熙辉：《坚持和发展好新时代"枫桥经验"》，《新西藏》（汉文版）2023年第5期。
[2]　张文显：《新时代"枫桥经验"的核心要义》，《社会治理》2021年第65期。

（二）"枫桥经验"的丰富外延

与内涵相对，概念的外延是指具有该词汇所反映的本质属性的一切对象，也即词汇指代的事物所组成的那个类别。随着我国社会主义建设的高速发展，"枫桥经验"在牢记初心的同时亦未故步自封，相反，它在不同历史阶段被不断赋予新的内容、新的方法、新的表现形式，适用范围不断扩展，并在日益多样化的实践中持续焕发出崭新的生机与活力。

党的二十大报告中指出，"在社会基层坚持和发展新时代'枫桥经验'，完善正确处理新形势下人民内部矛盾机制，加强和改进人民信访工作，畅通和规范群众诉求表达、利益协调、权益保障通道，完善网格化管理、精细化服务、信息化支撑的基层治理平台，健全城乡社区治理体系，及时把矛盾纠纷化解在基层、化解在萌芽状态"[1]。这段话深刻地揭示了新时代基层社会治理的几个重要转向，即基层社会矛盾发生变化、社会治理重心下沉、基层社会治理现代化、新时代全面从严治党深入基层。

面对这些新变化，在改革创新的实践中，新时代"枫桥经验"已然从早先的化解矛盾纠纷、维护社会稳定的政法治安取向，发展到今天的"矛盾不上交、平安不出事、服务不缺位"的"大治理"取向。在应用领域上，也拓展至包括经济、政治、文化、社会、生态五位一体的各类风险的防范化解，因而成为新时代预防化解社会风险、创新基层社会治理、促进社会平安和谐的重要武器。[2]

二 "四性"原则

新时代"枫桥经验"有四个根本特性。第一是政治性，"枫桥经验"归根结底是在贯彻党的路线、方针、政策，从始至终紧密遵循党的领导。第二是人民性，人民毋庸置疑是"枫桥经验"的主体，党的一切工作为了人民，人民也是党的力量的根本来源。第三是实践性，"枫桥经验"为解决具体社会问题而生，也在持续的实践中得以不断发展、修正和完善。

---

[1] 习近平：《高举中国特色社会主义伟大旗帜 为全面建设社会主义现代化国家而团结奋斗——在中国共产党第二十次全国代表大会上的报告》，《中华人民共和国国务院公报》2022年第30期。

[2] 金伯中：《新时代"枫桥经验"是预防化解矛盾风险重要法宝》，《浙江日报》2022年12月5日。

第四是时代性，"枫桥经验"是一个与时俱进的开放体系，为了解决新时代问题而不断进行实践和制度上的创新。

（一）政治性：凝聚基层治理核心

新时代"枫桥经验"以政治性为根本属性。坚持党的领导是其核心，发挥基层党组织引领、凝聚和组织群众的中坚作用。在习近平总书记提出的"共建共治共享"的新时代治国理政思路中，强调党的领导下实现多元主体协同共治，激发社会活力。

党的领导是中国特色社会主义最本质的特征和优势，也是"枫桥经验"产生和发展的根本保证。发展新时代"枫桥经验"必须坚定自觉地坚持党的绝对领导和全面领导，充分发挥党的领导和社会主义制度优势，并在实践中将其不断转化为社会治理优势，完善中国特色社会主义社会治理体系。完善党委领导、政府负责、民主协商、社会协同、公众参与、法治保障、科技支撑的社会治理体系，全面加强党的基层组织建设，推动基层党组织向社会组织、社区网格等全覆盖。党的领导力量在基层治理中发挥政治领导力、思想引领力、群众组织力和社会号召力，充分发挥基层党组织的战斗堡垒作用和党员的先锋模范作用。党建引领特别是基层党组织的战斗堡垒作用必须得到充分发挥，推动基层党建与基层治理有机衔接，确保党的全面领导落实到基层社会治理中，引领基层治理、保障基层治理、提升基层治理，解决矛盾和问题。[1]

（二）人民性：培育基层治理合力

党的领导下的人民性是"枫桥经验"的核心价值和基石。人民性是指党和政府以人民为中心，将人民的利益作为最高目标，并通过充分发挥人民的主体性来实现这一目标。无论时代如何变迁，"枫桥经验"的初心始终如一——坚持以人民为中心，一切工作都以群众为出发点和依靠对象。

"以人民为中心"是中国共产党自成立以来始终坚守的宗旨和初心，也是中华人民共和国成立以来持续贯彻的发展理念。在新时代，它不仅是推动人的全面发展和社会全面进步的根本准则，也必然成为社会治理领域的核心理念和价值基石。在"枫桥经验"的工作机制中，党和政府坚持

---

[1] 蒋熙辉：《坚持和发展好新时代"枫桥经验"》，《新西藏》（汉文版）2023年第5期。

人民至上的原则，将人民视为力量的源泉和目的。党和政府的一切工作都以人民的利益为出发点和归宿，通过充分发挥人民的主体性，实现人民的高度参与和民主决策，确保党的领导与人民的意志高度一致。

在实现路径上，发动和依靠群众就地解决矛盾正是"枫桥经验"的精华所在。群众工作的核心在于相信群众、依靠群众、唤起群众的自觉性，激发群众的力量，以化解矛盾、解决难题，实现长治久安。回顾"枫桥经验"60年的发展历程，虽然其在不同历史时期呈现出不同形式，但始终坚守群众路线，从群众中来，到群众中去，着力抓住问题的根源、发展的初期、基础的关键，使矛盾在基层得到化解、问题在当地得到解决、潜在风险在早期得到消除，实现了一方的和谐与安定。人民成为社会治理的重要参与者，通过自我管理和自治，解决问题、化解矛盾，共同建设和谐有序的社会。这种基于人民主体性的社会管理模式，提升了社会治理的效能和合法性。

（三）实践性：创新基层治理实践

"枫桥经验"作为一种具体的社会实践而非纸上的理论空谈，通过解决实际的社会问题，展现了显著的实践性。实践性意味在"实践是检验真理的唯一标准"的要求下以理论指导实践，根据实践过程不断修正和完善理论，并再次付诸实践的循环过程。对新时代"枫桥经验"而言，在问题导向、目标导向与结果导向三个面向上都体现出了明显的实践性特征。

"枫桥经验"强调坚持问题导向，即以现实问题为出发点，通过解决具体社会问题来推动社会治理的发展。通过诸如枫源村"三上三下"民主决策机制、与高校课题组合作制定村规民约等形式，将决策过程变成尊重民意、化解民忧、维护民利的过程。这种问题导向的实践性体现了对社会问题的直接回应和解决，注重从实际出发，紧密联系人民群众的需要和利益。

"枫桥经验"强调坚持目标导向，即以人民安居乐业为根本目标，推动社会的和谐稳定。从最早的"捕人少、治安好"，到"小事不出村、大事不出镇、矛盾不上交"，到"矛盾不上交、平安不出事、服务不缺位"，再到今天的"抓早抓小抓基层，法治德治促自治，共建共享奔共富"，目标始终是确保社会安定有序。这种目标导向的实践性体现了对社会发展和人民福祉的追求，通过实际行动推动社会的良好发展。

"枫桥经验"强调坚持结果导向，即对实践效果的关注，通过实际行动推动社会的进步和发展。结果导向避免了空洞的口号和形式主义，相反要求明确设定目标，采取有效的措施和手段，不断努力取得实际成果。

随着时代的演变，社会主要矛盾的变化引起了基层社会问题的相应变化，但"枫桥经验"在解决实际问题方面的根本任务并未改变。在实践中，诸暨将社会治理的重点更多地放在前期防线的建设、未来导向的治理、早期控制和事前处置上，不断提高对各类矛盾风险的预测、预警和预防能力，以最大限度地将各类风险在源头上进行防范，在基层上进行化解，[1] 使人民群众感受到了实实在在的治理成效。

（四）时代性：赋能基层治理现代化

时代性是指特定历史时期下的理论、实践或制度与时代特征相契合、相适应的特性，体现为政治理论和实践在不同历史阶段的变革与演进。"枫桥经验"的时代性表现在其高度适应和解决新时代问题的能力，以及与时代变迁相呼应的理论内涵的不断变化。

"枫桥经验"通过不断的实践创新，适应了我国社会主义建设飞速发展的新时代需求。在管制时代，"枫桥经验"致力于教育基层民众和化解基层矛盾，以满足当时对社会稳定的需求。随着社会主要矛盾的变化，进入管理时代，枫桥经验逐渐强调多元主体协同共治和民主协商，以更好地应对复杂的社会治理挑战。而到当前的治理时代，则强调人民群众深度参与、社会自治和法治保障，以推动实现中国式基层社会治理的现代化。

同时，"枫桥经验"的时代性在制度创新方面也有多种体现。紧随时代变迁，"枫桥经验"不断通过建立、完善和改革相关制度，以适应新的社会治理需求。例如，在基层党建中实施政治引领、组织引领、能力引领、发展引领、服务引领"五大引领"工程，在前沿技术方面打造连接30个部门业务平台、贯通省市县三级数据的新时代"枫桥经验"清廉建设综合监督平台等，充分体现了时代背景下的创新精神。政企关系更是制

---

[1] 李海裕：《务实拓展新时代"枫桥经验"理论视域的实践与思考》，《中国社会科学报》2023年5月9日。

度创新的重要方面和特色亮点,诸暨按月召开以"企业出题、部门答题、跟踪问效"为服务闭环的"政企亲清会",以浣江亲清企业联盟促进会为纽带建立五项沟通协调机制,并着眼全域协同、全程联动、全面赋能,进一步发挥驻企服务队伍、协会商会、产业链党建联盟等力量,创设更多更好基层服务平台,打造营商环境最优基层服务网。

"枫桥经验"的时代性对于实现良好的社会治理具有重要意义。首先,它使"枫桥经验"能够不断适应社会发展和变革的需要,保持可持续发展的活力。其次,它使"枫桥经验"成为应对新时代问题的有力法宝,为解决社会治理难题提供了有益的经验和参考。此外,时代性还促使"枫桥经验"与其他地区的先进经验进行对接和借鉴,以形成具有中国特色的现代化社会治理模式。

三 表现形式

(一)坚持群众路线,维护群众利益

坚持群众路线是"枫桥经验"的基本原则之一,群众路线强调党的领导与人民群众的密切联系,旨在确保决策过程中充分尊重群众意愿、维护群众利益。只有坚持群众路线,充分发挥人民群众的主体作用,才能实现良好的社会治理。

"枫桥经验"通过多种实践方式体现了坚持群众路线的重要性。首先,"枫桥经验"强调基层党组织在凝聚、组织和引领群众中的作用。基层党组织作为党在基层的战斗堡垒,负责联系群众、反映群众意愿、组织群众行动,可以推动民主协商、参与决策,实现群众利益的最大化。其次,"枫桥经验"注重依靠人民群众解决基层问题。通过广泛开展实地调研、开座谈会、入户走访等形式,充分调动人民群众的积极性、主动性和创造性,促进人民群众参与基层治理,从而有效解决社会矛盾,维护社会和谐。此外,"枫桥经验"成功建立起干群间高效的沟通管道,使信息的上传下达及时、准确、有所回应,从而大大提升了民众的满意度和信任度。

人民群众毫无疑问是基层社会治理中的主体力量,只有真正发挥好群众的作用,才能真正解决好基层治理的问题。社会问题产生在群众的交往之中,基层党组织和政府所要做的是引导群众依靠其自身的力量来解决,

由此发挥"枫桥经验"所倡导的自治性、高效性、创造性、低成本的优势。

(二)调动社会参与,实现共享共治

随着社会复杂化程度不断加深,引导多元力量参与共同治理社会难题已成为构建中国式现代化基层社会治理新模式的关键一步。基层党组织在基层社会治理格局中始终处于领导核心地位,基层政府是基层治理中的总协调者和主导者,人民群众毫无疑问是基层社会治理中的主体力量。而当代越来越值得注意的问题是,如何引导社会组织在基层治理中正确发挥作用。

社会组织既包括"工青妇"(工会、团委、妇联)等传统群团组织,也包括近年来蓬勃发展的"两新"组织(新经济组织和新社会组织)。2023年,诸暨"亲清企业联盟"的升级版——浣江亲清企业联盟促进会成立,探索"党建引领+社团组织+监督保障"三效合一的组织架构,统筹全市各大社会组织资源,成为政府与企业间信息传递沟通的关键管道和纽带,同时也发挥着重要的外部监督作用。枫桥镇工会多年来因地制宜推出"平安浙江特色小镇"立功竞赛、"四方协商机制"等特色举措,成为依靠多元力量化解矛盾、构建和谐劳动关系的优秀案例。

此外,推动重塑乡村公共精神,也是促进基层社会治理共同体不断发展的一种方式。为此,需要纵深发掘传统文化资源,如发扬传统"枫桥经验"中包含的民主协商基因和发动"新乡贤"深度参与乡村治理。诸暨在市级层面积极推动建立"请你来协商"平台,构建"1(1个市级总平台)+N(若干个高质量分平台)"协商平台体系,充分利用界别议事厅、政协工作站、委员工作室等阵地,为市民打造触手可及的"微协商"包围圈。在乡镇层面,"乡贤参事会""乡贤调解团""乡贤协会"等社会组织的有效运行补充了基层治理的力量;巡回开展的"村民说事"平台邀请村两委和村监会成员、村民代表和党员代表、驻村干部等齐聚一堂,通过"定期问事、开放议事、合力办事、民主评事",面对面交流群众关心的热点难点问题,推进基层科学民主决策。

(三)优化工作机制,解决基层矛盾

"枫桥经验"是依靠人民群众成功开展村民自治的典范,它的成就也证明，我国农村具有民主自治的民情基础、优良传统和民主智慧，为中国特色基层社会治理提供了经验和模板。新时代赋予了"枫桥经验"新增长点，通过完成法治化、智能化、专业化的升级，进一步优化这套工作机制，从而更好地化解基层风险。

一是推动法治化的升级。要贯彻落实习近平法治思想，善于运用法治思维和法治方式开展工作，研究完善矛盾纠纷化解"路线图"和平台机制建设、信息系统建设，推进矛盾纠纷化解和信访工作法治化。[1] 为此，首先要将"枫桥经验"长期以来在立法、执法、司法、普法各方面的鲜活经验进行梳理，在现行法律框架下整合优化，这是对内对外讲好"枫桥故事"的基础；其次，阶段性地在各个层级和部门制定法治化相关指标，纳入专项考核；此外，还可邀请科研院所、社会组织等对本地法治化程度开展第三方评估，通过持续的外部监督强化法治观念、推动措施落实，并达到加强宣传的效果。

二是推动智能化的升级。在"枫桥经验"转型升级的过程中，必须高度重视诸如互联网、大数据、人工智能等新技术的重大作用。依托新时代"枫桥经验"开发的基层治理集成应用——浙里兴村治社，融合自上而下任务落地、自下而上民情回应和村社干部数智考核机制，构建党建引领基层整体智治新格局。诸暨"数字化赋能新时代'枫桥经验'，打造'城市枫桥·网格e家'社区韧性治理新模式"获评2022年"数字治理·智慧赋能"全国城市数字治理创新十佳优秀案例。

三是推动专业化的升级。枫桥坐落着全国首个乡镇级基层研究基地——中国法治实践学派（枫桥）研究基地，学者们以此为据点开展法治指数实验，深度参与探索创新公共治理各类模式。同时，"枫桥经验"作为治安管理和抑制犯罪的先进经验，也一直是国际学界研究和交流的热点。通过进一步发挥专家学者的知识和技能，带动新时代"枫桥经验"往专业化、智慧化方向升级，也让作为"中国之治"亮点的"枫桥经验"走出中国，香飘万里。

---

[1] 陈文清：《坚持和发展新时代"枫桥经验" 推进矛盾纠纷化解法治化》，《人民日报》2023年5月19日。

第三节　展望："枫桥经验"新程启航

一　从政法综治走向党建引领

（一）政法综治视角下的"枫桥经验"

从国家与社会的互动关系中，可以发现中国政府对基层社会的调控政策经历了"社会管制—社会管理—社会治理"三个不同阶段的历史演变。与此相适应，"'枫桥经验'践行了从'治安'到'综治'再到创建'平安'的延展"[1]。

1963年，浙江枫桥在农村社会主义教育运动中总结提炼出了"以'矛盾不上交'为核心内涵的最初版'枫桥经验'"[2]。毛泽东同志对此给予高度关注，并亲自批示各地要仿效"枫桥经验"，经过试点之后，积极推广去做。"枫桥经验"源自公安，来自基层，从此成为全国政法战线在社会治安工作中的一面典型旗帜。随着以经济建设为中心的改革开放进程进一步推进，维护基层社会稳定的需求日益凸显。鉴于此，国家于1991年发布了《关于加强社会治安综合治理的决定》，自此，"'枫桥经验'的主旋律随即由单一的社会治安转向了社会治安综合治理"[3]。2019年，公安部印发《关于全国公安机关坚持发展新时代"枫桥经验"的意见》。同期，浙江枫桥依据新时代"枫桥经验"的本质内涵发展出"枫桥式"派出所工作机制，全国各地由此掀起了一股学习"枫桥警务"的热潮。"'枫桥警务'是公安机关坚持党的群众路线，坚持和发展新时代'枫桥经验'，有效化解各类基层社会矛盾纠纷，维护社会稳定，优化公安服务的方式方法，"[4] 其核心内涵是"平安不出事"。

政法战线是维护社会稳定的关键职能部门，公安干警是执行社会治安

---

[1] 余潇枫：《安全治理：从消极安全到积极安全——"枫桥经验"五十周年之际的反思》，《探索与争鸣》2013年第6期。

[2] 何柏生：《作为先进典型的"枫桥经验"及其当代价值》，《法律科学（西北政法大学学报）》2018年第6期。

[3] 余钊飞：《"枫桥经验"的历史演进》，《人民法院报》2018年3月30日第5版。

[4] 邵安、胡望洋：《"枫桥警务"评估指标体系构建》，《中国人民公安大学学报》（社会科学版）2021年第4期。

的重要基层队伍。"枫桥经验"始终坚持源头治理、底线思维，把防范化解基层社会矛盾作为主业、主责。从传统内涵演变为新时代内涵，"枫桥经验"与时俱进、经久不衰、意义深远。未来，坚持和发展新时代"枫桥经验"，重点是要不断完善基层社会矛盾纠纷的多元预防、调处和化解机制，尤其是要运用政法综治的工作思维，从政治安全、社会治安和公共安全等方面有效开展基层社会的平安建设工作。

（二）党建引领视角下的"枫桥经验"

从历史发展的脉络上看，"枫桥经验"源自浙江枫桥，涵盖政法战线和治安综治。但在新时代的大背景下，升级版的"枫桥经验"完全有可能也有必要突破其历史局限，从单一部门和领域走向更广阔的范畴，为中国式现代化建设发挥更大、更好的作用。为此，新时代"枫桥经验"应着重突出党建引领的新定位，要从全面从严治党的角度拓展其丰富内涵，从而推进基层社会治理理念、主体和方式等全方位的中国式现代化。

2017年，习近平总书记在党的十九大报告中指出："伟大斗争，伟大工程，伟大事业，伟大梦想，紧密联系、相互贯通、相互作用，其中起决定性作用的是党的建设新的伟大工程。"[1] 伟大工程是指进一步加强党的建设的一系列新举措，涉及政治、思想、组织、作风、纪律和制度等方面的内容，尤其是在坚持党的全面领导、坚持从严管党治党方面，关系重大，牵动全局，不仅共产党员特别是党员领导干部要加以重视，而且党的中央、地方和基层组织更要加以重视。就浙江诸暨而言，始终注重发挥"把党的领导贯穿始终、落到基层是坚持和发展新时代'枫桥经验'的最大优势"，并且要"切实把党的政治优势、组织优势、制度优势转化为治理优势。"[2] 在坚持党的全面领导方面，浙江诸暨为加强基层党组织建设，创造性地将支部建在小区上，实现了基层党支部对基层社区的全覆盖。此外，为增强基层党员干部的责任担当，浙江诸暨积极开展"五查五提升"专项行动，牢固树立了服务企业、服务群众和服务基层的工作导向。

---

[1] 习近平：《决胜全面建成小康社会 夺取新时代中国特色社会主义伟大胜利》，《人民日报》2017年10月28日。
[2] 李海裕：《务实拓展新时代"枫桥经验"理论视域的实践与思考》，《中国社会科学报》2023年5月9日。

20世纪60年代初至今，干群关系再造始终贯穿"枫桥经验"发展的全程。在新的历史时期下，新时代"枫桥经验"不可避免地面临新的干群问题，也必须正视和解决新的干群矛盾，其凸显为群众权利意识逐渐觉醒和党员干部仍未摆脱权力惯性之间的张力。为此，必须从全面从严治党的政治高度，有效推行党要管党、从严治党的政策方针，而加强党内外监督特别是以落实主体责任清单为主要内容的党内监督和以引入群众工作评价为主要内容的党外监督是一种极为有效的工作形式。在坚持从严管党治党方面，浙江诸暨尤其重视智慧治理技术支撑下的基层监督治理，"通过数字赋能，打造新时代'枫桥经验'清廉建设综合监督平台"，从而"实现基层公权力行使全周期在线运行、留痕追溯、监督预警，提升公共服务均等化、普惠化、便捷化和透明化水平。"[①]

当前，治理现代化作为坚持和完善中国特色社会主义制度的关键着力点，正在全国上下如火如荼进行。其中，中国式基层治理现代化，尤其具有理论和实践意义。2019年，中共中央发布了重要文件，重点提出要"完善党委领导、政府负责、民主协商、社会协同、公众参与、法治保障、科技支撑的社会治理体系。"[②] 这为有力推进基层治理体系与治理能力现代化提供了政策依据，也为坚持和发展新时代"枫桥经验"指明了方向。在新的历史时期特别是党的十八大以来，尤其凸显了中国共产党在多元主体协作、共同治理社会的社会治理体系中居于首要地位且具有核心作用。

综上所述，党建引领视角下的"枫桥经验"，更多地指向新时代背景下"枫桥经验"的守正和创新，可从主动加强党的自身建设、着重解决干群关系新矛盾和始终坚持党的领导地位等方面把握其历史新内涵。并且，从坚持全面从严治党与创新社会治理体系来看，新时代"枫桥经验"充分体现了党建引领在基层社会治理中具有不可或缺、举足轻重的作用。

---

① 李海裕：《发展新时代"枫桥经验" 提升基层监督治理实效》，《政策瞭望》2022年第9期。

② 《关于坚持和完善中国特色社会主义制度 推进国家治理体系和治理能力现代化若干重大问题的决定》，《人民日报》2019年11月6日。

二　从乡镇治理走向市域治理

（一）创新乡村社区治理

基层治理是国家治理的基石，村民自治是乡村治理的核心。中国农村不仅人口众多，而且幅员辽阔。因此，想要认识中国，就必须认识农村；想要理解中国政治，必不可少地要研究乡村治理。而乡村治理的内容是基于《中华人民共和国宪法》《中华人民共和国村民委员会组织法》以及村规民约所规定和约定的村民自治。

20世纪60年代初期，"枫桥经验"脱胎于浙江省枫桥镇党员干部和广大群众在基层社会治理中的伟大创造，而后经过漫长的历史演变，升级为新时代"枫桥经验"。溯本还源，无论是"枫桥经验"还是新时代"枫桥经验"，都根植于乡村治理与村民自治的实践沃土。

2023年5月，中央政治局委员、中央书记处书记、中央政法委书记陈文清在浙江绍兴调研时指出"'枫桥经验'在新时代伟大实践中丰富发展，更加强调党的领导、更加彰显法治思维、更加突出科技支撑、更加注重社会参与，展现出历久弥新的魅力。"[①] 可将之归结为"四个更加"的新论断。要建立健全新时代"枫桥经验"的乡村治理体系，可在"三治融合"即自治、德治和法治相互融合的既有理论上，从"四个更加"的新论断中汲取新的养分，由此总结出党治是方向、自治是基础、德治是辅助、法治是保障、智治是支撑以及参与是根本的综合治理模式。具体而言，党治是指在中国式现代化基层社会治理中坚持和维护党的领导，通过党建引领乡村治理与村民自治；自治是指要有效发掘乡村内生治理资源的积极作用，如充分发挥原籍高校毕业生、乡村致富能手和农村德高望重人物等的治理作用；德治是指在熟人社会中发挥伦理道德和村规民约对乡村治理的内在规范作用；法治是指在德治内在规范性的基础上充分利用宪法和法律的外在强制性作用；智治是指在乡村治理与村民自治的实践中，充分运用"互联网＋乡村治理""互联网＋村民自治"的工作模式；参与是指始终坚持人民主体的基本立场，有效激发村民在乡村社区治理中的积极

---

① 陈文清：《坚持和发展新时代"枫桥经验" 推进矛盾纠纷化解法治化》，《人民日报》2023年5月19日。

性和主动性。

浙江省是习近平新时代中国特色社会主义思想的理论源发地之一，"千万工程"是"乡村振兴战略"的重要实践来源之一。2003年，习近平总书记在浙江省工作时提出了"千万工程"这一重大决策部署，"即从全省选择1万个左右的行政村进行全面整治，将其中1000个左右的中心村建成全面小康示范村"[①]。20年来，"千万工程"经历了"从'千村示范、万村整治'到'千村精品、万村美丽'再到'千村未来、万村共富'"[②]的历史内涵演变过程，同时也造就了万千美丽乡村，造福了万千农民群众，创造了农业农村现代化的成功经验和实践范例。之所以取得如此向好的成效，源于"千万工程""核心的要义和基本经验，不仅在于解决了农村人居环境问题，而且还解决了农村社区公共品的有效供给与管护问题以及乡村人居环境的特色风貌问题。"[③]

"枫桥经验"与"千万工程"既发源于浙江省，又聚焦于乡村治理与乡村振兴，两者与时俱进，迸发出持久的实践和理论生命力。2023年是毛泽东同志批示推广和学习"枫桥经验"的60周年之际，也是习近平总书记指示坚持和发展"枫桥经验"与"千万工程"的20周年之际。未来，在创新乡村社区治理的过程中，理应发挥浙江省作为"枫桥经验"和"千万工程"发源地的优势，切实做好新时代"枫桥经验"与具有新内涵的"千万工程"有机融合的工作，此项工作意义重大、影响深远。

（二）加强城市社区治理

"加强社区治理和服务，破解社会主要矛盾，关键在党建引领。"[④]但若要充分发掘城市社区治理效能，仅此还远远不够。在城市社区治理和服务中，不仅要有效实现基层党组织的引领作用，更要充分发挥基层政府、社区自组织和社会组织的协同功能，此外还应重视"现代社区权

---

① 郭占恒：《从"千村示范、万村整治"看"全面推进乡村振兴"》，《浙江经济》2023年第1期。

② 《关于深入学习浙江"千万工程"经验的通知》，《农民日报》2023年5月27日。

③ 黄祖辉、傅琳琳：《我国乡村建设的关键与浙江"千万工程"启示》，《华中农业大学学报》（社会科学版）2021年第3期。

④ 曹海军：《党建引领下的社区治理和服务创新》，《政治学研究》2018年第1期。

威的重塑与社区居民公共精神的培育"[1]。

在以"新时代"为主要内涵的历史新时期，要积极推动"枫桥经验"由促进乡村治理体系建设向促进城市治理体系建设扩展延伸，需要做到以下三个层面的工作。首先，在基层党组织层面，党支部与党员干部的作用不可或缺，尤其是要明确党支部书记是城市社区治理与服务第一责任人的角色定位；其次，在基层政府组织层面，于城市社区治理和服务中要肯定街道办事处的引导与规范作用、居民委员会的执行与反馈作用，建立健全街道办事处上文下达、居民委员会下情上达的双向沟通合作机制；最后，在城市社区自组织层面，不仅要肯定业主委员会主体地位以及保护其合法权利，而且要督促物业服务企业履行行业职责，充分协调好、沟通好与处理好业主委员会与物业服务企业之间的纠纷矛盾；再者，在社会组织层面，要探究"三社联动"[2]的结合机制，有效引导社区志愿者组织、社会工作者组织和公益慈善机构进入并服务城市社区。

城市社区服务关系民生、连着民心。要推进城市社区服务升级，关键在于构建城市社区服务体系。新时代"枫桥经验"不再局限于浙江枫桥，而是成为全国层面的典型案例研究和有效经验推广。推进城市社区服务升级，是新时代"枫桥经验"的重要内容之一，可从规范社区服务、创新社区服务和保障社区服务三个方面开展工作。首先，在养老、托育、家政和物业等社区服务业方面，要完善城市社区公共服务目录及制度，规范城市社区服务业准入机制、运行机制和反馈机制；其次，通过"'设施托管说''复合供给说''PPP模式'和'互联网＋模式'等社区服务供给模式"[3]创新城市社区服务，尤其是"互联网＋社区治理"和"互联网＋社区服务"等新模式，以及论坛、微博、微信和移动客户端等新媒体，在创新城市社区治理和服务中发挥着重要作用；最后，应在组织领导、政策保障和法治支撑等层面保障城市社区服

---

[1] 韩兴雨、孙其昂：《现代化语境中城市社区治理转型之路》，《江苏社会科学》2012年第1期。

[2] 中共中央、国务院：《关于加强和完善城乡社区治理的意见》，《中华人民共和国国务院公报》2017年第18期。

[3] 马全中：《中国社区治理研究：近期回顾与评析》，《新疆师范大学学报》（哲学社会科学版）2017年第2期。

务的正常运转和持续升级。

社会信用体系建设使各类社会主体的信用信息更为公开透明，有助于预判社会主体行为，从而更好地对社会矛盾进行调解和化解。在新时代"枫桥经验"的城市社区应用中，培育良好有效的城市社区社会资本及信用体系，不仅要注重制度层面的规划引领，而且要切实加强信用平台的建设与信用信息的互通，更要在基层社会治理实践中培育社区居民诚实守信的精神品格。

（三）推进城乡融合发展

"人民日益增长的美好生活需要和不平衡不充分的发展之间的矛盾"①是当前我国社会的主要矛盾。城乡发展不平衡不充分便是我国社会主要矛盾的一个方面，主要表现为城乡公共资源配置失衡、失调和失序的问题。"不均衡的城乡关系在中国一直存在"②，"一方面既有违社会公平，另一方面又加剧城乡矛盾"③，故而优化城乡公共资源合理配置显得迫在眉睫。

从资源配置的视角出发，"当前中国的城乡关系表现为'城市反哺农村'"④，浙江诸暨也正是处于这一时代大背景中。因此，为创新发展新时代"枫桥经验"，理应倡导"工农互促、城乡互补、全面融合、共同繁荣的新型工农城乡关系。"⑤而优化城乡公共资源合理配置，也自然而然地成为坚持和发展新时代"枫桥经验"的重要内容。

从党和国家政务文件的有关表述中可以发现，"中国的城乡关系表现为从'城乡统筹'到'城乡一体化'再到'城乡融合发展'的历史演变过程"⑥。习近平总书记曾多次强调"不谋万世者，不足谋一时；不谋全局者，不足谋一域。"这就是要认识好、把握好和处理好顶层设计与基层

---

① 习近平：《高举中国特色社会主义伟大旗帜　为全面建设社会主义现代化国家而团结奋斗——在中国共产党第二十次全国代表大会上的报告》，《中华人民共和国国务院公报》2022年第30期。

② 徐向前、刘伟：《从资源配置视角看我国城乡格局的演变》，《海南大学学报》（人文社会科学版）2018年第2期。

③ 吴丽丽、徐充：《城乡公共资源均衡配置问题探析》，《学术交流》2014年第5期。

④ 徐向前、刘伟：《从资源配置视角看我国城乡格局的演变》，《海南大学学报》（人文社会科学版）2018年第2期。

⑤ 中共中央、国务院：《关于建立健全城乡融合发展体制机制和政策体系的意见》，《中华人民共和国国务院公报》2019年第14期。

⑥ 张克俊、杜婵：《从城乡统筹、城乡一体化到城乡融合发展：继承与升华》，《农村经济》2019年第11期。

实践的辩证关系。在顶层设计与基层实践的关系互动上，新时代"枫桥经验"主要"从中央、地方和社会三个层面加强制度建设，健全上下互动的制度关系模式"①。从央地关系互动的视角来看，新时代"枫桥经验"的形成与发展过程具有很强的建构性，"一方面是中央层面的肯定、倡导与政策指引，另一方面是浙江省各级党政机关的调研总结与理论提升"②。然而，随着经济社会的不断发展，中国的城乡融合发展将面临新的实践难题，但也会有新的解决方案，这需要从顶层设计、具体内容和基层实践三个方面谋篇布局。第一，在城乡规划的顶层设计上，党中央和国务院要落实城乡融合发展的总体思想、坚持党的全面领导的核心要求和突出以人民为中心的服务理念，建立健全新型工农城乡关系；第二，在城乡规划的具体内容上，省市县三级政府要重点围绕城乡生产要素自由流动和平等交换、城乡基本公共服务普惠共享、城乡公共基础设施建设、乡村经济多元化和农业全产业链发展以及农民收入持续增长等关键问题展开相关工作；第三，在城乡规划的基层实践中，乡镇政府要加强组织保障和财政投入，将党的领导地位、中央有关部委的协调功能和地方基层政府的主体责任联结贯通，整体统一思想，全局统一行动。③

三 从"枫桥经验"走向"中国方案"

（一）基层社会治理体系的重塑

改革开放 40 多年以来，中国一直奉行"渐进主义"的公共政策原则，即"摸着石头过河"的政治特点。"渐进主义"主张量变引起质变，即通过增量改革达到存量改革的目的，在中国公共政策扩散模式上，则具体表现为"地方政府试点—中央政府认可—全国典型推广"的动态发展过程。

"枫桥经验"作为中国公共政策扩散模式的一个具体案例，在前后两个重要的历史时期，均受到党和国家核心领导人的高度重视和认可。20世纪 60 年代初，"'枫桥经验'是诸暨枫桥干部群众的伟大创造，经过毛

---

① 汪世荣：《"枫桥经验"视野下的基层社会治理制度供给研究》，《中国法学》2018 年第 6 期。
② 李振贤：《"枫桥经验"与当代中国基层治理模式》，《云南社会科学》2019 年第 2 期。
③ 中共中央、国务院：《关于建立健全城乡融合发展体制机制和政策体系的意见》，《中华人民共和国国务院公报》2019 年第 14 期。

泽东同志肯定批示后在全国推广"①。党的十八大以来，习近平总书记曾多次强调"在社会基层坚持和发展新时代'枫桥经验'，完善正确处理新形势下人民内部矛盾机制。"②

作为基层社会治理的有效实践和典型案例，"枫桥经验"虽然从建国初期走向了新时代，但其也面临着两重困境，一是"枫桥经验"本质内涵和外延的历史更新难题，二是"枫桥经验"因其过于典型而一定程度上丧失了可推广性。在新的历史时期下，新的矛盾和问题必将凸显，因此基层社会治理也应推陈出新，亟须对基层社会治理体系进行重塑。对于第一重困境，"枫桥经验"目前经历了从"依靠群众就地化解矛盾"到"小事不出村、大事不出镇、矛盾不上交"再到"矛盾不上交、平安不出事、服务不缺位"的历史演变，未来的"枫桥经验"理应拓展其"四性"内涵，即政治性、人民性、实践性和时代性。对于第二重困境，"枫桥经验"虽然"走出了一条党委领导、社会协同、群众参与深化的新路径"③，但其不该止步于浙江枫桥，而是要走向祖国大地，因此必须处理好案例典型性与经验适用性之间的矛盾，这需要"枫桥经验"在基层社会治理体系建设中积极响应党中央和国务院关于"建立起党组织统一领导、政府依法履责、各类组织积极协同、群众广泛参与，自治、法治、德治相结合的基层治理体系"④ 的相关政策叙述。

（二）走好中国式现代化基层社会治理的"枫桥之路"

习近平总书记指出，"中国式现代化是中国共产党领导的社会主义现代化，是具有中国特色、符合中国实际的现代化"⑤。具体而言，"中国

---

① 李海裕：《发展新时代"枫桥经验" 提升基层监督治理实效》，《政策瞭望》2022年第9期。

② 习近平：《高举中国特色社会主义伟大旗帜 为全面建设社会主义现代化国家而团结奋斗——在中国共产党第二十次全国代表大会上的报告》，《中华人民共和国国务院公报》2022年第30期。

③ 李海裕：《务实拓展新时代"枫桥经验"理论视域的实践与思考》，《中国社会科学报》2023年5月9日。

④ 中共中央、国务院：《关于加强基层治理体系和治理能力现代化建设的意见》，《人民日报》2021年7月12日。

⑤ 王浩等：《中国式现代化是中国共产党领导的社会主义现代化》，《人民日报》2023年3月4日。

式"是指坚定维护中国共产党的领导，即党的领导是中国特色社会主义最本质特征，是中国特色社会主义制度最大的优势；"现代化"是指稳步推进社会主义现代化，而基层治理现代化是其重要内容之一。要走好中国式现代化基层社会治理的"枫桥之路"，就必须深刻把握坚持党的领导与"枫桥经验"的理论耦合，以及推进基层治理现代化与"枫桥经验"的实践耦合。

长期以来，中国学术界深受"西方中心主义"的侵蚀，主要表现为价值先验、理论照搬和模式套用三个层面，一方面既忽视西方学术成果的本土化修正，另一方面又缺乏中国特色学术成果的原创，最终丧失了自主学术话语权。故而，构建具有中国特色的学术话语体系，尤其是在政治学和公共管理学方面，显得尤为重要。

从大国治理的角度来说，一个国家选择什么样的治理模式必须基于自身的历史传统、制度背景和文化土壤，"枫桥经验"恰是这样一个最具有中国特色的基层社会治理实例。"枫桥经验"生于中国、长于中国，是立足中国实际、根植中国实践、正视中国经验以及围绕中国问题而产生并不断发展的实践经验，其本质特点是基层社会治理的自主性，即以群众为主体的"四个民主"内涵与以人民为中心的政党治理观的高度契合，这是与西方传统中基于个人主义之上的自由主义代议制民主所不同的社会主义民主。而且"枫桥经验"并非孤立、偶然的个案，而是在长期的发展实践中形成了一整套、可复制、不断升级的典型案例集合，并不断深化为内涵丰富、价值深厚和意义深远的中国式现代化基层社会治理理论体系，为建构具有中国特色的学术话语体系做出了重大贡献。

简而言之，"枫桥经验"是党领导人民在中国特色社会主义民主政治中的生动实践，一方面表现为在探索中国特色基层社会治理中一贯坚持实践自信，另一方面表现为在构建中国特色学术话语体系中始终坚持理论原创，从而走出了不同于西方社会的且具有鲜明中国特色的中国式现代化基层社会治理的"枫桥之路"。

（三）"枫桥经验"为全球基层社会治理贡献"中国之治"

从中华人民共和国成立初期到新时代，从毛泽东同志批示到习近平总书记重视，在整整 60 年的历史发展进程中，"枫桥经验"始终在坚持守正的前提下不断进行创新，已由传统的"枫桥经验"发展为新时代"枫桥经验"，也已经从浙江枫桥走向祖国大地，并且在全国多个省份和地区的基层社会治理中既提供了典型经验又取得了良好效果。

中国日益靠近世界舞台中心，也积极地参与和引领全球治理，通过中国智慧和中国方案促进世界和平与发展。党的十八大以来，习近平总书记继承和发展了新中国不同时期的重大外交思想和主张，并且提出了人类命运共同体、新型国际关系和新安全观等一系列外交理念，其中人类命运共同体这一外交理念最为受到世界各国领导人的关注。2013年，习近平总书记首次提出了构建人类命运共同体的重大外交理念，其基本内涵就是建设持久和平、普遍安全、共同繁荣、开放包容以及清洁美丽的世界。以《习近平谈治国理政（第四卷）》为代表，中国之治被翻译成法文、俄文、阿拉伯文、西班牙文、葡萄牙文、德文、日文及中文繁体8个文版，由外文出版社出版，并面向海内外发行。

多年来，"枫桥经验"不仅在中国大地上开花结果，而且也为世界各国在基层社会治理中提供了中国经验。"早在1999年，国际犯罪学协会学术委员会主席、德国图宾根大学教授汉斯·尤尔根·卡尔纳就前往枫桥派出所考察。此后24年来，已有来自日本、东盟、俄罗斯、美国等不同国家地区不同领域300余人次专程到枫桥'取经'。"[①] 2023年3月和7月，在中越、中老两党理论研讨会和第三届文明交流互鉴对话会暨首届世界汉学家大会上，浙江省绍兴市委常委、诸暨市委书记沈志江参加会议并作交流发言，一方面向世界各国讲述了"枫桥经验"的历史发展过程，另一方面就如何坚持和发展新时代"枫桥经验"、怎样构建突出政治文明建设的"基层方案"提供了相关做法和启示。当下与未来，我们既要坚持"枫桥经验"政治性、人民性、实践性和时代性的根本特征，更要向世界各国充分展示其国际性、普适性和共融性的人文内涵，为全球治理提供"中国善治"方案。

---

① 金春华、干婧、应磊：《潮声丨洋专家看"枫桥经验"，get到了什么点？》，潮新闻（https://tianmunews.com/news.html?id=2518439&source=1）。

后　　记

2022年11月，由诸暨人民政府和华东政法大学共建的新时代"枫桥经验"与中国式现代化研究院正式揭牌成立，以期进一步加快校地双方构建协同发展的教育科研体系，为创新发展新时代"枫桥经验"、推动实现中国式现代化贡献更多的诸暨力量、华政力量。2023年恰逢毛泽东同志批示学习推广"枫桥经验"60周年暨习近平总书记指示坚持和发展"枫桥经验"20周年，在这重要节点上，华政和诸暨双方以新时代"枫桥经验"与中国式现代化研究院为主要依托，共同策划和推进了一系列兼具理论性与实践性的研究课题。本书便是这一系列研究的重要阶段性成果之一。我们希望通过本书撰写，全面加强新时代"枫桥经验"与中国基层社会治理的深度研究，系统展望中国式现代化背景下中国基层社会治理的实践图景，并最终为新时代"枫桥经验"在基层社会治理中的创新发展提供有效的智力支撑。

近年来，诸暨市委高度重视"枫桥经验"理论与实践创新，坚持党建引领，从全面从严治党全新视域探究、阐述、实践新时代"枫桥经验"，总结提炼出一系列新时代群众工作、基层社会治理的方法与经验，相关理论文章先后在《政策瞭望》《中国社会科学报》等刊物刊发，为系统总结打下了坚实的基础。

本书由华东政法大学党委书记郭为禄和浙江省绍兴市委常委、诸暨市委书记沈志江共同担任主编。两位主编高度重视本书的编撰工作，不仅共同讨论和确定了本书的总体思路和基本框架，而且对具体编写工作进行了全过程精心指导。诸暨市委常委、市纪委书记、市监委主任李海裕和华东政法大学政府管理学院院长任勇担任本书副主编。李海裕同志在诸暨市委坚持和发展新时代"枫桥经验"长期实践基础上，从全面从严治党视域系统提出了本书的基本理论框架、写作思路和章节安排，并全面负责编写组的编撰工作。任勇教授为主参与写作框架的细化完善，负责统筹协调编写组系列编撰、出版对接等工作。在主编和副主编的领导下，诸暨市纪委和华东政法大学政府管理学院共同成立了编写组，同时吸纳了诸暨市委政法委和诸暨市委党校等相关机构的研究力量，共同开展了为期半年多的编写工作。

2023年2月，根据两位主编对课题研究的总体要求，本书的研究编撰工作正式启动。2月13日，在枫桥学院召开第一次研讨交流会议，李海裕同志提出了写作方向，和任勇教授协商确定了编委会成员及其他合作相关事宜。3月2日，李海裕同志牵头召集诸暨市纪委监委、诸暨市委组织部、诸暨市委宣传部、诸暨市委党校、浙江新时代枫桥经验研究院等部门与华政研究团队开展座谈，会上李海裕同志提出了整体写作框架、写作思路及相关章节大致内容安排，各职能部门结合具体实践作了介绍，任勇教授对章节内容安排提了细化建议，并讨论确定了本书标题。之后，在任勇教授带领下，来自华政的编写组成员多次赴诸暨开展系列调研，在此基础上明确了各章节的执笔任务分工，由唐文玉（华东政法大学政府管理学院教授）、张佳威（华东政法大学政府管理学院助理研究员）、陈毅（华东政法大学政府管理学院教授）、李汉卿（华东政法大学政府管理学院副教授）、刘乐明（华东政法大学政府管理学院副教授）、游腾飞（华东政法大学政府管理学院副教授）、杜欢（华东政法大学政府管理学院助理研究员）、刘大炜（华东政法大学政府管理学院副教授）依次牵头负责各章节的执笔工作。

2023年5月下旬，上述各章初稿陆续完成。6月初，李海裕同志组织编写组开展了多次研讨会，对书稿进行逐章讨论，对各章节内容提出了修改意见，对部分章节写作思路与框架提出了优化完善的建议。7月中旬，在完成修订稿之后，本书主编沈志江书记又对书稿提出了新的优化建议，同时诸暨市纪委监委的同志还多次征询了有关部门的意见建议。7月底，编写组根据相关建议认真对书稿作了进一步修订，并最终完成本书统稿工作。在提交出版社前，几位主编和副主编再次审读了全部书稿并最终定稿。

本书能够在较短的时间内顺利完成，要感谢编写组各位成员的全情投入和辛勤付出，更要感谢诸暨市纪委市监委、诸暨市政协机关办公室、诸暨市委组织部、诸暨市委宣传部、诸暨市委政法委、诸暨市信访局、诸暨市委党校、诸暨市教育体育局、诸暨市民政局、诸暨市人力资源和社保局、诸暨市市场监督管理局、诸暨市政务服务办公室、诸暨市大数据发展管理中心、诸暨市人民法院等有关部门领导同志的大力支持，尤其是许斌、陈星明、王明丽、沈宝伟、马利伟、周正君、郭松浩、郭轩宏、田胡杰、郦剑宇、楼颖、王景璐、王成、周超等同志在素材撰写、资料提供、内容校对等方面做了大量的工作。

　　同时，我们还要衷心感谢中国社会科学出版社的王茵副总编辑和张潜、马婷婷编辑对本书出版给予的大力支持，使得本书能够顺利面世。最后需要说明的是，由于研究能力等因素的限制，本书必然还存在诸多不足之处，我们诚挚希望广大读者不吝赐教、批评指正。

本书编写组
2023 年 9 月 30 日